合田一道

「アイヌ新聞」記者
高橋 真

反骨孤高の新聞人

藤原書店

はじめに

かつて『アイヌ新聞』という名の新聞を作っていたアイヌ青年がいた。名前は高橋真《まこと》。わが民族の立場に立ち、自ら発行する新聞で、差別や偏見を訴え続けた。

なぜ、この人物を書くのか。アイヌ施策振興法ができ、北海道白老町に民族共生象徴空間（愛称「ウポポイ」）が誕生して、やっとアイヌ民族の存在に衆目が集まりだしてきたいま、自らの手でアイヌの新聞を作って社会に訴えたアイヌ記者がいた事実を明らかにしたいと思ったからである。

明治維新により王政復古が唱えられ、政権を握った新政府は、一、皇道興隆、二、蝦夷地開拓の二つを最大の施策に掲げた。松前周辺だけが和人地とされていた蝦夷地をすべて支配地とし、日本国を示す「五畿七道」に蝦夷地を含める狙いから、地名を「道」のついた北海道と名付けて開拓を押し進めた。その陰で先住民族であるアイヌ民族は、それまでの生業だった狩漁はおろか、言語や風習、風俗までも奪われてしまったのである。

明治政府は「北海道旧土人保護法」（一八九九年）を設けて、アイヌ民族に土地を与えて農業を奨励し、集落にアイヌ学校を設置して子どもに初等教育を施した。だが土地を所有するという概念を持たないアイヌ民族は、悪質な和人に巧みに土地を奪い取られた。学校を卒業した子どもたちは家業を継ぐか、そうでない場合は就職先を探すが、望んだ職種には就けず、給金は僅かなもので、食うや食わずの暮らしだった。法律により保護されたとされるが、実際は、差別と貧困に拍車をかける結果を招いた。

アイヌ民族は「滅びゆく民族」の烙印が押されたまま、政府に対して何をどうすべきかそのすべもないまま、自ら和人と同化するか、出自を隠して過ごすかしか生き残る道はなかった。

出自を隠して生きる――。そのことがどれほど厳しく切ないものであることか。

この人種差別の原点となった「北海道旧土人保護法」が九八年間も経過した一九九七（平成九）年にようやく廃止され、替わって「アイヌ文化振興法」が生まれ、その二二年後の二〇一九（平成三一）年四月一九日、初めてアイヌ民族を先住民族と定めた「アイヌ施策振興法」が誕生した。

高橋真は、この新法を知ることもなく、一九七六（昭和五一）年七月、死去した。享年五六。この著書はアイヌ民族で初めての新聞記者が、自ら『アイヌ新聞』を作り、自己の信念を貫き通した魂の記録である。

「アイヌ新聞」記者　高橋真

目次

「アイヌ新聞」記者　高橋真

反骨孤高の新聞人

凡例

・引用文は、漢字は常用漢字とし、仮名遣いは原文にしたがった。
・引用に際して、句読点や振り仮名を適宜補い、明らかな誤字は訂正した。
・引用者による補足は、〔 〕を用いて活字を小さくした。小さくしていない（ ）は原文のものである。
・アイヌ語の発音を表わすため、通常の日本語表記では用いない小さい「ㇼ」などを用いた箇所がある。（例）アイヌモシㇼ
・引用部を除き、「ジョン・バチェラー／バチラー」の表記の揺れは、「バチェラー」に統一した。バチラー八重子については、彼女自身が著作物などに記している「バチラー」とした。

第1章　幼い日々の面影と世相

――1920-36

自然の中で遊ぶ

高橋真は一九二〇（大正九）年二月二日、北海道十勝国イカンベツコタン、現在の中川郡幕別町相川で、アイヌ民族の父勝次郎の長男として生まれた。これは真が通学した幕別村の白人《ちろっと》尋常小学校の学籍簿による。

本人の後年の著書に記された著者略歴には「北海道十勝国幕別町アイヌ部落に生る」とある。別に生誕地をマクンベツコタン、白人《ちろっと》コタンなどとする書物もある。コタンとは集落を指すアイヌ語である。

真の生誕地の幕別町は、十勝地方の中心地、帯広市のすぐ東側に位置する。アイヌ語でマクンベツといい、「後（山の方）に・ある（入っている）・川」の意。近くを流れる支流が、山側を回って十勝川に合流している場所で、それが地名になった。

字名の白人《ちろっと》は、珍しい文字を当てているが、アイヌ語のチロットを音読みにしたもので、「鳥・多くいる・沼」の意。豊かな自然が広がり、鳥たちが群れていた地域だったことがわかる。

北海道の開拓が始まり、十勝地方には一八八三（明治一六）年、依田勉三率いる開拓団、晩成社が入植している。真が生まれる四〇年ほど前になる。開墾が着実に進んでいたとはいえ、まだまだ手つかずの大自然が広がっていた。十勝地方は北海道を一四に区分されたうち、最大の一万八三一平方キロメートルの面積を擁する。岐阜県とほぼ同じ広さになる。『十勝大百科事典』（北海道新聞社）の「先住のひとびと（アイヌ）」に、昔の暮らしの様子が記されている。

家屋は茅で編んだ造りで、日が昇ると両親は外に出て食料を採取する仕事をした。主食になるのは野生のウバユリなど。そして野を駆けるシカ、川を泳ぐサケ、マスの魚類など。日が落ちると獲物を手に家に戻り、母の手作りの食事を家族で摂り、暖かくして眠る毎日だった。

着物は主として樹木の皮を剝がして、湯や温泉などに浸してから、木槌で叩いて柔らかくして仕立てる。獣の皮も剝がして乾かし、形に仕立てて用いた。履物はサケの皮で作ったものが多かった。男の子どもたちは槍投げや石投げ、それに刺し杭、輪投げ、貝ゲタなどをして遊んだ。前段のものは獲物を狙う狩漁民族の生き方が遊びの中で育てられていたということであろう。地図や文様などは地面に棒切れで描いて習った。少女は料理作りや着物作りを習う。先生は母親。料理も針仕事も、大事な刺繡も、母の手先を見ながら、見よう見まねで学ぶ。弟妹ができると上の子は、男も女も、母親の代わりになって面倒を見た。縄を編んだゆりかごに赤子を寝かせる。背負う時は、赤子の体を包んだ布の紐を頭に回して背にする。

真が生まれ育った集落には、アイヌ民族のチセ（家）が何軒か点在しており、付近は草木に覆われた草原が広がり、近くには十勝川をはじめ途別川などの支流が流れていた。

幕別町蝦夷文化考古館内に「昭和七年頃の白人《ちろっと》コタン」と説明のついた写真が展示されている。

真の少年期の風景だが、家は茅で編んだものではなく、柾《まさ》ぶき屋根の建物が並んでいて、すでに和風化が進んでいることが見て取れる。

真は小柄ながら活発な子どもだったというから、両親の働く姿を見ながら、あたりを駆け回っていたと想像できる。雨で外に出られない時は、親から言葉や数の数え方を習ったり、早口言葉やなぞなぞ遊びなどをした。遠い昔話を聞かされることもあったであろう。

アイヌ民族の暮らしの中で、もっとも重要なのは信仰である。森羅万象すべてに霊魂が存在し、その霊魂は不滅という観念を基本とした信仰は、和人の信仰とは大きく異なるものだ。

動植物をはじめ、山、川、海、大地、火、雷、風――など自然界のすべてが、天のカムイモシㇼ（神の国）からアイヌモシㇼ（人間の国）へ降ろされた神の化身とされ、それは人間も自然も霊魂も、同じ根に繋がるものとしている。だから小さな虫までも人間と語り合える同じ生命体であるという考え方である。

自然の恵みはすべて神からの贈り物とされ、食料として戴いた後に、霊魂は神のもとへ戻す――。その典型的な儀式がイヨマンテ、熊送りである。自然界の一員として生かされているという謙虚な精神。食料となる山菜も、必要な分だけ採るにとどめ、あとは獣のために残しておく。自然の中に人間が共生するという世界観は、こうした信仰を原点にしている。

だがこうした暮らしも、明治維新直後に始まった北海道開拓により大きく変貌していった。その柱になったのが政府が進める和人との同化政策だった。

1932年頃の白人《ちろっと》コタン（幕別町蝦夷文化考古館展示写真）

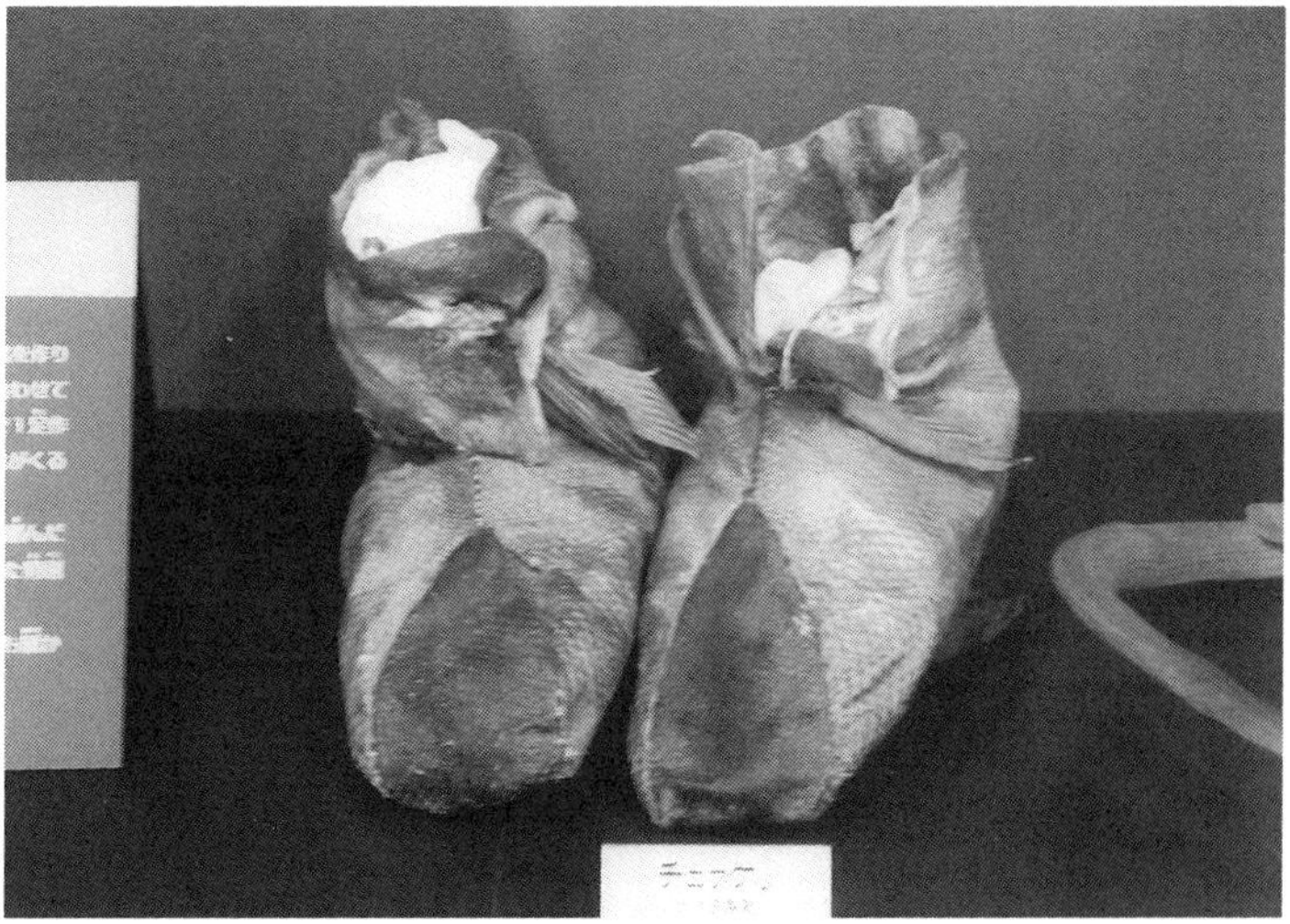

サケの皮で作った靴（帯広百年記念館）

同化政策と「旧土人保護法」

同化政策とはどんなものだったのか。具体的に経過を述べると――。

明治政府は一八七一（明治四）年、戸籍法を公布して、それまで「化外の民」としていたアイヌ民族を「平民」に編入した。これはアイヌ民族も天皇の臣下になることを意味した。そして農業で生計を立てるよう農具や種子などを与えたうえで、次のような「旧土人賜物並禁目」を出した。

開墾致《いたし》候土人へハ居家農具等被下《くださり》候ニ付、是迄ノ如ク死亡ノ者有之候共《これありそうらえども》居家ヲ自焼シ他ニ転住等ノ儀堅可相禁《かたくあいきんじるべき》事

開墾に従事する者には家を与え、農具も与える。これまでの死者が出たらその家を焼いて別の場所に移り住むというのは堅く禁じる、というものである。このほか民族の伝統である、成人した女性は口の周りに入れ墨をするなどの風習も禁止する。話し合う言葉も、アイヌ語は止めて日本語にするので、日本語を習得することなどを定めた。ただわずかに伝統の信仰だけは残された。

開拓次官の黒田清隆（後の開拓長官）はこの時期、アイヌの若者三五人を選び、東京へ留学させているが、その目的を次のように書いている。

槍で川の中の魚を突いて採る（帯広百年記念館）

獣を弓矢で狙い定めて射る（帯広百年記念館）

元来北海道土人ハ容貌言語全ク殊ニシテ風俗ハ陋醜《しゅうたい》ヲ免カレズ。現今開拓盛挙ノ折柄、従前ノ風習ヲ脱シ内地ト共ニ開化ノ域ニ進ミ、彼我《ひが》ノ差別無之様仕度《したく》

要約すると、アイヌ民族は姿も形も、言葉も違うし、卑しい風俗だ。開拓が進んでいるいま、これまでの風習をやめて、和人と同様になって、差別がないようにしたいというもの。押しつけがましい施策なのは明らかであるが、アイヌ民族は不本意ながらこれを受け止めた。

なぜアイヌ民族は否定しなかったのか。自然の中で暮らす人たちだから、勝手に入り込んできた和人の言葉も行動も理解することができなかったといえる。国歌とか法律という概念などあろうはずもない。何も理解できないままに、和人による決まりごとを押しつけられる形になった。

一八七六（明治九）年、開拓使はさらに「創始改名」を布達し、これまでの名前を捨てて、新しい日本名を名乗るように命じた。毒矢によるシカ猟も禁じられた。

アイヌの人たちはさすがに驚いた。いままでの暮らしがすべて否定されたと感じた人も多かったはずだ。狩猟や漁獲が禁止されて、自由に食糧を得ることができなくなり、暮らしは急激に貧しくなった。

開拓使は一八七八（明治一一）年、アイヌ民族の呼称を「旧土人」に統一した。

政府はアイヌ民族を救済する目的で一八九三（明治二六）年と一八九五（明治二八）年の二回、「北

海道土人保護法案」を国会に提案するが、いずれも廃案になった。内務大臣の板垣退助は「別紙法律案ヲ第十三議会ニ提出シ以テ保護ノ実ヲ挙ケント欲ス」として閣議を請うた文書が現存する。

一八九九（明治三二）年三月、「旧」をつけた「北海道旧土人保護法」がようやく成立、公布された。最初の法案提出から丸六年が経過していた。

法律の条文は付則も含めて一三条あり、第一条は農業に従事する者一戸につき一万五千坪以下を無償で下付する。第二条は相続以外は譲渡できない。第三条は一五年経って開墾しない部分は没収、とした。第四条は貧困者には農具や種子を給する。第五条は疾病者に薬代を給する。第六条は疾病、不具、老衰、幼少者で自活できない者は救助する。亡くなった場合は埋葬料を給する。第七条は貧しい子弟には授業料を給する、とした。

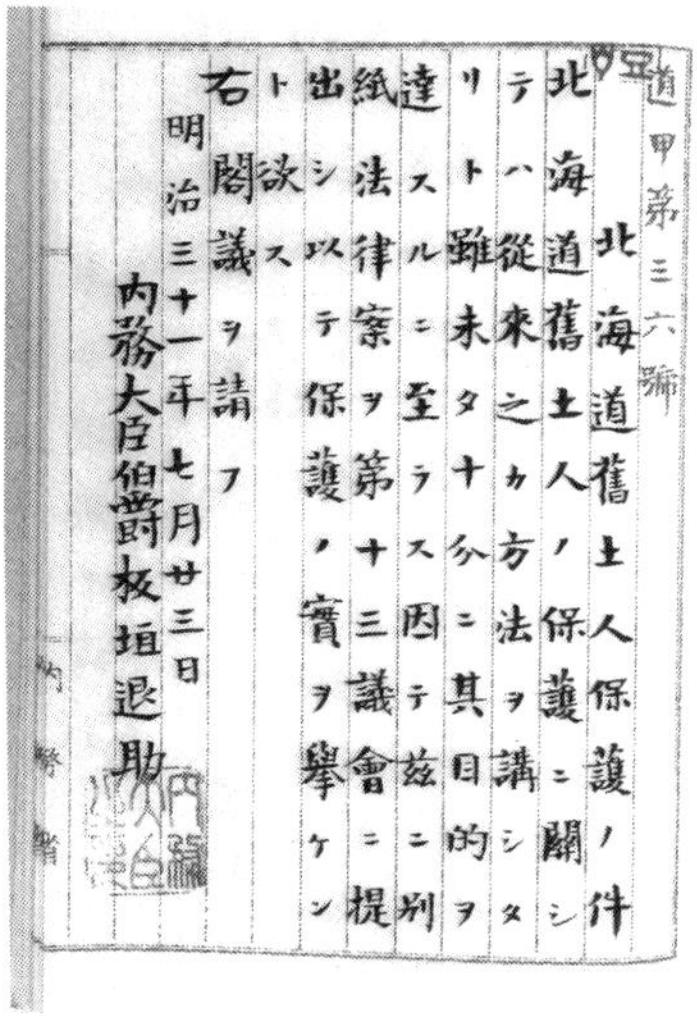
道甲第三六號

北海道舊土人保護ノ件

北海道舊土人ノ保護ニ關シテハ從來之カ方法ヲ講シタリト雖未タ十分ニ其目的ヲ達スルニ至ラス因テ茲ニ別紙法律案ヲ第十三議會ニ提出シ以テ保護ノ實ヲ擧ケント欲ス

右閣議ヲ請フ

明治三十一年七月廿三日

内務大臣伯爵板垣退助

内務大臣板垣退助の閣議を請う文書
（国立公文書館）

このほか、集落に国費で小学校を建てる（第九条）、北海道庁長官は旧土人共有財産を管理する（第一〇条）、長官は旧土人保護に関して警察令を発することができる（第一一条）とした。

農業に就くこと、病気や死亡した時の援助、学校の設置など感謝すべきものもあるが、自然のあらゆるものをすべて神とする狩猟民族にとって、土地を「給与地」の名で個人が所有す

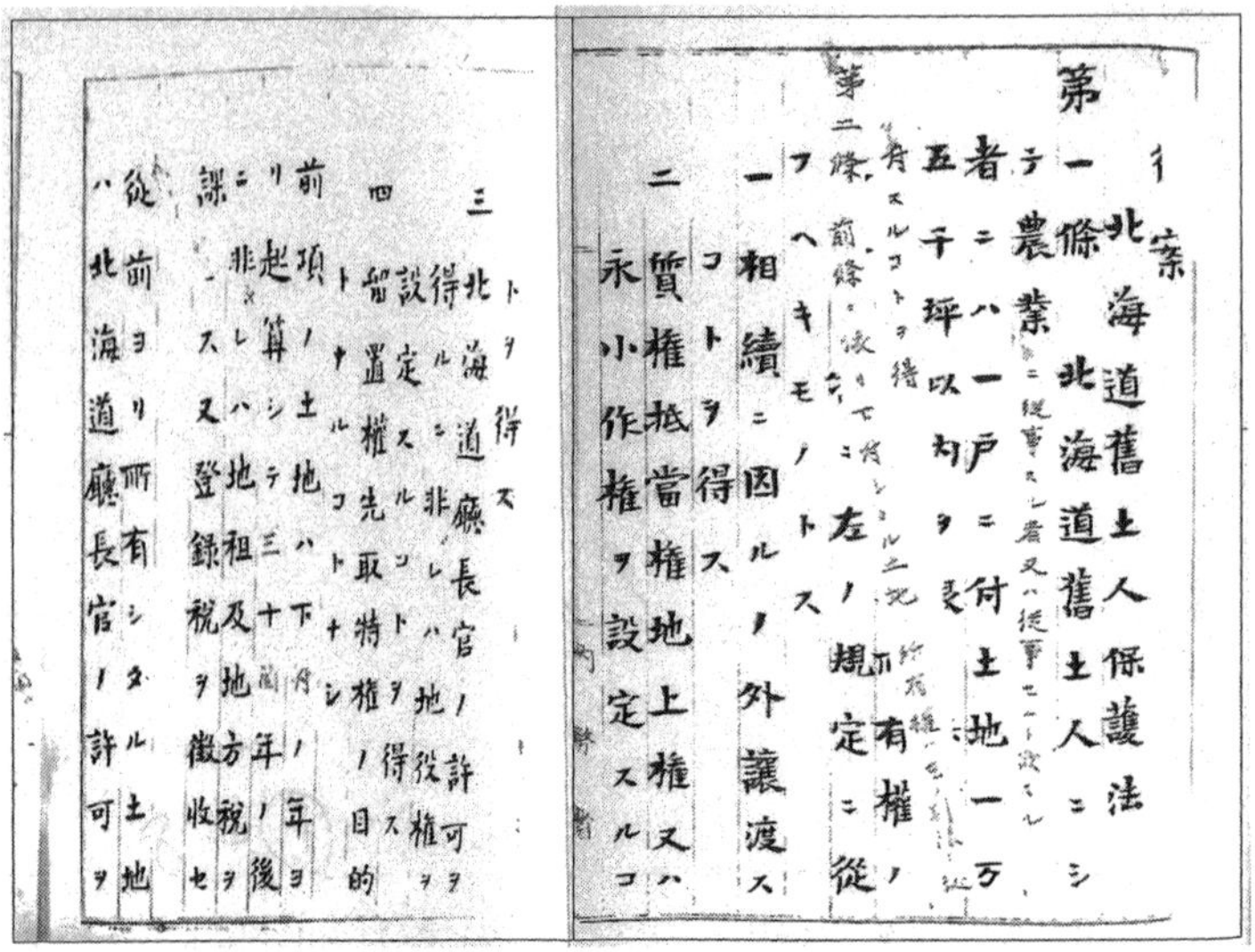
「北海道旧土人保護法」（国立公文書館）

るなど想像もできなかったのである。

だが新政府はそうしたアイヌ民族に対して、「新たな土地で農業を営むように」として、それまで住んでいた土地から給与地に移転させる強硬措置を取った。

一九〇〇（明治三三）年一月、早くも上川《かみかわ》で給与地移転反対運動が起こり、近文《ちかぶみ》や鷹栖《たかす》でも移転中止を求めて代表が上京し、内務大臣などに陳情する動きが出た。

翌一九〇一（明治三四）年、「旧土人児童教育規程」が公布された。

その一方で、給与地の名目で与えられ、法律では売買を禁じられているはずの土地が、知らぬ間に転売されて和人の所有物になる問題が起こった。和人の口車に乗せられて――というケースがほとんどだった。

この時期の北海道の人口は一〇一万一八九二

人、うちアイヌ民族は四一五八戸、一万七六八八人と記録に残る。

真が生まれた頃の新聞報道

真が生まれた一九二〇（大正九）年は、ロシアのニコライエフスク（尼港）で、日本兵が大量虐殺される「尼港事件」が起きた年である。日清、日露戦争に勝利したわが国が、世界の列強と肩を並べだした時期で、朝鮮半島を舞台に「抗日」活動が広がっていた。

日本軍はロシアのニコライエフスクへ進出するが、パルチザン（ロシアの労働者、農民などで組織された非正規軍）と戦闘になり、日本軍は敗れて将兵と居留民は投獄される。日本側は救援軍を繰り出したが、それを察知したパルチザンは獄中の将兵ら一二二人を虐殺して撤退した事件である。

国際関係が急に緊張し、富国強兵がより声高に叫ばれ、軍靴の音が高まりだしていた。

『アイヌ史新聞年表——「小樽新聞」（大正期1〜2・昭和期1〜3、総集編）』（国学院短期大学コミュニティカレッジセンター刊）は、大正から昭和初期にかけてのアイヌの人たちの暮らしを伝える貴重な資料である。以下、適宜、紹介していきたい。（文章は読みやすいよう句読点をつけた）

『小樽新聞』一九二三（大正一二）年六月一九日の紙面は「帯広原野の土人病院　国費以外の経営は是れが初め」の見出しで、アイヌ民族の病院が民間人により建設、開院されたと報じている。

翌二四（大正一三）年五月一日は「十勝の旧土人／戸数三百二十」の見出しで、こう報じた。

『小樽新聞』をまとめた「アイヌ史新聞年表」

帯広、芽室《めむろ》、音更《おとふけ》、幕別、川合《かわあい》、本別など十勝のアイヌ民族が前年に比べて三五戸減少しており、理由は生活状態が困難の為である。

さらに翌五月二日は「逐年減少する旧土人の戸数／原因は保健衛生思想の欠如と乳児保育の不完全」の見出しで、アイヌ民族の生活が困難になったことを書いたうえで、以下のように続けた。

道内のアイヌ民族の戸数は三五五九戸、人口一万五三七三人で、前年より一〇二戸、三三七人減少している。原因は保健衛生思想の欠如と乳児保育の不完全である。

その一方で二六（大正一五）年三月一七日は「迷信に囚はれ亡びゆく民」を連載し、アイヌ民族が濁り酒

帯廣原野の土人病院

國費以外の經營は是れが初め

道廳から近く廳令を以て發布される舊土人救療規定に據る救療事業の一として十勝國伏古地方に散在する六七百名の土人の爲め土人共有財産の中から五千五百圓を支出し帯廣町トクサに無料病院を創設し土人患者の便を計るべく目下道廳社會課に於て設計中であるが病院は六十二坪の平屋建で建築費四千圓を以て七月上旬工事に着手し千五百圓で醫療器を備へ遲くも十一月中には開院の運びに到る豫定である從來も此種の病院は沙流白老浦河靜内の四ケ所で經營され何れも好成績を收めて來たのであるが國費以外の支出に依る經營は今回が最初の試みで經常費は年二千五百圓を要し其中千五百圓は共有財産の利子を以てし千圓は國費の補助を仰ぐことになつてゐる

員銓衡委員會は十七日午後三時より商業會議所樓上に於て開催出席者銓衡委員十五組合中酒問屋組合外十二組合なる林幹事長より果實蔬菜商組合代表伊藤田德次郎氏委員辭任並びに補缺農產商同志會代表者田中友次郎兩氏辭任の件を報告する所あり協議の結果選擧委員會にて決議したる事項に就ては改めて總會を招集せずに其結果を組合に通知することゝし正委員選擧の結果十三票中金物商組合代表進藤榮太郎氏當選し補缺委員選擧の結果十三票中藥業組合代表白崎七之助氏當選し而して同日缺席の銓衡委員及他の組合には當選事情を發送することゝし應援組合擔當常任幹事及候補者た一任に決し先づ六候補組合を除く他の組合を選擧委員とし幹事は常務委員たるべく選擧事務所は商業會議所內に置く事とし同五時閉會せり

「帯広原野の土人病院」と報じる『小樽新聞』（1923 年 6 月 19 日）

日　小樽新聞　［水曜日］　第一

迷信に囚はれ亡びゆく民（二）

強烈な濁酒の誘惑　いたましき傳統の保守者

アイヌ土人が強烈な酒を嗜む事は既に周知の事であるがそれでゐて彼等は酒を人間の飲用すべきものでないとしてゐる此の地方の部落に於けると同じく

此の地方 でも彼等の飲用する酒は粟やとうもろこしを原料として釀造した強烈な濁酒であるが之を飲む前に必ず神前に捧げる爲に捧げた神酒を飲用する事によつてすべての罪障は自分から去りそして純潔になつたものと思つて限り無き滿足を知るのである。又石にアイヌと云へば直ちに聯想する熊の祭典は白老日高上川方面の部落部落によつて屢々紹介された如く中部の部落でも同樣な方法で行はれる

熊は山の 神として崇め撫養したものは其の熊を取つて之に神酒を捧げトキと稱し和人語で云へば三合枡位の器をあげるそして熊を殺した時にはその殺した者の近親者二人が弔意を表はす爲めに飛先を捧ひ殺された熊の生血を飲む事になつてゐる熊祭は解に各地方に依つて紹介されてゐるが今もなほ新冠して生血を飲む習慣は本道でも中部地方の部落にのみ見られるものであるといふ。熊祭りに付きものゝ踊りや唄りは舞踊も唄じであるから此處では省略する最後に彼等の葬式である

る先に墓標された死體はそれまで放つて置くわけである。けれども死體を太陽に晒すと咎めがあるといふので死體にはキナと云つて茣蓙の類ひを掛けて置くのである。斯うして彼等種族は今もなほ古い傳統の保守者である之等一つ一つの迷信には恐ろしい傳說が絡まつて

彼等種族 にしてみれば簡單にいはれ無きものでは無いのである。たとへそれ等幾多の迷信に依つて彼等種族が亡びて行かうとも……（完）

「迷信に囚はれ亡びゆく民」と報じる『小樽新聞』（1926 年 3 月 17 日）

に誘惑されて痛飲するとし、「いたましき伝統の保守者」と断じている。
同年一二月七日の紙面は「この頃のアイヌ」の表題で、同社帯広支局記者のルポルタージュが連載されている。文面から集落の様子が窺える。

帯広から十余町先の伏古《ふしこ》コタンは給与地だけに六十戸余のうち掘立小屋が大部分を占め、気の利いた和風柾葺屋根の建物は僅に三軒あるのみだ。（中略）中に入り込んで見ると悲風《ひふう》真に惨憺たるものである。大てい一間きりでゴザか筵《むしろ》を敷いて寝室も台所も一緒だ。

この連載は、アイヌの生活様式が少しずつ変化していることを述べているが、不衛生な暮らしであることを指摘し、そのうえで、アイヌの宗教を研究するのは古老がいるいまのうち、としている。
さらに「北海道旧土人保護法」に触れ、こう書いた。

明治三十九年来旧土人保護法といふ法律の下に、同等の給与地を受け同一の保護の下に置かれて、如何なる発達を遂げたか。（中略）二十年を経過した今日は既に富めるもの、貧しきものとの懸隔が生じ、その富めるものは寧ろ和人以上の堂々たる構に起居するやうになった。（中略）生産財を賦与して殆ど同一の能力に見られたアイヌをして二十ケ年体験せしめた所謂《いわゆる》レーニン主義も遂に撤退せざるを得ない結果を齎《もた》らしたのである。

真、アイヌ学校に入学

真が生まれた幕別には四つの集落があった。『幕別町百年史』によると、マクンベツ（幕別）に一〇戸、三八人、チロット（白人）に二六戸、九一人、ヤムワッカ（止若）に三二戸、六五人、イカンベツ（咾別）に一四戸、六五人、合計八二戸二七八人が住んでいた、と書かれている。

この地域に一番早くに建てられた学校が、日本聖公会の宣教師ジョン・バチェラーの希望により一八九六（明治二九）年七月に開校した私設の白人《ちろっと》アイヌ教育所だった。その後、旧土人児童教育規程に基づき、一九〇六（明治三九）年に北海道庁立白人《ちろっと》小学校（アイヌ学校）に生まれ変わった。

村役場が作成した「教授時間増加」の申請書に「旧土人児童通学シ他児童ト共ニ教育ヲ受ケツツアルモ」とあるところから、最初の頃はアイヌと和人の子どもが共に学んでいたことがわかる。

幕別の隣町の帯広の庁立第二伏古小学校（アイヌ学校）の教員、佐藤義厚の報告書によると、発足した直後の同校の状況が次のように書かれている。

教育上の観察
学籍簿ナシ。職印ナシ。時間割ナシ。教授細目ナシ。教授要録ナシ。教科書モ一定セズ。職員出勤簿ナシ。門札ナシ。又学級別ナシ。生徒数二六名ニシテ（内男四人、女四人、旧土人ニア

白人《ちろっと》小学校の跡、古い校門が残っている（幕別町）

現在の白人《ちろっと》小学校

ラズ）教授ハ一定ノ規律ナク、生徒ハ時間中ニモ甚ダ乱雑ナリ。

この学校もアイヌ民族と和人の子どもが共学していた。以下、報告書には、子どもたちの読み書きに力を入れている、唱歌で「キミガ代」を教えているなどとあり、そのうえで、子どもの服装はばらばらで汚い、遊ぶ時は土足、言語は不明瞭、としている。続けて「教場ハ不潔ヲ免レズ、作法ハ不作法ナリ。礼ヲナスコトヲ知ラズ――、教員其人モ授業時間ヲ厳守セザル観アリ」と綴っている。

学童二六人のうち和人の子どもが八人。言葉が不明瞭というのは、アイヌ語のほかに、内地（北海道民が本州以西を指す言葉）の各地から親に連れられてやってきた子どもたちが、それぞれのお国言葉を使っていたせいであろう。

道内の市町村史をめくると、開拓期に言葉の違いから衝突が起こったとする文章をしばしば目にする。まさに北海道の初期は各県から内地人が押しかけ、会話が成り立たないという事態がしばしば起こった。アイヌ民族の場合も新たに日本語を使いだして間もないから、たがいに言葉に苦労したのは間違いなかろう。

真が、アイヌの子どもたちを教育する幕別尋常小学校（アイヌ学校）に入学したのは、卒業年から逆算すると一九二七（昭和二）年になるのだが、これだと一〇歳の入学になってしまう。実際はもっと早くに入学したが、途中、学べない期間があって、進学が遅れたものとも推測できる。

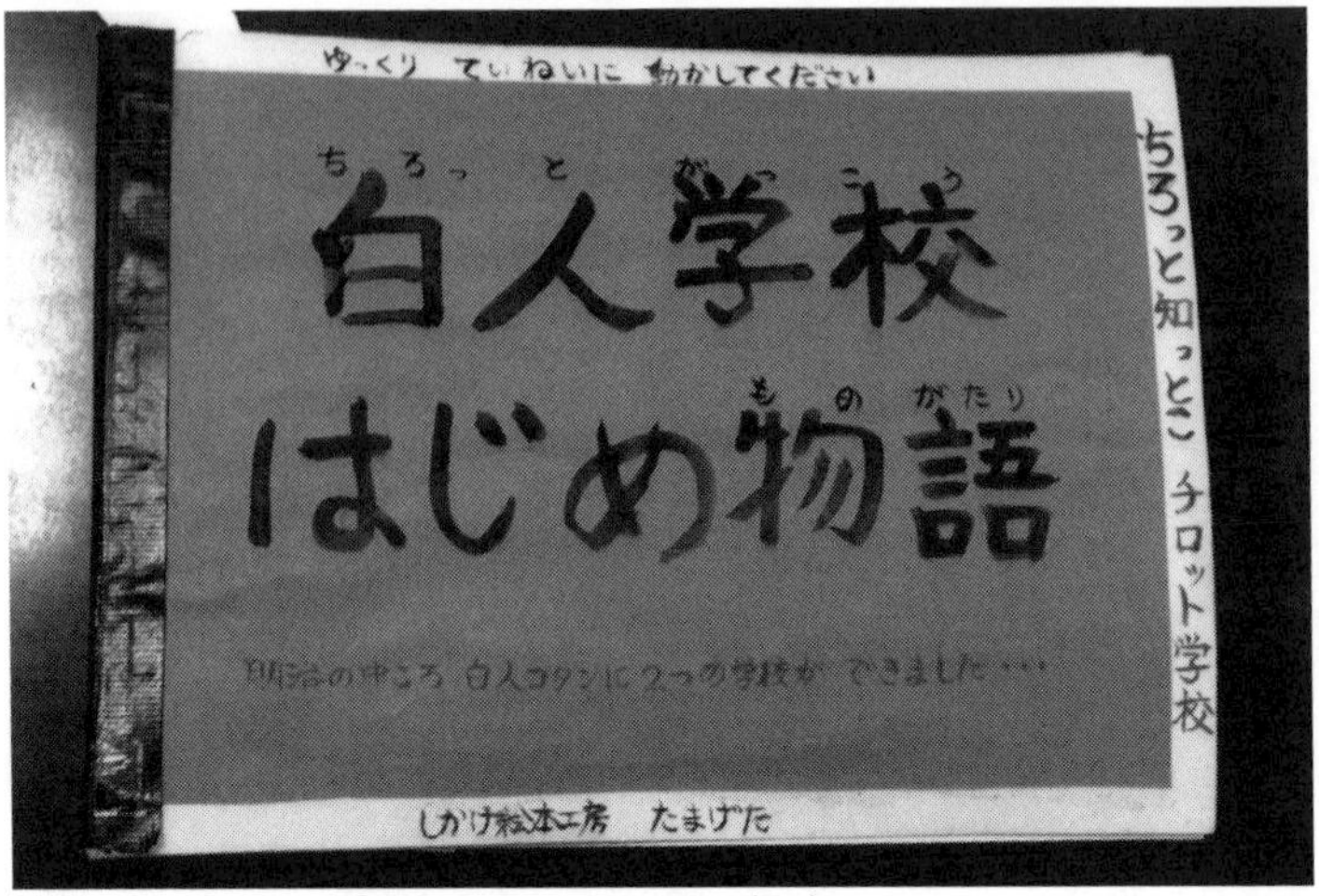

「白人《ちろっと》学校はじめ物語」（白人《ちろっと》小学校蔵）

小学一年生になった頃の真は、小柄だが機敏な体だったというから、飛び跳ねるようにして学校に通ったものと想像できる。学校までの道のりは三キロほど。子どもの足で一時間ほどかかったはずだ。

学校には和人の先生がいて、知らないことをたくさん教えてくれた。その中でみんなが通うこの学校は「天皇陛下」の慈愛によるものと教わった。友だちが何人もできて、そこには和人の子どももいて、楽しい時間だった。

得意は体を使った相撲とか柔道のような取っ組み合い。小さい体だが骨太なので、相手の子どもたちを投げ飛ばした。

だが下校して、親の言いつけで帯広へ出かけたりすると、酷く嫌がらせを受けた。

「ボクは貧しい農家の長男だった。誰が見てもすぐ〝アイヌの子ども〟とわかる人相をしていたから、ずいぶんバカにされ、いやな思いをして育ったものです」

真は『現代のアイヌ』（菅原幸助著、現文社）の中で、こう述懐しているが、その嫌がらせは想像を超えたものだったはずだ。

風貌だけでアイヌ民族とわかるので、和人の子どもたちから「汚い、あっちへ行け」などと口汚く罵られる。そのたびに全身が金縛りのようになる。だから和人の姿を見ると、身を隠すようになった。和人嫌いは日を追って募っていった。

アイヌ民族として生を受けたことを意識し、同じ日本人なのになぜ侮蔑されねばならないのかと煩悶した。拷問にも似た感情を抱いたのはこの時期ではなかったかと推察できる。

真、白人《ちろっと》学校へ転校

真がこの学校に五年生の途中まで在学して、同じ幕別町の白人《ちろっと》尋常小学校に転校したのは一九三三（昭和八）年一一月一〇日、と前出の学籍簿に記録されている。

転校した理由は明らかではないが、母親が病死し、父親が二度目の母親を迎えているので、あるいはそれが原因だったのかもしれない。真はこの二番目の母に酷く嫌われたという話が伝わっている。やがて母の違う弟妹が生まれ、その世話をさせられるなどで、学校どころではなかったのかもしれない。

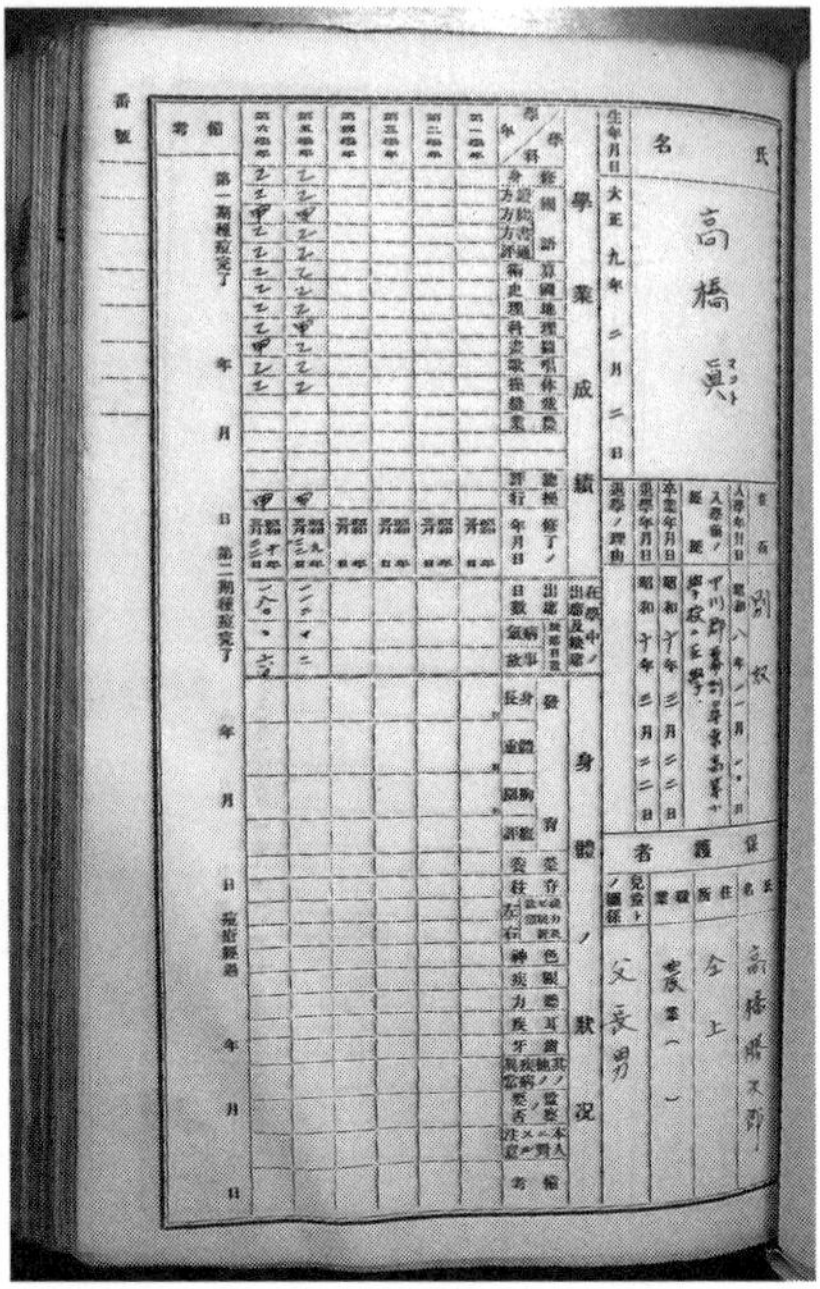

高橋真の氏名が記された白人《ちろっと》小学校の除籍簿

いずれにしろこの頃を境に、真の性格は大きく変わっていく。遊ぶのも、学ぶのも独り。誰にも頼らない、自分だけが頼りという性格が備わっていった。これは真自身が指摘していることでもある。

五年生として過ごした翌年三月までの出席日数は一二二日。欠席は二日。学業成績をみると一一項目の教科のほとんどが「乙」だが、国語の綴り方と理科の二科目が「甲」、文章を書くのが得意だったことがわかる。操行欄も「甲」とあり、平均的よりやや上の評価である。ちなみに甲は優、乙は普通、丙は普通以下……である。

六年生に進学した真の成績は、五年の時とほとんど変わらず、「甲」二つ、「乙」九つ。ただこの一年間の出席日数は一八〇日、欠席日数は六〇日もあり、事故の項目に印がついている。二カ月間も休まねばならなかった「事故」とは何か。想像するほかないが、身体に関わる大怪我だったか、あるいは家庭の事情で学校へ行くどころでなかったか、いずれかであろう。

『けーし風』第八九号（二〇一六年一月刊）で木内朝進は「高橋真と『アイヌ新聞』の表題で次の

文章を載せている。

　真は義理の母と折り合いが悪く、よくわが家を逃げだして、帯広に住む真と年齢の近い従姉の上野サダのところへ行き、寝泊まりしていた。サダは「まるで姉弟のようだった」と述懐している。

　サダは一九二一（大正一〇）年生まれだから、実際は従妹になるが、サダにとっては従弟のように感じていたのであろう。

　幕別の白人《ちろっと》コタンからサダの住む帯広まではざっと一五キロメートル。子どもの足で歩いて四、五時間はかかったはずだ。朝早く、暗いうちに家を出ると昼前には着ける。真は、サダのところへ行きたいという思いだけで、懸命に歩いたのであろう。

　サダには何でも打ち解けて話すことができた。幼い真にとってここが唯一の居所であったとは。ちなみにサダは後年、十勝のアイヌ芸能の伝承者となる人物である。

　真の欠席日数六〇日は、この時期のものだとすると、ぴったり符合するのだが、いかがであろうか。

　真がまだ在学中だった一九三〇（昭和五）年、『小樽新聞』の「北海俳壇」に和人がアイヌ民族を詠んだ俳句が掲載されている。三句を掲げる。

途別川の流れ。真の家はこのあたりにあった（幕別町）

さびれ行くアイヌの村や花辛夷　　古屋哀
アイヌ小屋包みて花の辛夷かな　　金子孤星
川尻を昆布引きずりメノコかな　　水見悠々子

異文化に触れた和人の思いが溢れる作品だが、その底に差別意識の匂い立つのを感ぜずにはいられない。

「北海道旧土人保護法」の矛盾を突く意見も高まっていた。同年一二月の『小樽新聞』にこんな記事が出ている。

旧土人の保護に徹せんとするならば、宜しく当局は英断をもつて現行の保護法を廃止すべしと直言するも憚らぬ。

施行三〇年を経て、「旧土人保護法」の廃止論が出ているのに注目しなければなるまい。原因は給与地に関わる紛争が多く、この段階で旭川の近文アイヌ集落の給与地問題の紛争がいっそう激化していた。

新聞に見るアイヌ民族の息吹

一九三一（昭和六）年八月二日、ジョン・バチェラー主催による初の北海道アイヌ青年懇談会が札幌市で開かれた。バチェラー（一八五四―一九四四）はイギリス人で聖公会司祭。北海道に渡り、函館、札幌に居住し、多くのアイヌ民族に布教した。アイヌ語学者でアイヌ関係の著述もある。

この日、アイヌの若者たちは朝早くから胸を高鳴らせて参加し、会場は熱気が漲った。道庁から社会課長が出席して記念講演が行われ、続いて各地の代表が意見発表をした。

以下『アイヌ民族　近代の記録』を参照に掲げる。

『東京朝日新聞』北海樺太版は「若きアイヌは叫ぶ／全道十八ケ所に支部設け／保護法の改正運動」の見出しでこう報じた。文中、バチェラーをバテラーと記している。

バテラー博士主催の全道アイヌ青年懇談会は二日午前八時から札幌市堯祐寺幼稚園で開かれたが、全道各地から馳せ参じたアイヌ青年七十八名により、まづ君ケ代の合唱、バテラー博士のあいさつあつて、ウタリ（同胞）の所見発表に移るや、差別待遇の撤廃を叫ぶもの、土人学校の廃止を叫び混合教育を望むもの、土人保護法の改正を叫ぶもの、あるひは又アイヌ民族の滅亡は酒のためなりと喝破するもの、中等教育より初等教育の徹底を計れと絶叫するもの、いづれも音声といひ態度といひ和人そこのけの堂々たる雄弁を揮つて、滅び行く同胞の救ひと向上を呼びかけ、来会者に非常な感銘を与へた。
午後の協議会においてはアイヌ民族向上の徹底を計るためアイヌ協会支部を全道主要部落十八ケ所に設置することになり、又道庁当局に対してアイヌ保護法の改正を要望することゝし、午後三時散会、同五時からは豊平館のバテラー博士夫人招待の晩餐会に臨んだ。

アイヌ民族が連帯して活動するのは極めて珍しかったのか、同紙のほか複数の新聞が取り上げた。『小樽新聞』は「堯祐寺幼稚園に旧土人大会／豊平館晩餐会に」の見出しで、また『報知新聞』（北海道樺太版）は「伸びんとする民族意識に／焔と燃えた反発心／アイヌ大会に数々の絶叫」の見出しで報じた。
『東京日日新聞』（北海道樺太版）は「アイヌの声／彼らの代表は叫ぶ／現在の差別待遇」の見出しで、次のように各地のアイヌ青年の主張を掲載した。

「普通教育普及が先決問題」　浦河代表　小川佐助
差別待遇撤退の第一歩として、土人学校の廃止を望む。指定の一部を奨励金で上級学校に入れ

ジョン・バチェラー
（1854-1944）

舊土人の青年達が
同族向上策を說く
差別的土人學校の廢止や
貸附地制限の不可を叫ぶ
バ博士主宰の催し

バチェラー氏主催の舊土人青年大會は既報の如く二日午前八時から札幌愛隣幼稚園において開催出席者は主催者のバチェラー氏はじめ道廳西田社會主事[illegible]社會事業主事及び全道から集まつた青年七十一名先づバチェラー氏の提唱する[illegible]ビー俱樂部設立の議を諮つたがこれは少數否決となり[illegible]漁山村、副業問題は時間の都合で上議に至らずアイヌ協會の支部を全道に設置する件（八ヶ所新設）のみ可決次いで左の諸君の意見發表にうつつた△小川佐助（浦河）△森竹市（門別）△古川忠四郎（鵡川）△伏根弘三（帯廣）△貫塩喜蔵（白糠）△平川政太郎（音更）△向井山雄（伊達）

いづれも土人學校廢止混合教育[illegible]の[illegible]等を力說、小川佐助君[illegible]土地[illegible]町歩制限の不可論向井山雄君の保護法についての感想、共有財産[illegible]等[illegible]た外伏根弘三君の熱心な禁酒論等いづれも同族向上の燃える様な熱論を吐いて午後三時閉會五時から[illegible]におけるバチェラー氏の[illegible]招待會に臨んだ

バチェラー博士主催のアイヌ大会を報じる『小樽新聞』（1931 年 8 月 4 日）

るというのはお断り。ウタリー全部に対する普通教育の普及徹底が先決だ。
帯広代表　伏根弘三

「禁酒が第一だ」

アイヌは何故滅びて行くのか。その最大の原因は酒と断言する。われ等ウタリーが社会に訴へたいことはいろいろあろうが、まずその前に禁酒し、自己の完成をはかれ。
伊達代表　向井山雄

「差別待遇撤廃」

社会に訴えたい第一は差別待遇の撤廃。何故かくも差別待遇を受けるのかと考えるに、われわれの生活態度が低級だからだ。生活水準を一般並に引きあげるのが先だ。
旭川代表　川村才登

「曲解をおそれる」

われ等のために骨を折って下さる方々に感謝するが、資金を得るため無稽なことを宣伝されるのは迷惑だ。ますますわれ等ウタリーを曲解させることになるだろう。
音更代表　早川政太郎

「日本人として取扱へ」

われ等アイヌはすでに覚醒して、自己完成に努力しつゝあるのだから、差別待遇を廃止して、立派な日本人として取扱ってほしい。

『小樽新聞』はさらに続報として「旧土人の保護を叫び／道庁へ陳情に出る／青年大会出席の代表者」の見出しで、大会終了後の四日、代表を含む参加者五六人が道庁に赴き、陳情書を提出したと報じた。

旧土人保護法の改正への主な意見を挙げると、
一、第一条の土地一万五千坪以内を二万坪以内としてほしい。
二、第二条一項の所有権の譲渡を、次男、三男同族にも認めてほしい。
三、旧土人学校を廃止してほしい。
四、農業のみならず漁業者も認め、漁業権や海産干場などの許可を与えてほしい。

研究対象になったアイヌ民族

こうした動きをまだ小学生の真は知る由もない。帯広の従妹宅から実家に戻って白人《ちろっと》小学校に通いだし、やっと同校を卒業した。「昭和十年（一九三五）三月二十二日卒業」と記録に残る。真一五歳。二年ほど遅れている計算だが、これが「満足に小学校も出ていない」とする自身の言葉にも繋がったといえる。

当時はこの六年生卒の上に高等科（二年制）があったが、アイヌ学校にはなく、児童のほとんどは特別な事情でもない限り、これより上へ進めなかった。政府の根底にあったアイヌ民族に対する教育のもっとも大きな差別である。

もう一つ、重大なのはアイヌ民族が研究対象にされ続けたことである。『小樽新聞』一九三五（昭和一〇）年六月二五日には、日本学術振興会が三カ年継続事業として、前年の日高地方のアイヌ民

昭和十年六月廿五日　小樽

アイヌ民族の研究に
乗出す三大學陣
日本學術振興會の繼續事業
三ヶ所に診療所設置

（寫眞右から）永井、有馬、内村、井上、越智の五教授

（東京電話）日本學術振興會では三ヶ年繼續事業としてアイヌ民族の生理學、心理學的研究を開始し先づ北海道日高地方から研究に乗出したが本年は左の三ヶ所のアイヌ居住地帯にアイヌ診療所を設置することゝなり北大醫學部と東大及び金澤醫大と提携して七、八兩月アイヌの徹底的醫學研究を行ふことゝなつた、先づ七月上旬小學兒童の榮養性能その他の一般衛生、飲料水、寄生虫の調査を行ひ八月二日から五日間虻田小學校で同七日から五日間白老村第一小學校で生理及び心理學は東大永井教授、體質心理學は金澤醫大の古屋教授、内科は北大の有馬教授、眼科は越智教授、精神科は北大の内村教授、皮膚科は北大の高橋教授が夫々專門的に調査研究及び診療にあたるはずであるが、かゝる大規模な研究は劃期的のものであり特に工事費一萬八千圓で虻田、尻別、白老三部落に土人の衛生保健調査研究所を今夏着工完成の上は北大醫學部山崎（解剖）井上（衛生）内村（精神）有馬（内科）越智（眼科）五教授及び數名教授が直接實験診療にあたりアイヌ民族の徹底的衛生調査を計るもので早くも斯界の注目の的となつてゐる

アイヌ民族の研究を伝える『小樽新聞』
（1935年6月25日）

族研究に続いて、生理学、心理学的研究をしており、この年七、八月にかけて北大、東大、金沢医大の三大学が提携して医学研究を行うとして、こう報じた。

七月上旬、小学児童の栄養性能その他の一般衛生、飲料水、寄生虫の調査を行ひ、八月二日から五日間虻田小学校で、同七日から五日間白老村第一小学校で生理及び心理学は東大永井教授、体質心理学は金沢医大の古屋教授、内科は北大の有馬教授、眼科は越智教授、精神科は北大の内村教授、皮膚科は北大の高橋教授が夫々専門的に調査研究及び診療にあたるはずであるが、かゝる大規模な研究は画期的なもので（中略）早くも斯界の注目の的になつてゐる。

アイヌ民族は、集落単位で人類学研究の対象にされていたのである。近年問題化した遺骨問題などを思う時、その意味の重さを嚙みしめねばなるまい。

この年、「北海道旧土人保護法」が一部改定された。第五条の「疾病者に薬代を給する」、第六条の「疾病、不具、老衰、幼少者で自活できない者は救助する」のなかに「傷痍」を加える、つまり怪我人も追加したということである。だが当事者の要求の項目は何一つ解決されていない。

いずれにしろこの法律により、アイヌ民族が保護された時期はあったのは明らかだが、この反面で和人による給与地の実質的な奪取が増え続けていた。甘言を用いて接近し、巧みに騙し取るやり方である。

筆者が新人の新聞記者として、帯広で勤務した六〇年も前のことだが、被害者のアイヌ民族のA老人から直接聞いた話を紹介する。

A老人のもとに、知人のBに紹介されたといって、和人Cがやってきた。手土産の焼酎を飲みながら言うには、放置したままの給与地のうち、一番奥の開墾の難しい部分だけ貸してくれ、という。どうせ手つかずの土地なので、「まあ、いいか」と答えたら、お礼だと言ってズタ袋の中から焼酎を三本差し出し、「この証書に判を押してくれ」という。その通りにしたら喜んで帰っていった。何年か経って土地の名義を長男に変えようと思い役所に行ったら、知らない和人の所有になっていた。慌てて和

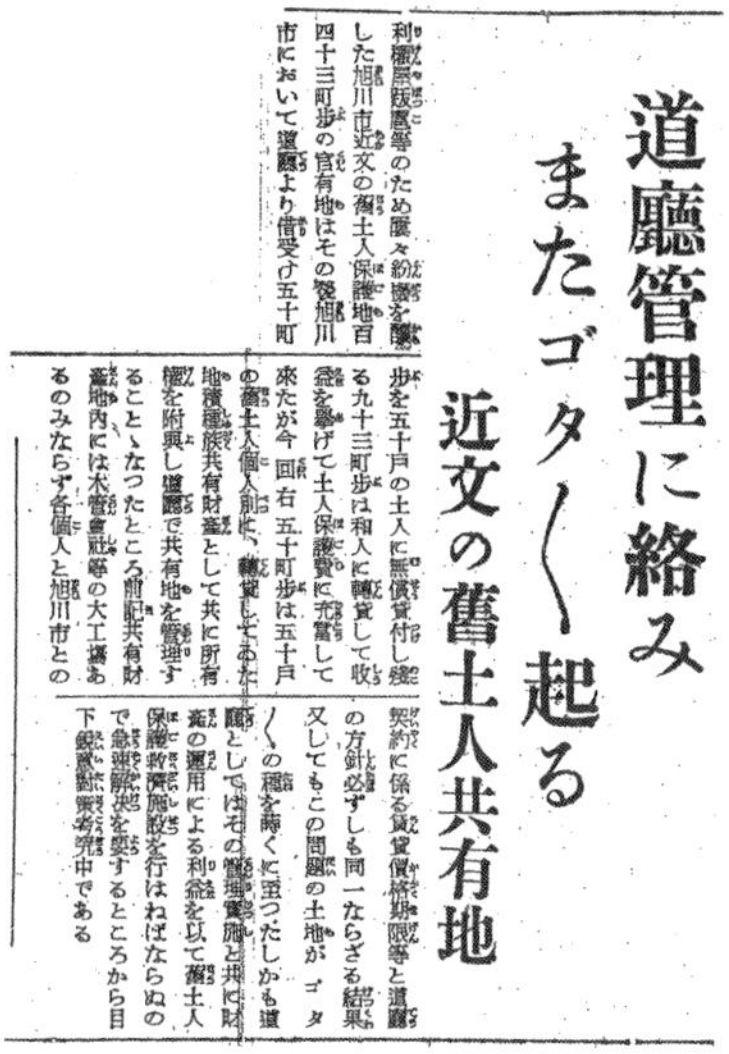

道廳管理に絡み
またゴタ〳〵起る
近文の舊土人共有地

利權獲得等のため屢々紛擾を釀した旭川市近文の舊土人保護地百四十三町歩の官有地はその後旭川市において道廳より借受け五十町歩を五十戸の土人に無償貸付し殘る九十三町歩は和人に轉貸して收益を擧げて土人保護費に充當して來たが今回右五十町歩は五十戸の舊土人個人別に、轉貸してあた地積種族共有財產として共に所有權を附與し道廳で共有地を管理することゝなつたところ前記共有財產地内には木管會社等の大工場あるのみならず各個人と旭川市との契約に係る賃貸償還期限等と道廳の方針必ずしも同一ならざる結果又してもこの問題の土地がゴタ〳〵の種を蒔くに至つたしかも道廳としてはその管理實施と共に財產の運用による利益を以て舊土人保護救濟施設を行はねばならぬので急速解決を要するところから目下鋭意對策考究中である

共有地を巡る紛争を伝える『小樽新聞』
（1934年5月19日）

人Cに会ったが、「仲に入っただけ」といって取り合わなかった。やがてA老人は立ち退きを命じられ、離れざるを得なかった。

おかしな話だと思うのだが、現実にこうした話をいくつか耳にした。悪質な和人に騙されて大事な土地を奪われたアイヌ民族がどれほどいたことか。

真が警察署の給仕に

こうした社会環境の中で、驚いたことに真は、小学校を卒業して間もない一九三六(昭和一一)年、帯広警察署の給仕に採用されたのである。真本人の話によると、警察官になるのが目的だったが、まともに試験を受けても合格しないだろうと考え、頼んで給仕にしてもらったのだという。

警察官になりたかった理由は、アイヌでも警察官になれば和人と対等に接することができる、と思ったからという。尊敬される存在に憧れを抱き、給仕としてでも働けたら本望と感じていたようだ。給金月額一五円五〇銭。巡査の初任給が四五円の時代だから、小学校出としてはそれ相応の額といえる。

それにしても利発な子とはいえ、数え年一七、八歳のアイヌ少年が、どんな経緯を辿って就職したのか。ここに真の父親、勝次郎の存在が見えてくる。

勝次郎は帯広の隣、伏古村(現在の帯広市西一五北二チョマトー周辺一帯)のアイヌ民族、鎌田三蔵の次男に生まれた。生来の勉強好きから独学で行政書士の資格を取得し、アイヌ民族たちが役所に提出する書類の代筆などをし、多くの同族から信望を集めた。白人《ちろっと》集落の女性と結婚して女性方の高橋姓を名乗った。その長男として生まれたのが真である。勝次郎は後に帯広カムイトーウポポ保存会初代会長も務めている。以上は『十勝大百科事典』による。

行政書士として役所に出入りしていた勝次郎は、わが子真が、警察官に憧れているのを知り、警察署長に願い出たと考えれば、容易に筋道が見えてくる。給仕なら署長の裁量でどうにでもできたはずだ。

警察署の給仕になった真だが、その仕事は小間使いのようなものだったろう。一目でアイヌ民族とわかる風貌だから、まともな扱いなどされるはずもない。昭和初期の警察官は「おい、こら」と威張りちらし、恐ろしいものの代表とされていた。

給仕の真は「おいっ、お茶をくれ」「これ、急いで役場に持っていけ」などこまごまと用事を言いつけられた。失敗でも仕出かすと「アイヌのやることだ」と言って怒鳴りつけられた。真はそんな毎日の中で、文句も言わずに身軽に働いたので、警察官から〝マコちゃん〟のニックネームで呼ばれ、それなりに重宝されたようだ。

真の向上心は大変なもので、仕事に励むかたわら、僅かな給与の中から「講義録」を買い求め、熱心に勉強した。社会のことが少しずつわかってきたように思えたであろう。

そのうち真はいきなり、警察署長に対して、

「ボクに警察官の試験を受けさせてください。ダメならあきらめます」

と申し入れたのである。真の気持ちを初めて知った署長は、いささか困惑して、

「それは無理だ」

と答えた。だが真は諦めない。何度も何度も懇願した。署長はやむなく、

「アイヌは警察官の試験を受けることはできないんだよ」

とたしなめた。実は規則に受験資格がなかったわけではなく、これまで受験した例も、合格した例もなく、何となくアイヌは採用しないということになっていたらしい。

「悔しくて悔しくて、下宿に戻るなり、布団にくるまって泣きました」

と真は述べている。

同じ日本人なのに、厳然として存在する差別や不条理を突きつけられて、真はひたすら考えた。そこで到達したのは新聞記者になることだった。記者が警察署にやってくると、署長は笑顔で迎える。記者は大いばりで話をしている。そうだ、警察官になれないなら、署長も一目置く新聞記者になろう。もし記者になれたなら、思う存分書きたいことがある、と固く決意したのだった。

以上は前述の『現代のアイヌ』による。著者の菅原幸助は『朝日新聞』記者で、山形県内の勤務を経て一九六一（昭和三六）年四月、苫小牧通信局長に赴任し、アイヌ民族に惹かれ、取材を続けた。真を知る数少ない人物の文章であり、貴重である。

アイヌ民族初の学者、知里真志保

この頃、アイヌ民族の心を揺るがす朗報が伝えられた。登別出身の知里真志保《ちりましほ》が近く文学士になるというものだった。真志保の姉、知里幸恵は金田一京助のもとで『アイヌ神謡集』を編んだが、一九歳の若さで亡くなった。真志保もまた上京し、金田一の指導で学業に励んでいた。ちなみに幸恵と真志保の間の長男高央《たかなか》も、やはり金田一に勧められ、後に教師となる人物である。

『小樽新聞』一九三六（昭和一一）年四月一五日は、「アイヌ語の文法を学界におくる」の見出しで、「同族のため気を吐く兄弟」として高央、真志保兄弟の逸材ぶりを報じ、翌三七（昭和一二）年二月九日は「アイヌから文学士／金田一助教授が褒めちぎる／秀才、知里真志保君」の見出しで、こう伝えた。

知里真志保
（1909-61）

［東京電話］詩と哀調のうちに滅んで行く民族アイヌからこの三月初めて東大の文学士が生れることになり、やゝもすれば民族的に劣等視され勝ちであつたアイヌのために万丈の気を吐いた。この輝けるアイヌ民族の英雄知里真志保（二九）君は一高から東大に入った秀才で金田一助教授について「ア

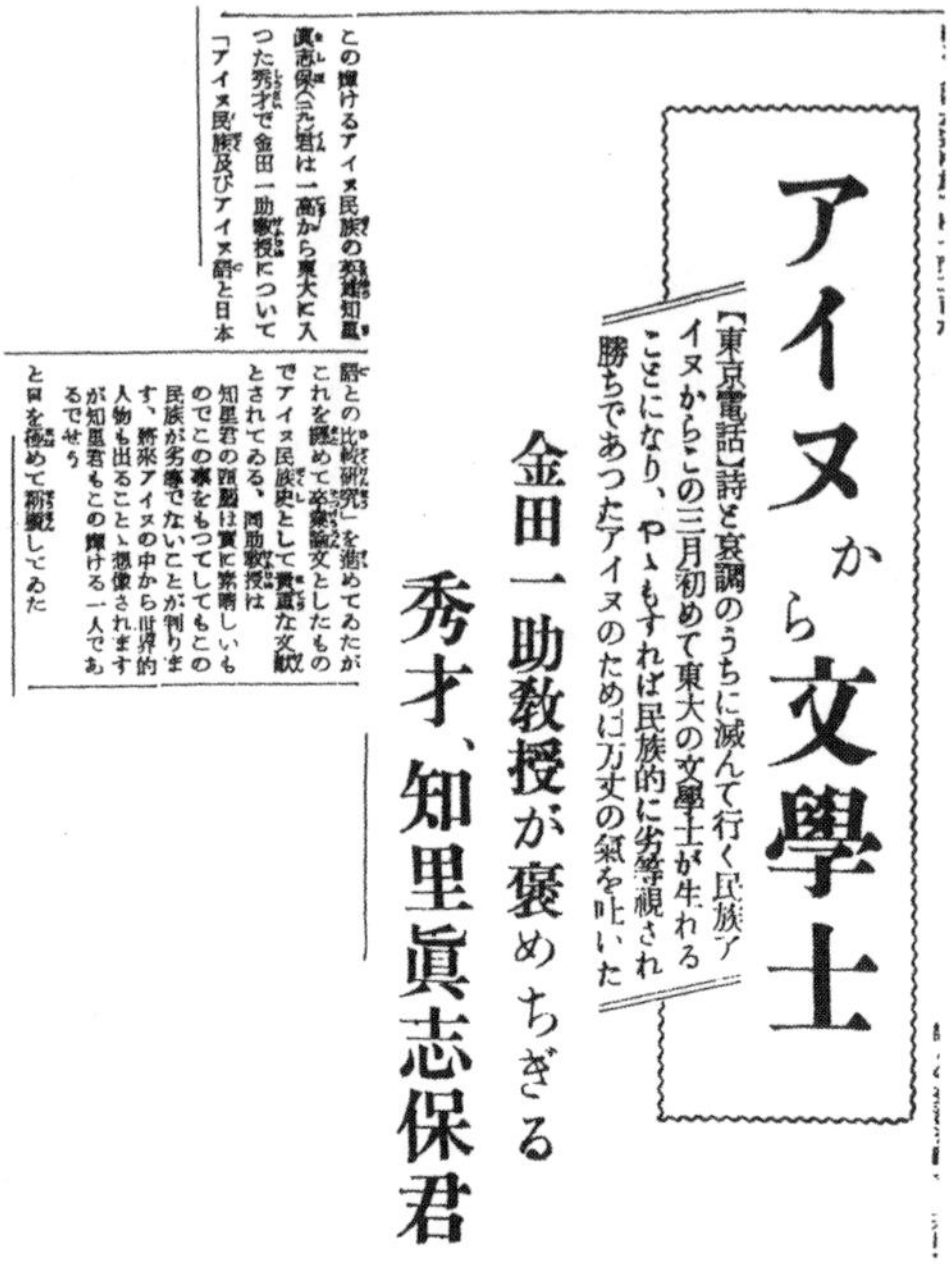

アイヌから文學士

【東京電話】詩と哀調のうちに滅んで行く民族アイヌからこの三月初めて東大の文學士が生れることになり、やゝもすれば民族的に劣等視され勝ちであつたアイヌのために万丈の氣を吐いた

金田一助教授が褒めちぎる

秀才、知里眞志保君

この輝けるアイヌ民族の[illegible]知里眞志保(二九)君は一高から東大に入つた秀才で金田一助教授について「アイヌ民族及びアイヌ語と日本語との比較研究」を進めてゐたがこれを纏めて卒業論文としたものでアイヌ民族史として貴重な文献とされてゐる、同助教授は

知里君の頭腦は實に素晴しいものでこの事をもつてしてもこの民族が劣等でないことが判ります、將來アイヌの中から世界的人物も出ることゝ想像されますが知里君もこの輝ける一人であるでせう

と口を極めて稱讃してゐた

知里真志保を讃える『小樽新聞』
(1937年2月9日)

イヌ民族及びアイヌ語と日本語との比較研究」を進めてゐたが、これを纏めて卒業論文としたもので、アイヌ民族史として貴重な文献とされてゐる。同助教授は「知里君の頭脳は実に素晴しいもので、この事をもってしてもこの民族が劣等でないことが判ります。将来アイヌの中から世界的人物も出ることゝ想像されますが、知里君もこの輝ける一人であるでせう」と口を極めて称賛した。

この記事にも当然のように〝滅び行く民族〟の文字が見える。そんな社会の風潮だった。それはおいて、真が新聞報道で同族である知里兄弟の快挙を知り、同族の誇りと感激したのは言うまでもない。以来、真の胸中にいつも真志保がいて、憧憬の念を抱き続けることになる。

この一方で、アイヌ民族の研究が各大学で進められていた。同紙の同年七月二日の紙面には「ア

アイヌ研究の決定版

六六年の研鎖實り

近々輝く上出！

バチエラー翁畢生の偉業

札幌の土に

出版を前に翁の感懐

バチェラーのアイヌ研究を讃える『小樽新聞』
（1938年4月9日夕刊）

アイヌの研究發表

北大で六日から四日間

日本民族衛生學會開催

アイヌの研究発表を報じる『小樽新聞』
（1936年7月2日）

イヌの研究発表／北大で六日から四日間／日本民族衛生学会開催」の見出しで、北海道大、東京大、京都大の教授や、大阪、京都などの研究者が研究発表をすると報じている。

また一九三八（昭和一三）年四月九日夕刊は「アイヌ研究の決定版／六六年の研鑽実り／近々輝く上出！／バチェラー翁畢生の偉業」の見出しで、写真付きで報じている。アイヌ民族研究が一段と盛んになっているのがわかる。

この動きは北海道に留まらず、当時日本領であった樺太や北方領土にも広がっていた。「滅び

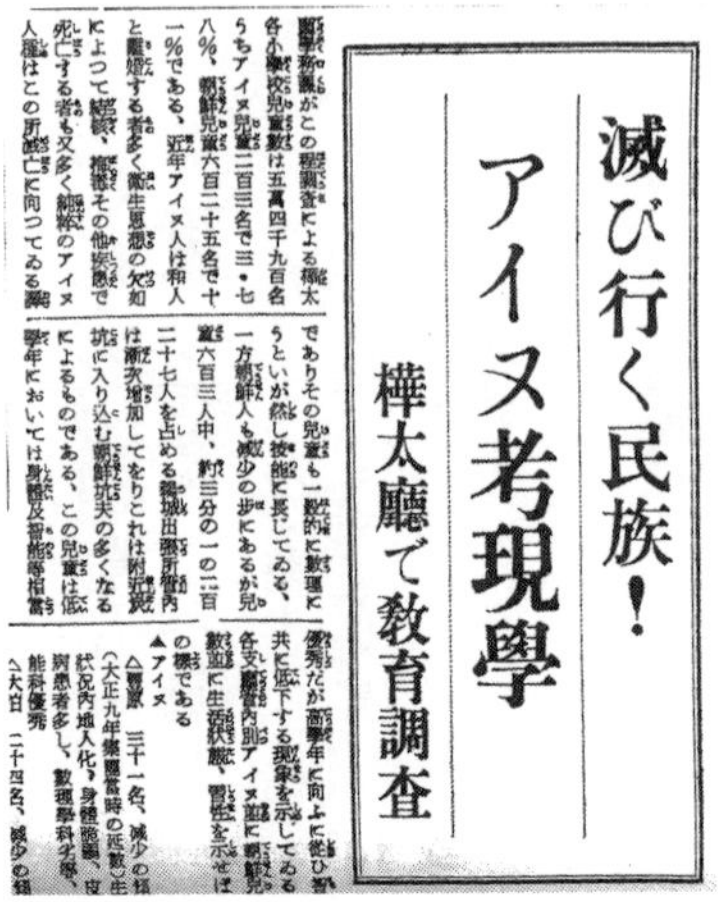

滅び行く民族！
アイヌ考現學
樺太廳で教育調査

聯學新聞がこの程調査による樺太各小學校兒童數は五萬四千九百名うちアイヌ兒童二百三名で三・七八%、朝鮮兒童六百二十五名で十一%である、近年アイヌ人は和人と離婚する者多く衞生思想の欠如によつて結核、梅毒その他疾患で死亡する者も又多く純粹のアイヌ人種はこの所滅亡に向つてゐる譯でありその兒童も一般的に數理にうといが然し技能に長じてゐる、一方朝鮮人も減少の歩にあるが兒童六百三人中、約三分の一の二百二十七人を占める知取出張所管内は漸次増加してをりこれは附近炭坑に入り込む朝鮮坑夫の多くなるによるものである、この兒童は低學年においては身體及智能等相當優秀だが高學年に向ふに從ひ漸共に低下する現象を示してゐる各支廳管内別アイヌ並に朝鮮兒數並に生活状態、習性を示せばの樣である

▲アイヌ
△豐原　三十一名、減少の傾（大正九年集團當時の述數）生状況内地人化、身體強壯、疾病患者多し、數理學科劣等、能科優秀
△大泊　二十四名、減少の傾

「滅び行く民族！　アイヌ考現学」と報じる『小樽新聞』（1936年9月17日）

行く民族！　アイヌ考現学／樺太庁で教育調査」（一九三六年九月一七日）、「先住民族遺跡に学術探検隊／三班に分れ斯界の権威が首班／近く占守島へ遠征」（一九三七年七月七日）などの報道がそれである。

当然のようにアイヌ民族の中から、なぜわれわれが研究の対象にならなければならないのか、という疑念が高まっていた。

第2章　波乱の〝アイヌ新聞記者〟——1937-45

給仕から新聞記者に

新聞記者になりたい——、そんな思いを抱いて警察署の給仕を続ける真の耳に、十勝新聞社が給仕を募集しているとの情報が飛び込んできた。

真は早速応募したところ、幸い「採用」の通知がきた。一九三七（昭和一二）年頃のことだ。どうやら警察署長が陰で後押ししてくれたらしい。給与は九円。警察署の給仕と比べて六円五〇銭も安い。だが真は気にしない。胸を張って新聞社の門を叩いた。

入社してみて新聞社の緊張した空気が自分にぴったり合うと感じた。怒号が飛び交う中で、記者たちが忙しく立ち働いている。これが新聞作りの現場なのか。真は気持ちを高揚させながら、まるでコマねずみのように立ち回った。その姿を見た記者たちが、

「あいつ、アイヌのくせに、よくやるな」

と言って可愛がられるようになった。

この新聞社は十勝管内で二番目（一番古い新聞はこの時点で廃刊）に古い歴史を持ち、一九〇二（明治三五）年発刊、一時、休刊の後に『とかち新聞』と改題して旬刊紙から日刊紙となり、一九一五（大正四）年から漢字の『十勝新聞』になった。

これに対抗する有力紙が『十勝毎日新聞』。一九一二（大正元）年の創刊で、初め『帯広新聞』と

名乗ったが、日刊紙になると同時に『十勝毎日新聞』と改めた。この時期、十勝にはこの『十勝毎日新聞』を筆頭に、何紙か存在した。いずれも部数は少なく、夕刊だけや週刊という新聞もあったが、激しく競い合っていた。

真は記者たちが原稿を書きまくる姿に見惚れながら、いまに見ておれ、と自分に言い聞かせた。でも記者に記事の書き方を尋ねても、忙しいので誰も相手にしてくれない。真は暇さえあれば新聞を読んで知識を蓄えた。これが真にとって唯一の「先生」といえるものだった。

この時期の一九三六（昭和一一）年に、旭川の近文で、アイヌ共有地の賃貸料をめぐり、道庁と小作人側で調停問題がこじれていた。近文には大勢のアイヌ民族がいて、これまでもさまざまな紛争が起こっていた。これらを新聞で知った真は、空を仰ぎ、腕を組んだ。

一九三七（昭和一二）年、北海道旧土人保護法の一部が改正された。改正は多岐にわたったが、特に第七条に追加された同二項「住宅を改良する者には必要な資金を給す」、三項「旧土人の保護に必要な施設を建設する者には補助をなす」などが主な内容である。その一方で第九条の小学校の建設と第一一条の道長官の警察令は削除された。

この改正案が国会を通過した日、アイヌ民族の代表がそろって議事堂を訪れ、議決後に議事堂の玄関前で関係者とともに記念写真を撮っている。筆字で「帝国議事堂　北海道旧土人保護法改正法律案議会通過記念　昭和十二年三月アイヌ代表並に関係者為政者、議員」とあり、総勢二七人。一三人のアイヌ代表の氏名が記されている。

前列中央の池田清を囲んで、中川道明、小川松雄、手代木隆吉、赤梁小太郎、喜多章明、吉田菊太郎、山西忠太郎、小畑二郎、八重清太郎、川村兼登、田村吉郎、そして右側から二番目に学生服を着た当時東京帝国大学院学生の知里真志保の姿が見える。故郷から同志が来るというので駆けつけたのであろう。

もう一枚、同じ日に議事堂の全景を背景に八人が並んで撮影した写真がある。「昭和12年3月、第70議会傍聴した十勝アイヌ代表（国会議事堂正面において）」とあるので、氏名は書かれていないが、上京した人たちである。

北海道十勝からの上京は列車と連絡船、また列車を乗り継いで丸二日もかかるという大仕事だった。いかにこの法律改正に期待を寄せていたかがわかる。だが実際にアイヌ民族にどのような影響を与えたのかは、残念ながら資料もなく判然としない。

この頃のことだが、真が地元新聞社主催の弁論大会に出場し、最年少ながら優勝したと伝えられる。しかし主催した新聞社の名前がわからず、開催した記録も残っていない。もしこれが給仕として勤める『十勝新聞』だったとしたら、と思うのだが、断定できない。当時は小さな新聞社がいくつもあり、こうした自社主催の催しがしばしば行われていた。

その話はそこまでにして、真は毎朝早く新聞社に出社し、部屋の机の上を整理したり、履物を整えたり、ゴミ箱のゴミを片付けたり、心をこめて仕事をした。その一途な姿を見た『十勝新聞』の幹部が、いたく感心して、

北海道旧土人保護法改正案国会通過の日のアイヌ代表、関係者たち
（帝国議事堂前。幕別町蝦夷文化考古館蔵）

北海道旧土人保護法改正案通過の日、上京したアイヌ民族代表
（帝国議事堂前。幕別町蝦夷文化考古館蔵）

（二）　昭和十四年七月二日

アイヌは〝自然人〟

古型が生活の現代化を妨ぐ

高倉助教授（北大）社會學會で研究を發表

高倉新一郎助教授のアイヌ研究を報じる『小樽新聞』（1939年7月2日）

「あの男、給仕をやらしておくのはもったいない。外回りをやらせてみるか」

という話になり、まだ一年余しか経っていない真を呼び、こう命じたのである。

「君を記者にする。やってみろ」

一九三九（昭和一四）年、まだ数え年二〇歳になったばかりの、若い〝アイヌ記者〟の誕生である。

まるで、瓢箪からコマのような話といえた。だが真は意に介さない。

「ようし、やるぞっ。みておれっ」

一五〇センチそこそこの小柄な全身を、ぶるぶるっと震わせた。

この頃、『小樽新聞』は北海道大学の高倉新一郎助教授が社会学会で、アイヌ民族研究の結果を発表する、として「アイヌは〝自然人〟／古型が生活の現代化を妨ぐ」の見出しで報じた。浦河郡荻伏《おぎふし》村姉茶、同村野深《のぶか》、帯広市伏古、河東郡音更村の四集落を訪れて調査した結果、集落が「種族共産体から急速に近代社会に移行」していると指摘する内容を伝えるものだった。

アイヌ記者はご難続き

差別のない社会への真の思いとは裏腹に、現実はまるで真逆の厳しいものだった。一番身近な悩みが取材先の相手の対応。新聞記者として取材に出かけると、

「ここはアイヌの来るところではない」

と、汚いものでも追い払うように手を振り、遮るのだ。

「私はアイヌだが、新聞記者だ」

そう反論しても、応じようとしない。粘ってその場に佇んでいると、力ずくで押し出された。取材ができなければ記事を書くことはできない。いくら新聞記者だと胸を張っても、アイヌはアイヌだ。これでは手も足も、もがれたも同然ではないか。

嫌なことは続くものだ。帯広で一家五人惨殺事件が起こった。真は勇んで現場に一番乗りしたところ、そこにいた若い警察官に怒鳴られた。

「こら、アイヌがこんなところに来るな」

「アイヌとはなんだ。馬鹿にするのか」

そこへ折よく警察署長がやってきて、

「新人の警官だ、すまんすまん」

と謝ったので、収まった。

他社の記者仲間からも白い眼で見られた。記者会見などで取材を一緒にしたくないといわんばかりの態度を見せつけられ、目の前が真っ暗になった。

悔しいけれど、取材の記者たちが散った後、もう一度、しぶる相手に無理を言って会ってもらい、話を聞いた。どうしても会えない時は、その部下を訪ねて頭を下げて資料を入手した。

そのうち、同情してくれる役人もいて、思いがけない特ダネをモノにして紙面を飾り、他社の記者を驚かせたりした。

意外なことに、真に情報を流した役所の課長が記者仲間から酷い目に遭っていた。

「日本人の記者に話さず、アイヌ記者だけに話すとは何事だ」

と迫られたのだ。

課長は、「熱心に聞いてきたので教えただけ。他意はない」などと述べたが、記者連中のつるし上げに遭った。それを知った真は、

「私はアイヌだけれど日本人だ。どうして差別されるのか」

と言い、悔し涙をぬぐった。

他紙の記者と口論になったこともある。

「アイヌの記者が書いた記事など誰が読むのか」と言われて腹を立て、取っ組み合いの喧嘩になった。だが真はすぐに組み伏せられた。小柄で体力がないのが悔しかった。

差別と不正義に対する怒りがこれまで以上に高まった。だが力に頼る喧嘩なんて嫌だ、理論を身につけねばならぬ。真は唇を噛んだ。

アイヌ民族の死亡率

日中戦争の戦火が拡大し、軍靴の音が一段と高くなった。国内には外国人を敵視して阻害する空気が漂いだしていた。そんな時、『小樽新聞』一九四〇（昭和一五）年四月一一日の紙面にこんな見出しが躍った。

「珍妙な地名を改称／蝦夷の名残りに時の波」とあり、道内にあるアイヌ地名が和風に改めたことを報じたものだ。記事を掲げる。

蝦夷の名残り――珍妙難解な町村名が時代の波に乗つて判り易く、呼び易く改められる事になった。本道は先住のアイヌ族によつて村々、浜々が開かれたゝめ首都のサトホロを初めその

珍妙な地名を改称
蝦夷の名殘りに時の波

「珍妙な地名を改称」と報じる『小樽新聞』
（1940 年 4 月 11 日）

殆どがアイヌ称呼であるため読みにく〻解りにくいため、道民ばかりでなく来道の内地人を面くらはしてをり、道庁では漸次珍名の改称を行はせ殊に昭和二年の第二期拓計以来急速に働きかけ、既に七十九ケ市町村にわたつて実施されてゐるがなほ難解な地名が残余の町村に三百五十ケ所もあるので本年は特に拍車をかけ左の通り十六ケ町村の字名改称、地番整理を行ひ……

これに続いて渡島、宗谷、檜山、留萌、上川、後志、網走、日高、空知、胆振の中にある難しい地名を挙げた。

この記事から、北海道の地名が急激に変化しだしたのは一九三〇年代からとわかる。たしかに北海道の地名は難しいが、その根底にあるアイヌ語の意味に触れると、そこに生きた人々の思いを感じる。しかしわかりづらいという意見が高まっているのも事実だった。

もう一つ、「旧土人の死亡率／滅亡する民族を雄弁に立証」の見出しのついた記事を掲げる。冒

舊土人の死亡率
滅亡する民族を雄辯に立證
BCGの偉力
豫防注射薬として奏効適確

アイヌ民族の死亡率の高さを報じる『小樽新聞』（1941年3月17日）

頭「結核は民族を滅ぼす病魔である…を立証するのは旧土人との死亡対比によって明白」として、アイヌ民族一万人当たりの死亡率を掲げたうえで、予防注射の重要性を伝えているのだ。

	和人	旧土人
昭和九年	一四・四七	五一・八九
十年	一四・七八	五六・三六
十一年	一七・二七	五八・七二
十二年	一六・一一	五三・六九
十三年	一六・七七	四七・二八

この数字は驚くべきものといわねばなるまい。死亡率が和人のざっと三倍にのぼるとは。「アイヌ民族は結核になりやすい」という噂を、筆者も子どもの頃、耳にしたものだが、はたして予防注射などの対策がどこまで浸透していたものか。

真が『北海タイムス』に登場

一九四一（昭和一六）年五月二一日の『北海タイムス』夕刊二面に、「アイヌの祖国愛／外人の学者を排撃」が掲載された。アイヌ民族の高橋真が一九日、戸塚北海道庁長官宛に外人学者のアイヌ研究は許可しないよう嘆願書を提出したとして、その内容を報じたのである。

今回の防諜週間の実施されたのを機に従来外人が来道しアイヌ研究に従事する人類学者を排撃するものである、その理由は彼等はわれ〳〵一万五千の本道アイヌを侮辱せんとするもの多くアイヌ研究の名の下にスパイ行為がないとも言はれない、であるから今後は断然外国からの研究家の来道を許可せざるやう長官閣下のお力で取計つてほしい、そしてアイヌ研究は日本人の学者のみ行はせアイヌも立派な日本人なりとの誇りを昂揚せしめて下さい

真はスパイが横行するいま、アイヌ民族の研究をする外国人学者らを厳しく排除してほしい、われわれは虐げられながらも、日本人学者の研究を受けたいとして、立派な日本人であるとの意志を表明したものといえる。

同様の記事が『小樽新聞』にも掲載された。「外人のアイヌ研究／防諜上からも絶対排撃！／若

きウタリー悲痛の叫び」の見出しで経過が述べられ、「嘆願書」の最後に、こう書かれていた。

昭和十六年五月二十日

右請願人　帯広市西三条十一丁目　〇〇〇〇方

アイヌ　高橋　真

北海道庁長官　戸塚九一郎閣下

アイヌの祖國愛

外人の學者を排撃

時局柄、祖國愛に燃えたつ本道のアイヌ一万五千名はこんどの防諜週間を機會に『今まで外人はわれ〳〵からスパイしてゐた今後は斷然これを排撃する』と戸塚長官宛に外人學者のアイヌ研究は許可せざるやうにと十九日アイヌ高橋眞君が代表で歎願書を提出ウタリーの輿論に拍車をかけることになつた、その歎願書によると

今回の防諜週間の實施されたのを機に從來外人が來道しアイヌ研究に從事する人類學者を排撃するものである、その理由は彼等はわれ〳〵一万五千の本道アイヌを侮蔑せんとするもの多くアイヌ研究の名の下にスパイ行爲がないとも言はれない、であるから今後は斷然外國からの研究家の來道を許可せざるやう長官閣下のお力で取計つてほしい、そしてアイヌ研究は日本人の學者のみ行はせアイヌも立派な日本人なりとの誇りを昂揚せしめて下さい

といふのである

×　×

外国人のアイヌ研究を非難する真を報じる『北海タイムス』（1941年5月21日夕刊）

須田茂は『コブタン』四四号の「近現代アイヌ文学史稿（九）」の中で、この記事に触れて、「（真が）アイヌ研究者に対する関心はこの当時から持っていたことがわかる」としている。

スパイに絡んで、少し滑稽な話をしたい。

この時期、筆者は北海道空知郡の炭鉱町の小学二年生。担任教師から「国内にスパイが紛れ込んでいるので注意するように」と厳しく通達され、身震いした。余計な話はするな、スパイが聞いているなどと真顔で友だちと言い合った。

教師のなかに、目の窪んだ一見、西洋人に似た風貌の男性がいた。子どもたちの目にはそれがスパイに映った。この教師は秋田県出身で訛りが酷く、そのうえ歩く時、スリッパをぺたぺたと鳴らしながら歩くので、子どもたちは秘かに「パイゾー」のあだ名で呼んだ。廊下から足音が聞こえると「パイゾーがきたっ」と言って、いっせいに椅子に座り、話す言葉を本気になって怪しんだ――。

笑い話みたいな話だが、その頃、プロ野球のスタルヒン投手は、白系ロシア人なので、遠征して道を歩いているだけで怪しまれ、警察署に引っ張られた。そのうち名前を日本人らしい須田博と変えられたうえ、家族ごと指定された建物に監禁された。そんな時代だった。

話を戻す。日本男子は数え二〇歳になると、徴兵検査の義務があった。拒絶したら〝国賊〟扱いになる時代だったから、真も当然、受けたであろう。だが記録は残っていない。これは推測だが、身長一メートル五〇センチでは、検査の結果は不合格。たとえ合格したとしても最下位の丙種合格だったと思われる。

屈辱ではあるが、これで戦争に行かなくて済む、と思ったか。いや、そうではあるまい。若者たちは誰もが軍人として戦場に行くのを誇りに思っていた。国のために命を捨てるなんて――、と反論されそうだが、そんな時代だった。

真が酒を飲みだしたのはこの頃から、と推測できる。あまり強くもないのに、まるで悲しみを押し殺すように茶碗酒を飲んでいた、という近所の人の話を聞いた。

日中戦争は日を追って熾烈を極めていった。その挙げ句、一九四一（昭和一六）年一二月八日、太平洋戦争に突入した。「撃ちてし止まむ」「欲しがりません勝つまでは」という言葉が街に溢れ、若者は日の丸の旗に送られてどんどん戦地へ向かった。

『毎日グラフ別冊　1億人の昭和50年史』に珍しい写真が掲載されている。正装した若い男女が街頭で「帝国、米英に戦線を布告」の見出しが躍る新聞を広げて、にこやかに見ている。庶民にはまだ戦争など遠い存在だったということかもしれない。

アイヌ学校――、アイヌの子どもたちだけを集めて教育していた小学校がすべてなくなったのは、この年である。差別せず、和人と共に学ばせようというのが狙いとされるが、現実は遠くかけ離れたもので、差別はより激しくなっていった。

幼い筆者が学ぶ国民学校（小学校から改名）にアイヌの姉弟が通っていた。男の子たちがその姿をみて「アイヌ、臭い」と言ってそっぽを向いた。姉弟は悲しい表情を浮かべて小走りに駆けだす。そんな場面を何度も見た。なぜ、嫌われなければならないのか、と暗い気持ちにさせられた記憶がある。

アイヌ民族への布達

戦争一色に塗りつぶされた世の中にあって、アイヌ呼ばわりされることに、真は不信感を抱き続けた。アイヌ民族も同じ日本人なのに、アイヌといって馬鹿にされる。新聞記者の自分にも風当りが強い。同族たちの悲痛な声も伝わってくるにつけ、やり切れなさが募った。

どうするべきか。考えた末にいつも行き着くところは、自分には新聞があるということだった。新聞を媒体としてアイヌ同胞の思いを、そして自らの主張を続けよう、と改めて決意した。

勉強家な真はあらゆる資料をあさって読みまくった。そのたびにアイヌ民族という存在が、なぜこんな状態に追い込まれたのか、との思いに至った。真は、蝦夷地が日本国に組み入れられた時に、明治天皇が「蝦夷人への布達」としてアイヌ民族に対して出した文面を読み返してみた。

布達は横長の巻紙に細い筆字で書かれている。長文だが、重要なので掲げる。

蝦夷人一同今般
王政復古といふ事を篤と相喜べく候
王政復古といふハ天使様の御政事古に復るといふ事にて
日神天照大神の諸神を治め玉ひし後人民あるのミにて

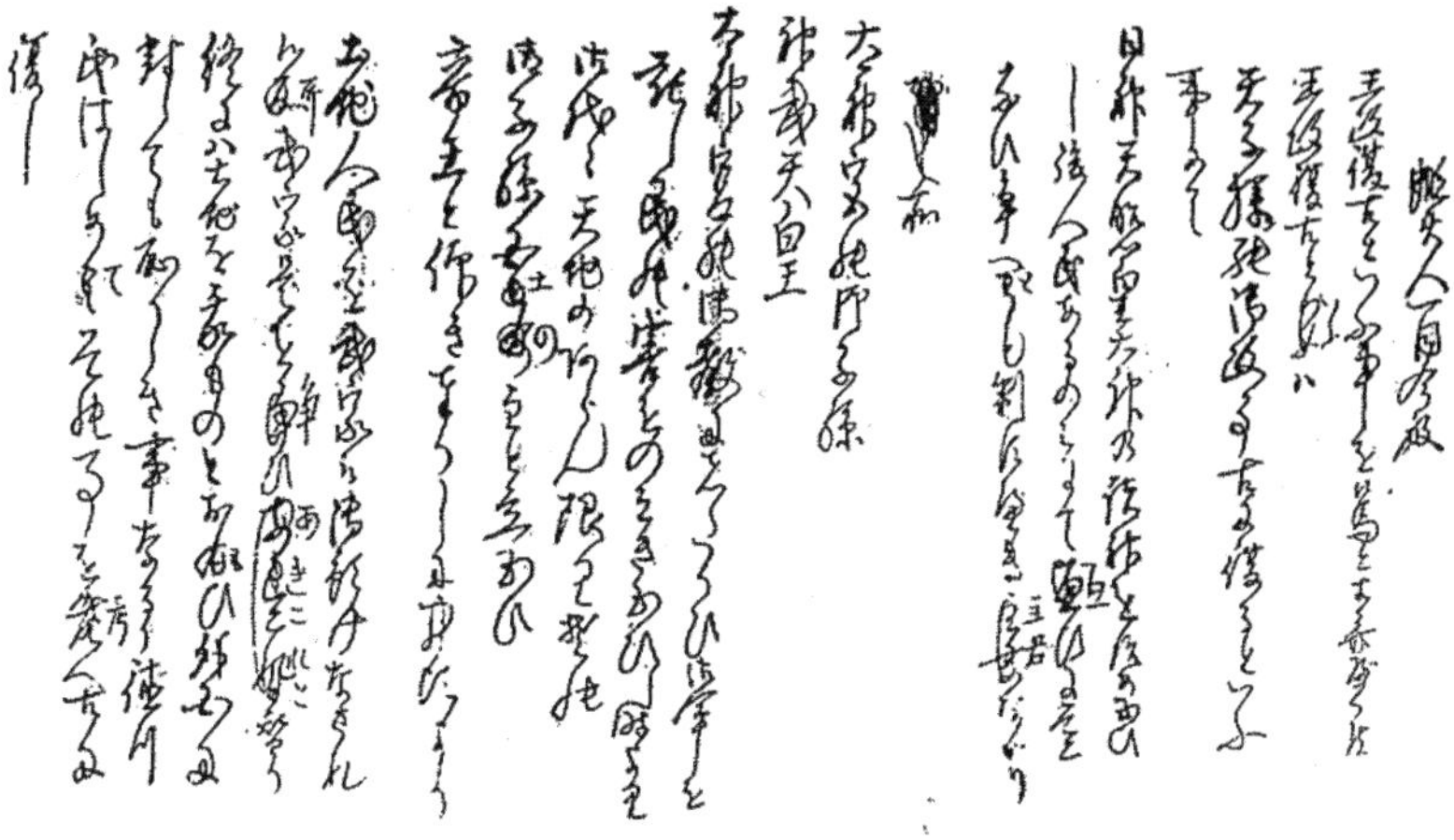

「蝦夷人へ」の布達（北海道史研究協議会『会報誌』101 号より）

互ひにそこなひ争へとも制すへき主君なかりし所
大神宮の御子孫
神武天皇
大神宮之御教にしたかひ御軍を起こし民の害をの
そき玉ひし時より
御代々天皇のあらん限りその御子孫国土の主と立玉
ひ
帝王と仰ぎ奉りしに中頃より土地人民を武家江御
預けなされ候所武家是を争ひあれこれと替り終に
は土地を我ものとおもひ
外国に対しても恥しき事なり　徳川氏はしめてそ
の事を考へ古に復し
王政の改りたるゆへに是を復古といふなり

要約すると――、アイヌの人々へ、王政復古を喜ぶように。王政復古とは政治を古きに戻すということ。この世は天照大神が諸神を治め、その後、神武天皇以下、御子孫である代々の天皇がその教えに従い国の主となり、治めてきたが、途中で武家に土地、人民を預けたところ争いが起こり、土地も人も我が物と思うようになり、外国に向けても恥ずかしいことになった。徳川家がそのことに思いをいたし、政権を返したので、天皇が政治を司ることになった。

北海道に関わるのは次の文面である。

右之通りニ而《て》日本国中一円
天子様の御直支配仰付られ候に付
箱館におゐても裁判所御取建てに相なり
御総督清水谷様其外諸役人多数御下向なされ
元蝦夷東西嶋々残らず御撫育下され候
当嶋之義ハ元より東西奥地末々迄も十分御撫育有るへき筈なるに
是迄不行届キにて
天子様深く御心を悩まされ　已後別段御撫育なし遣され候ニ付
岡本監輔殿堀五郎左衛門殿吉田復太郎殿堀清之丞殿其地（方）諸役人を
はしめとして追々永住人等多く相移し畑作並漁業等いたさせ
内地同様繁昌に相成候様御世話遣され候御趣意に候（以下略）

再び要約を続けると――、天皇の命により箱館（函館）に役所を建て、清水谷総督以下を赴任させ、蝦夷地全体の住民を撫育しようとしたが、不行き届きあり、旧幕府軍の侵攻による箱館戦争が起こってしまった。天皇は心配し、岡本監輔以下諸役を配置して、住民を増やし、農漁業をさせて内地のような繁栄をはかりたい、というもの。

冒頭の「蝦夷人へ」から続くこの長文の布達は、これから天皇の命により総督以下役人を配置して政治を行う、アイヌ民族にも優しい政治をするので安心してほしい、というのである。それなのに――。

現実はどうか。天皇が述べられた通りの政治は行われているか。いや、そうとは思えない。では天皇の意思を無視してアイヌ民族をここまでおとしめたものは何者なのか。

真はじっと考える。

学者一家の知里家

そんな時、真の耳に思わぬ話が飛び込んできた。知里幸恵の実弟であるあの真志保が、金田一京助の世話で第一高等学校を経て東京大学を卒業し、樺太庁立豊原高等女学校教諭となり、樺太アイヌの研究を続け、頭角を現しているという。ちなみに真志保はこの後、北海道大学北方研究室の嘱

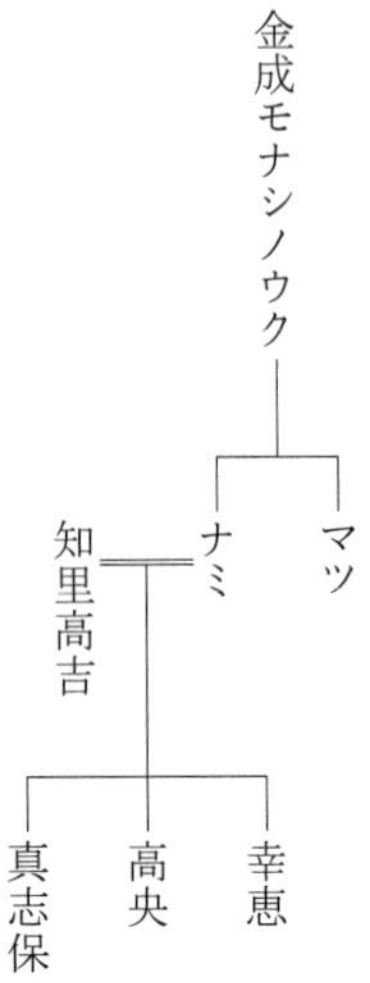

知里家と金成家の家系図

託となり、さらに北海道大学教授、文学博士となる。

また幸恵の直ぐ下の弟で真志保の兄である高《たか》央《なか》も、小樽高等商業学校を卒業後、やはり金田一の世話で上京し、後に北海道に戻り中学、高校の教諭となる。

「同族にもこんなに優れた学者がいるのだ」

真は、思わず拳を握りしめた。

折りも折り、せっかく就職した『十勝新聞』が突然、廃刊になった。経済統制により新聞用紙が減らされて思うように印刷ができず、経営不振に陥ったのだという。

（なんということだ！）

真は愕然となった。眼の前のすべてのものが崩れ落ちていくように思えた。

事実、どこの町にも小さな新聞社が存在していたが、発刊しては潰れ、潰れては発刊してまた潰れ、を繰り返していた。真は困り果て、何とかつてを頼って『十勝農民新聞』に入社させてもらい、農民の視点に立った原稿を書くことになった。

とはいっても書く内容は、この秋の出来高はどうなるかとか、食糧をより増産すべきだという話ばかり。当然といえば当然だが、紙面に自分の主張を載せたくとも、通らなかった。

戦火は一段と凄まじさを加えていった。大勢の出征兵士に混じって、アイヌの若者も歓呼の声に送られて戦地へ向かった。

「日本軍人として勇敢に戦ってくれっ、だが死ぬなよ」

真は必死になって訴えた。天皇陛下のためとはいえ、国と国との争いで、大事な命を失うなんて、あまりにも情けない、と思った。

この頃の真は、多くの日本人がそうであったように、天皇絶対主義の立場に立っていた。天皇の命令に誤りなどあろうはずがない、と思い込んでいた。だが戦局は激しくなるばかりで、銃後と呼ばれた国内にも経済の締めつけがより厳しくなっていた。

真、徴用で群馬の軍用飛行機造成へ

戦争は激しくなるばかりだった。新聞は毎日毎日、「大本営発表」として軍部が発表する戦果を華々しく報道した。その頃の新聞を筆者は多数所持しているが、見るだけで驚いてしまう。見出しだけでも紹介すると――。

ハワイ・比島に赫々の大戦果／米海軍に致命的大鉄槌／戦艦六隻を轟沈大破す／航母一、大巡四をも撃破

（昭和一六年一二月九日『朝日新聞』）

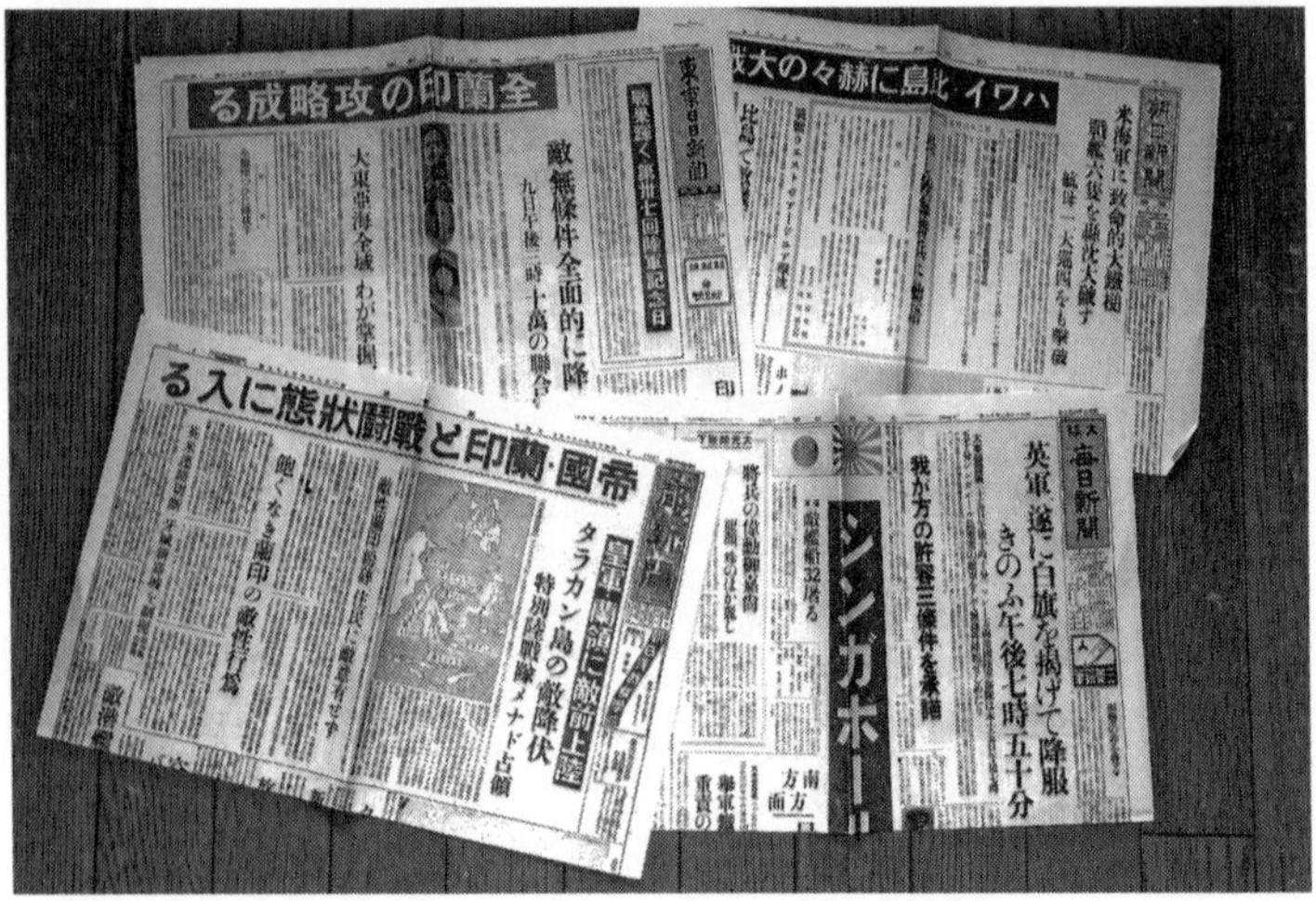

太平洋戦争の戦果を報じる新聞（筆者蔵）

シンガポール陥落／海軍、敵艦船32屠る／英軍、遂に白旗を掲げて降服／きのふ午後七時五十分／我が方の許容三条件を承諾

（昭和一七年二月一六日『毎日新聞』）

全蘭印の攻略成る／敵・無条件全面的に降伏／九日午後三時・十万の聯合軍白旗／大東亜海全域・わが掌握下（昭和一七年三月一〇日『東京日日新聞』）

英甲巡二隻を一挙撃沈／印度洋作戦戦果発表／撃沈破船四十四隻敵飛行機六十を屠る／陸上軍事施設をも破砕（昭和一七年四月一〇日『朝日新聞』）

米英艦隊と輸送船団を撃破／ソロモン海戦・大攻撃戦を展開／戦艦始め十七隻以上殲滅／輸送船十一隻以上屠る

（昭和一七年八月一〇日『朝日新聞』）

本土空襲の米捕虜を処断／人道無視の敵搭乗員／我が軍律に照し厳重処分／非戦闘員を確認・急降下掃射　（昭和一七年一〇月二〇日『東京新聞』）

真が徴用された中島宝泉寮。手前に標識が見える（『太田市史』より）

こうした記事を毎日のように読まされた国民は、日本の勝利を信じて、一致団結して戦い抜く、という心境になったのも、あるいは当然のことだったかもしれない。

そんな真に一九四二（昭和一七）年夏、徴用令が舞い込む。群馬県新田郡宝泉村字藤阿久（現在の太田市）の中島飛行機製作所の中島宝泉寮西第十中隊へ赴け、という令状だった。真は、十勝農民新聞社を休職し、慌ただしく列車、連絡船、また列車を乗り継いで現地へ赴いた。

『太田市史』及び『中島飛行機の研究』によると、この地に中島飛行機製作所があり、字藤阿久、字大島、字休泊に社員住宅が軒を連ねていた。さらに藤阿久字奉行木には独身寮の宝泉寮（三四棟、建坪五〇五九坪）、字大島に新たに八幡寮が建設されていた。翌年にはさらに字新井字稲荷塚に稲荷塚寮が建設される計画だった。

徴用された人たちは、軍隊組織の各中隊に配属された。真が配属された中島宝泉寮西第十中隊は、徴用された人たちが宝泉寮で起居し、厳しい規律の中、昼夜を通して飛行機製作に携わったのである。この時期、銃後にいる国民で働ける者はこうした形で徴用されていたのだった。

帯広市図書館の「吉田巌文書」に、真が徴用先から吉田巌宛てに出した便りが六通保存されている。吉田は帯広の伏古小学校の教師だった人である。書簡一通、はがき五通で、書簡の消印ははっきりせず、中身の文末に「昭和十七年七月二十八日」、封筒の裏に「昭和十七年八月二十九日」とある。はがきの消印は、最初が同年「八月四日」、以下「十月二日」、「昭和十八年一月二十九日」、「六月十四日」、「七月二十日」とあり、「八月四日」付の文面から、書簡は日付は「七月二十八日」が正しいと推測できた。

便りの内容は、真が、仕事の合間をみて文章を書いていること、その文章を吉田に点検してほしいなどとあり、帰郷したらすぐにも、この文章をまとめたいとの思いが滲み出ている。

新聞社が一県一紙制に

真が群馬県から戻ったのはこの年の秋と推測できる。ほぼ一年間の徴用期間であった。

折しも政府は、国家総動員法に基づき新聞事業令を制定し、地方の小さな新聞社を強制的に廃刊させたうえ、残った有力紙を統制して「一県一紙制」とする方針を決定、発表した。

北海道道内の新聞社は、札幌に本社を置く『北海タイムス』、小樽の『小樽新聞』、函館の『新函館』、旭川の『旭川新聞』と『旭川タイムス』、室蘭の『室蘭日報』、帯広の『十勝毎日新聞』、北見の『北見新聞』、網走の『網走新聞』、釧路の『釧路新聞』、根室の『根室新聞』の一一社が存在したが、そのすべてを同年一〇月三一日付で廃刊、統合して一本化し、一一月一日、『北海道新聞』を発足させたのである。

この新聞の一面に「戦時行政逞しき発足／簡素一元化、大東亜省誕生／諸勅令けふ一斉に公布」の見出しを掲げ、次のような社告が載った。

創刊の辞

大東亜戦争は、大和民族が命を賭けた戦ひである。精神と物質の総力を挙げて世界の正義を人類の光栄のために獲ちとる大戦である。（中略）新聞の統制乃至新聞新体制はこの意味から当然実現せねばならぬ国策であつた。国民の輿論が統一を失つては国力の結集は望み得ぬからである。そして国内輿論統一の責任は、一にかゝつて新聞の使命に帰するのである。

続いて「かつて新聞は、自由民権の思想を背景として社会の公器たるを自任し、新聞人は、社会の木鐸たることを自負した。（中略）旧秩序の破壊と新秩序の建設を目的とする今次大戦が自由と功利の思想的撃滅を新聞の課題とし」たとして、「全国にその比を見ざる規模の下に（中略）大同団結を了へて、われらは今日『北海道新聞』の輝く誕生を茲に披露するの喜びをもつに至つた」と

北海道新聞

創刊の辭

戰時行政逞しき發足

簡素一元化、大東亞省誕生

諸勅令けふ一齊に公布

率先陣頭、國難突破へ

戰力増强に一切を集中

東條首相談話

大東亞省官制

『北海道新聞』の創刊社告（1942年11月1日）

書いた。

　いまこの文章を読み返すと、新聞が政治に組み込まれていく過程を見る思いがする。「自由と功利の思想的撃滅」とは何を意味するのかは置くとして、新聞という立場を捨てて大同団結して国家とともに進んでいく、という言葉には、すでに新聞が政府の片棒を担ぎ、国民を誘導していく、という決意に溢れている。新聞はこの段階でその本質的なものを失ったと断言していい。

　再び『十勝農民新聞』記者に戻った真は、この新聞統合をどう受け止めたであろうか。わが国の政治が、戦争という巨大な歴史の渦に巻き込まれていく姿に、複雑な感情を抱いていたであろうことは想像に難くない。

政府の号令のもと、すべての国民が同じ目標に向かって一直線に邁進する。それを押し止めようとするものはどこにもない。

日本という国はどんな考えを持っているのか、と真は腕を組む。

いまは戦争の最中であり、主張は差し控えるが、心の中は煮えたぎっている。一番身近なアイヌ民族に対する施策はどうなったのか。われら民族を「平民」に編入した時、返す刀で風習風俗を禁止し、言葉を日本語に変え、「創氏改名」までした。

民族を保護する「北海道旧土人保護法」は、われらに給与地として土地を割り与えた。土地や空気や水などは個人が所有すべきものではないとするわれら民族の思いは、踏みにじられた。生業のすべてを奪われて、暮らしは貧苦の底に陥った。そのわれらを〝滅び行く民族〟としてとらえ、形だけの保護政策を見せているだけ――。

これは誰のせいによるものなのか。天皇か、いや、そうではあるまい。天皇を取り巻く重臣たちなのか。いや、そんなことはどうでもいい。新聞記者である私がするのは、同族の実態を訴えることだ。そのためにまとめた文章を掲げて政府に訴えるしかない。

だが、窓口となる役所に行っても、この非常時にアイヌの主張など聞けぬとして拒絶するばかり。それは理解できるのだが。やりきれなさがこみ上げてくる。

真は、久しぶりに上野サダを訪ねた。年の近いサダと会うとそれだけで、崩れそうになる心が甦る思いがした。従兄妹なのに、姉弟か、それ以上の存在に思えた。

ここで何日か過ごすうち、このままではだめだ、と思い直した。しかしどうすべきかも見えてこない。悶々とした日を送るしかなかった。それをサダは黙って見ていた。

(この人、いまに立ち上がるわ。きっと)

心の中で呟いていた。

知里幸恵の『アイヌ神謡集』

巷で語られる〝滅び行く民族〟の言葉について、真は考える。同化して和人と混じり合うことで血は保たれる。だがこのまま推移していけばわが民族は同化して必ず滅びる。このまま放置しておいたら政府の思いのままになる。どうすれば同胞たちを救うことができるのか。どうしたら政府の考え方を変えることができるのか。だが解答はどこからも見出せなかった。

ふいに、先人たちの声が甦ってくる気がした。真は『アイヌ神謡集』を編んだ知里幸恵の序文をそらんじてみた。


其の昔此の広い北海道は先祖の自由の天地でありました。天真爛漫な稚児の様に、美しい大自然に抱擁されてのんびりと楽しく生活してゐた彼等は、真に自然の寵児、何といふ幸福な人だちだつたでせう。

そらんじながら、悔し涙がこぼれ落ちた。なぜアイヌ民族は蔑まれなければならないのか。幸恵が一九歳の若さで亡くなったのは一九二二（大正一一）年だから、真が二歳の時だ。一度も会ったことのない人だが、幸恵の悲しみが伝わってくる思いがした。アイヌ民族が救われて、人間として生きる日はこないのか。

アイヌとは、「人間」を意味する言葉である。アイヌ民族は日本人をシサム、良き隣人と呼んだ。だがいまは、にくしみを込めてシャモと呼ぶ。悪い人、の意だ。シサムになる日はこないのか。だがこの思いはどこへも届かない。

思いは千々に乱れた。多くの先人たちに思いを巡らせてみた。歴史に残るアイヌ民族の戦いは一四五七（長禄元）年のコシャマインの戦いだ。アイヌ首領コシャマイン率いるアイヌ勢は道南の和人の館（城）を次々に攻め落とし、残るは二館だけになった。だがコシャマイン父子は、武田信広に騙し討たれて、敗れた。

二番目は一六六九（寛文九）年に起こったシャクシャインの戦い。日高のニイカップでシャクシャインは、松前藩との和議の酒宴の席で騙し討ちに遭い、殺された。

三番目は一七八九（寛政元）年に起きた国後《くなしり》・目梨《めなし》の戦い。国後のアイヌ勢が蜂起し、和人二二人を殺害して対岸の蝦夷地目梨郡に渡り、番屋と船の乗組員ら三六人を殺害した。戦いが収まって

国後・目梨の戦いを収拾させたアイヌを描いた「夷酋列像」

後、松前藩の討伐隊がくると伝えられ、国後の族長ツキノエらがアイヌたちを説得して二〇〇余人が根室のノッカマップ岬に集まった。松前藩は首謀者八人と殺害実行者二九人呼び出し、処刑した。以上がアイヌの三大抵抗闘争といわれる。

この国後・目梨の戦いで松前方に協力し戦いを収拾した「御味方アイヌ」を描いたのが、「夷酋列像」と呼ばれる。この戦いを最後にアイヌ民族は和人に完全に押さえ込まれた。さらに明治以降は日本人に組み込まれて、屈辱の日々を送る形になった。

アイヌ民族の尊厳は一体、どこへいったのか。真は唇を強く噛んだ。

敗戦、混迷から立ち上がる

戦局は日に日に破滅へと追い込まれていった。沖縄戦に破れ、日本本土への空襲が相次ぎ、本土決戦が叫ばれだした。国内に悲壮感が高まりだした時、『毎日新聞』が「竹槍ではだめだ」という記事を書いた。軍部は激怒し、その記者は召集されて南方の最戦線へ出陣させられ、戦死を遂げたという。

一九四五（昭和二〇）年八月六日、原子爆弾が広島に、続いて九日、長崎に投下された。同日、ソ連が参戦した。

一一日の『朝日新聞』は一面トップに、小学六年生の皇太子殿下（現・上皇）の写真を掲げて国

敗戦の詔勅を聞く市民たち（『北海道新聞』1945年8月16日）

民の士気を煽りつつ、「ソ軍、外蒙、北鮮進入」と「新型爆弾、長崎攻撃」を報じ、「帝国、米に厳重抗議／原子爆弾は毒ガス以上の残虐」の見出しで激しく抗議した。

八月一五日正午、昭和天皇の玉音放送がラジオから流れた。国民が初めて耳にする「神の声」だった。真もまたその声を聞きながら、これをきっかけに世の中は変わる、政府の考えも変わる、と淡い期待をかけたのだった。

筆者もあの日のことは忘れられない。町の中央広場で興行をしていた年に一度のサーカスが前日で終わり、サーカス小屋が取り壊されるので、友だち三人で出かけた。正午に「玉音放送」があると言われ、近くの家でラジオを流していたが、雑音で聞きとれない。

突然、「こらっ」とどやされて振り向くと、馴染みの僧侶が自転車で走りながら、「戦争は負けた。早く家に帰って、母や姉を守れっ」と叫んだ。アメリカ兵がやってきて、女は全部連れていかれるという。夢中になって家に向かい、走った……。

日本は負けた。これで日本は終わりだ、と子ども心に思ったものだ。

真がGHQに請願書を提出

国内は揺れ動いていた。連合国軍総司令部（GHQ）の支配下に置かれたわが国に、占領軍が続々とやってきた。総司令官ダグラス・マッカーサー元帥が到着した。九月二日、GHQは指令第一号を発し、軍需生産の全面停止を通知。続いて東條英機ら戦争責任者三九人を逮捕した。東條は自決を図り未遂。

真は感激した。天皇を騙して戦いを進めた側近たちがこうした形で排除されれば、国は立ち直ることができると思った。

天皇がマッカーサーを訪問したのは九月二九日、新聞に報道された写真に、多くの国民ははっきり、時代が変わったことを知った。だが真は神と慕われた天皇の素顔に接して、この方が存在する限り、日本は負けたとはいえいい方向へ向かっていく、と感じていた。

GHQの指示で治安維持法や治安警察法などファシズム法が次々に廃止になり、政治犯三千人がいっせいに出獄した。続いて政府に対して農地改革の計画案を提出するよう求めた。これにより地主が独占していた土地が小作人に解放された。

一一月六日、財閥の解体が指示された。

真は目を疑った。世の中がＧＨＱの命令ひとつで急激に変わっていく。それもいい方向に向かっている。そうだ、いまこそアイヌ民族が長く受けてきた差別と偏見を正す機会だ、と思った。そのためにいまなすべきこと、それは土地だ、アイヌ民族のものだった土地を返してもらう動きをしようと決断した。

「北海道旧土人保護法」を改めて読み直し、このままではだめだと再確認した。先住民族であるアイヌが、こんなに状態に置かれなければならない理由はどこにあるのか。誰もが戦争に夢中になり、周囲を見る目が失われていたとはいえ、あまりに酷すぎないか。

札幌に出て、知人宅に寝泊まりしながら、ウタリ、同族を貧しい暮らしから救済する策略を練った。

暮れ近く、真は札幌に駐屯した占領軍第七七師団長アンドリュー・ブルース少将を訪ねて、アイヌ問題解決の請願書を提出した。もともとこの北海道はアイヌモシリと呼ばれ、アイヌの土地だったこと。その土地をアイヌに返してほしい。アイヌも日本人なのに差別され、貧困にあえいでいる。教育も満足に受けられず、仕事も酷い肉体労働ばかり。この差別を解消してほしい、という内容である。

これを読んだブルース少将は、アイヌ民族が置かれている実情に目を丸くしながら、その場で「自

高橋真（『月刊　豊談』345号より）

由と平等の大切さ」を約束した。真は素早い対応に驚きながら、深く感謝した。

同じ時期にアイヌ民族を代表して小川佐助がGHQに対して提出した文書が白老町の国立アイヌ民族博物館にある。

この約束は、アイヌ民族という先住民族に目をかけることに繋がったのは事実である。だがGHQ側はもっと違った思いを抱いていた。占領政策の一つとして、少数民族を味方につけておいたら、という程度の意図である。一種の掌握術だったといえよう。

だが真に、そこまで考える余地などあろうはずもない。ブルース少将の返答に力を得て、一人で茶碗酒の祝杯を挙げながら、総司令官のマッカーサー元帥に直接便りを出す決意をした。

この頃、発売の『月刊　豊談』三四五号に、いがぐり頭に丸い眼鏡をかけた厳しい表情の真の写真が掲載されている。決然として前を見つめる眼差しが印象的である。

敗戦の混乱の中で報道の自由が叫ばれ、新聞統合により消滅した新聞社が各地で相次いで復活、誕生した。道内でもかつての『北海タイムス』を題名にした新しい新聞が発行された。眠っていた新聞界に活気が漲りだした。

第3章　燃えさかる『アイヌ新聞』——1946

『アイヌ新聞』を発行

年が明けて一九四六（昭和二一）年の正月、天皇が「人間宣言」をした。真は、神と信じていた天皇が自らを否定したことに、不思議な感情を抱いた。その一方で、天皇の決断の凄さに、俺もやらねば、という気持ちになった。

「立ち上がるのはいまだっ」

真は腹の底から叫んだ。虐げられてきた民族のために、全身全霊を打ち込むのだ、と強く誓った。そのために何をするのか。新聞発行である。アイヌ民族が『アイヌ新聞』を作る。真は夢中になって走りだした。

道庁に赴き、道庁長官にアイヌ民族の救済を訴えようとした。だが世の中が変わったというのに反応は鈍い。担当者は真の顔を見るなり、そっぽを向いた。

二月に静内《しずない》で社団法人北海道アイヌ協会が設立され、三月に設立登記して、理事長に向井山雄が就いた。向井はバチェラー博士の養女になったバチラー八重子の実弟で、アイヌ民族の代表的な存在だった。

ＧＨＱによる農地解放が始まり、それに誘発されるように静内で、静内と新冠《にいかっぷ》の両村民大会が開かれ、新冠御料地の全面解放を決議した。アイヌ協会常務理事小川佐助らが道庁長官の増田甲子七

飛行機を降りるマッカーサー
（『毎日グラフ別冊　1億人の昭和50年史』より）

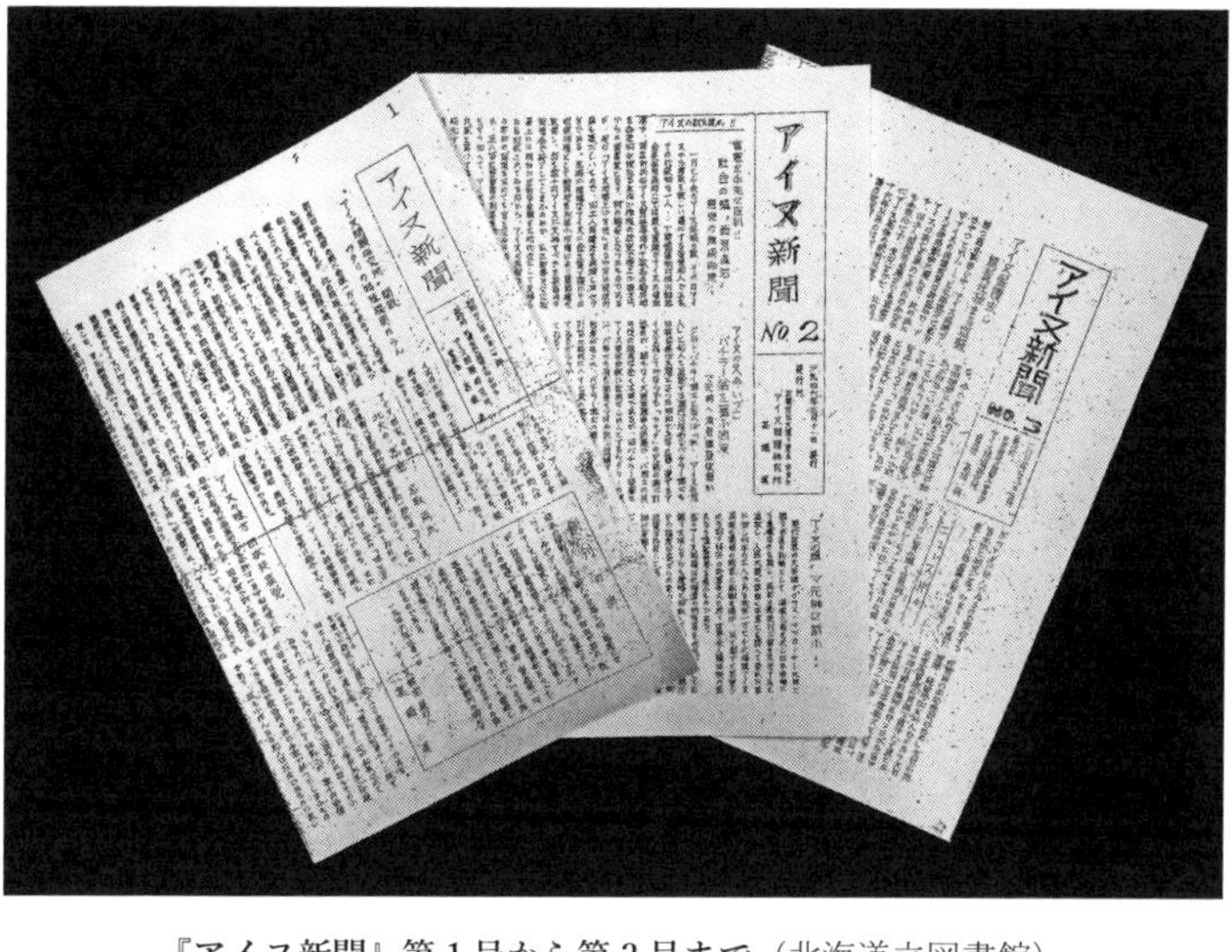

『アイヌ新聞』第1号から第3号まで（北海道立図書館）

に対して「新冠御料地四万町歩をアイヌ三五〇〇戸に下付してほしい」と陳情した。

この牧場はもともとアイヌ民族の土地だったが、御料牧場を設けるために同胞らは新たな給与地として遠隔地へ追いやられた。だからその代償に牧場を返せ、というもの。

こうした中で真は、たった一人でアイヌ問題研究所を設立し、札幌市北大通東五丁目の知人宅に本社を置き、三月一日に『アイヌ新聞』創刊号を発行したのである。謄写刷りB4判用紙を半分に折った八頁のボリュームに溢れたものだ。ここに、「創刊の辞」を掲げる。

「創刊の辞」

日本の敗戦は逆に日本人の幸福を招く結果となつて、今やアイヌ同族にも真の自由が訪れ、我々アイヌは解放されたのである。全道ウタリーが一致団結し総進撃を行つたならば必らずやアイヌの理想が実現するものである事を確信し、ウタリーの鉄の団結の為の機関紙たらんとして本紙は生れたのである。(中略)全ウタリー及アイヌに理解ある方々の声援を希ひその多幸を祈り以て本紙創刊の辞とするものである。

一九四六年三月一日　　　アイヌ新聞発行人　高橋　真

記事の表現はやや生硬な感じがするが、その必死さを読み取ることができる。真が、日本の敗戦をアイヌ民族の解放——と位置づけたところに、長く苦渋の道を歩んできた民族の心情が見て取れる。

民族の結束訴え、不正を追及

『アイヌ新聞』はまるで絶叫に溢れた紙面といえた。次は「〃アイヌ問題研究所〃開設／ウタリの特殊機関たらん」の見出しで文章を綴っている。要約して掲げる。

アイヌ同族達の福祉増進と更生及び向上を阻害する幾多の問題が横たはる事は、誠に遺憾とされてゐるが、アイヌ問題研究所の高橋真の名で米軍第七十七師団長ブルース少将宛に、アイヌ問題解決の請願書を提出した処、ランドル代将の名で理解ある回答があり、同研究所では一月十六日、持永前道庁長官へ「旧土人保護法の適正なる運営」を行ふ様意見書を提出した——

文面は「不正和人を追放せよ／アイヌモシリ平和の為に／ウタリーよ起て」の見出しでこう続く。文中のエカシは老爺、フチは老婆を意味するアイヌ語である。

マッカーサー元帥の温情は、自由の為に日本人を解放してくれた。（中略）エカシやフチ達が血と涙とを以つて開いてくれた我等アイヌの北海道から、軍国主義者や人民を苦しめ私腹を肥す悪党不正和人を一人のこらず追放しなければならない。（中略）我等ウタリーの求むるものは、生活の安定と向上、此の為に働かせろ、食はせろ、家を与へろ、アイヌの土地を還せといふ事以外にない。アイヌ同族よ!! 正しい和人（勤労大衆）と手を握り我等の北方、吾々の故郷を永遠の平和に確立する為（中略）前進せよ!!

真が長年抱いていたアイヌ民族としての鬱積した思いを、一気に炸裂させた文面といえよう。紙面は続いて、二月二四日に静内で開かれた北海道アイヌ協会の設立総会の模様を報じ、「ウタリーの先覚者向井山雄、森竹竹市、鹿戸才登の諸氏を中心に、道庁の音頭取りで（中略）設立準備が進められてゐた」と書いた。

ところで真がアイヌ新聞社を置いた知人宅というのが、共産党員宅だった。紙面にも「アイヌの味方　日本共産党」の見出しで報じたせいもあって、『アイヌ新聞』は共産党を味方にした新聞、との見方も出た。これが後々、真とアイヌ協会の対立へと繋がっていく要因の一つとなる。

真は、刷りたての紙面を抱えて札幌の街頭に立ち、『アイヌ新聞』です。ぜひ読んでください」と呼びかけた。だが振り向く人は少なかった。

〝アイヌ民族の敵〟を指弾

『アイヌ新聞』第二号は一〇日後の同年三月一一日に発行されたが、内容は創刊号を上回る強い主張を感じさせた。「アイヌの敵を葬れ!! 官憲を手先に巨利!! 社会の蟎《だに》〝××〟悪党の跳梁尚続く」との名指しの激しい見出しのあとに文面は続く。

一万七千余のアイヌ民族の敵、それはアイヌから搾取を欲しい儘にする悪党和人である。その代表的な一人——十勝国幕別村相川部落会長××こそは最も悪辣なアイヌの吸血漢で、帯広市伏古アイヌ(中略)十数名の給与地を合法的手段たる永年小作権の設定で捲上げ百万円からの資産家となり、村の顔役となつたものである

幕別町相川は真の故郷だから、故郷の悪い和人をやり玉に上げたことになる。

文面は続く。生活に困難なアイヌに金を貸し、その担保物件として給与地を永年小作権により貸借権を取得し、数千円支払うべきをところを数百円の前借金があるとして終わらせる。アイヌ側が契約の解消を求めても応ぜず、逆に警察官を使ってアイヌに威圧を加えている、として追及した。

真はさらに社会批評に「原子爆弾」のタイトルを用いて書いている。

・都会の人民大衆は闇と餓死の恐怖から逃れるべく食糧買出しの為にコタンにも殺到、涙にもろいアイヌは少い乍《なが》らも恵んでゐる、家なく職なく衣もなく金もない、あるのは政府への不平と不満、哀むべし人民大衆!!

・道庁長官に聞くが、一体「アイヌの共有財産は幾等あるのか」(中略)隠してゐるとアイヌは公開を要望して赤レンガもぐらつくぞ、(中略)明細発表しては如何が、アイヌ達の財産なのだ!!

・道庁長官閣下に一言献上す。「御用協会」をつくりアイヌの騒ぐのを「防止するか」なあ――なんぞと考へるのはもう旧い手ですゾ!

・「雪は降る〳〵、人民は飢る、雪が白米になればよい」全道民よ(中略)同胞愛の精神を示せ、やがて希望の春もくる。「花は桜木人はブジ」でありたいものだ。

さらに「アイヌ偉人列伝(その一)」として「覚醒の父　伏根弘三翁」と「熱血漢　天川恵三郎翁」を掲載した。

伏根は「アイヌが騙されるのも、みんな読書《よみかき》、そろばんの出来ぬ為」として一八九五(明治二八)年、帯広市大通五丁目に私財を投じて「アイヌ学校」を建て、同族子弟を教育したり「ウタリよ、酒に呑まれるな!」と禁酒会をつくるなどした人物である。

また天川は浜益コタンの長老で、道庁長官が旭川近文のアイヌ集落三六戸を天塩の山中へ移せと命じた時、「長官までアイヌの敵か」と怒り、旭川や東京などの演説会場で「同族の危機」を訴え、移転取消命令を出させた人物。

このとき二人ともすでに亡いが、その志を讃えた内容である。

日本政府を見限りGHQに懇願

この頃には真は、日本政府を見限る決断をしていたと思われる。これまでアイヌ民族は政府に対して、さまざまな形でアイヌ政策に関する陳情や請願を繰り返してきたが、まともな回答もなかった。この際、占領軍、つまりGHQに救いを求める行動を取ろうとしたのである。アイヌ民族の救済を訴える相手が日本国ではなく、占領軍というところに、民族としての深い悲しみがのぞく。

前述のように一九四五年暮れに、真は札幌のGHQ北海道駐屯地司令部を訪れて、請願書を提出した。アイヌ民族の現状を直接、司令官マッカーサー元帥に訴えるのが早道と思ったのだ。

ところが思いもかけず真は応接室に招き入れられ、北海道駐屯地司令ブルース少将がアイヌ民族の悩みを聞いてくれたばかりか、マッカーサーに宛てた便りを受け取ってくれたのである。真は感激した。日本政府に何度も嫌な思いをさせられたのに、占領軍のトップが真剣に話を聞いてくれたのだ。真は天にものぼる気持ちであったろう。

同紙二号に感極まった印象の記事が載っている。要約して掲げる。

〝アイヌの為〟マ元帥に訴ふ！

現代世界の大英雄ダグラス・マッカーサー元帥!! 閣下が日本管理に万遺憾なきを期し、民主々義遂行に害を及ぼす者を追放し、人民大衆に自由と平等とを与へて呉れた事に対し、日本の土人である我等一万七千北海道アイヌ民族も満腔の敬意と感謝を捧げる――。
吾々アイヌ民族は北海道の所有者先住民族としての誇りを有し乍らも、侵略と搾取とを好む既往藩政時代から極度に虐げられ来ったのが主因し、今日尚圧迫的政策は存在して居り、之が為に文化には遅れ著しく精神が萎縮したる結果はアイヌ同族の嫉視反目すら生じ、自己卑下の為に社会一般からも差別感が深められて居る実情である。

続いて「北海道旧土人保護法」に触れ、アイヌ民族に下付された給与地が、無能なゆえに和人に合法的な手段で奪取され、生活が困窮している。アイヌに給与地を返済してほしい。もうひとつ、秘密裡に管理されている旧土人共有財産を公開し、アイヌ民族の為に有効に使えるよう要求する、と書いて、最後にこう締めくくった。

元帥閣下の特段なるアイヌに対する恵みによって、北海道庁が「アイヌ政策」に万全を期する様「喝」を注入せられん事を――

GHQに道庁への「喝」まで頼んでいる。よほど占領軍に期待をかけたというか、頼り甲斐のようなものを感じたのであろう。

次の「アイヌの声」も、真自身が書いたと思われる投稿文である。

　アイヌも官界へ登用せよ!!
道庁始め各官庁に望む。「有能なアイヌ青年を官吏に登用せよ」と、今まで軍閥は割に我々を待遇(中略)してくれたが、官僚はアイヌを採用しなかった。(もっとも本紙の高橋(真)君が道庁消防官吏に採用されて剣をブラ下げて歩いてゐたが)(中略)北海道はアイヌの国だから長官や警察部長もアイヌから公募する位にしなければならない。

真が『アイヌ新聞』を作りながら、道庁消防官吏をしていたというのである。従妹の上野サダは一時期、真が帽子をかぶり、剣を腰にして町を歩いていたのを見たというから、本当の話なのであろう。

「アイヌ文芸三人集」

真はその一方で『アイヌ新聞』第二号に「アイヌ文芸三人集」としてアイヌ民族の文芸に秀でた人物の作品を掲げ、「故違星氏は余市の生んだ情熱家（中略）（バチラー）八重子女史と森竹氏は共にアイヌの一流歌人として有名」と紹介している。硬軟双方を巧みに取り入れた紙面の編集といえる。

故　違星北斗氏作品

悪辣で栄えるよりは正直で亡びるアイヌ勝利者なるか
酒故か無智な為かは知らねども見世物として出されるアイヌ
天地に伸びよ栄えよ誠もてアイヌの為に気を挙げんかな
暦無くとも鰊来るのを春としたコタンの昔慕はしきかな
ネクタイを結ぶとのぞくその顔をかがみはやはりアイヌと云へる

バチラー八重子女史作品

古のラメトク達の片腕もありてほしかり若きウタリに
夏ながら心は寒く顫《ふる》ふなりウタリが事を思ひゐたれば

新聞のアイヌの記事を見るごとに切に苦しき我が思ひかな
しん／＼と更け行く夜半に我一人ウタリを思ひ泣きてをりけり
有珠コタン岩に腰かけ聞きてあれば岩と岩との息ぞ聞ゆる

森竹竹市氏作品
筑堂よウタリの為に起てといふ友等の言葉に迎ふ初春（注・筑堂は森竹の号）
一村にタツタ一人の血に燃ゆるウタリが居たらと思ふ此の頃
族称も差別待遇凡てをば改廃すべきだ進み行く世に
英雄と歴史が語る其の中に真のアイヌの血潮流るゝ
鮮やかな手綱捌きに耕せるウタリの娘に暫し見とれる

これらの短歌は、当時のアイヌ民族の文化人が、自らの立場で詠んだものだが、現在にも通じる内容を蔵している、といっても過言ではなかろう。

『アイヌ新聞』はこの後、第三号（同年四月一日）から第五号（五月一五日）まで発行された。毎号「アイヌ偉人伝」で人物を取り上げるかたわら、「アイヌの声」欄を設けて、投書も掲載するなど、強烈な光を放っていく。

次の一文は「全道ウタリーよ蹶起《けっき》せよ」の題で、こう書いている（第三号）。

搾取と侵略を天業なりと考へた悪漢共は遂に祖国を滅亡の一歩前に追ひ込んだが、今や彼等は「戦犯」として亡びんとしてゐる。自業自得だ。日本の平和と民主化はアメリカも希つてやまぬ処、此の時此の際、全ウタリーよ、真に覚醒し蹶起せよ。奮起せずんば吾等も亦滅亡する。アイヌのため土地の確保、住宅改善、教育の徹底化、共有財産を悪官僚からウタリーへ返す事が必要だ。

アイヌ協会と対立

前述のように、この年五月、設立間もない北海道アイヌ協会は札幌で総会を開き、給与地に対する農地改革適用除外を決めるとともに、新冠御料牧場の四万五千町歩をアイヌ人三千五百戸に下付してほしいと道庁と政府に陳情した。

この牧場はもともとアイヌ民族が居住していた地域で、一八八八（明治二一）年、七〇戸が姉去（新冠町朝日）地区に強制移住させられ、さらにその後、そこから五〇キロ奥の上貫別《かみぬきべつ》（平取町旭）地区へ二度目の強制移住をさせられた経過がある。

だが筋が通らないとして却下された。

アイヌ協会の主張は完全に潰され、給与地の返還を望む願いは消滅した。同協会のこうした動向は、『北海道新聞』などでくわしく報道されたが、一般人には給与地という言葉一つ取っても理解できず、「アイヌはいい気になって騒いでいる」という程度の認識でしかなかったのは否めまい。

一方、真の『アイヌ新聞』は毎号、民族の主張を全面に押し出す〝過激〟な報道となり、一部アイヌ民族の支持はあったものの、紛争を望まないアイヌ民族や多くの和人から、批判を浴びる結果となった。

この時期に、真とアイヌ協会との間で主張の違いに起因するトラブルが起こっている。GHQから救援物資が届いた時、協会の一部の幹部が横流ししたとされ、それを『アイヌ新聞』が報道した。その報道をめぐり、強硬すぎる論調が目につくとして、協会内部からも「アイヌ民族全体の発言ではない」との批判が出ていた。個人でブルース司令官に会い、半ば有頂天になっているのも、不評を買ったともいえる。

真が頭を抱えたのは当然だろう。同族のためにやってきたことが、正反対の行動として受け止められていたとは。

真は『アイヌ新聞』第五号（五月一五日発行）で突然、新聞廃刊を宣言した。いままではアイヌ問題研究所の機関紙だったのを、今後はアイヌ新聞社を設立して同社発行とするというものである。発刊から二カ月間の短い命――。新聞が思うように売れず、新聞制作の資金繰りがつかなくなったのも、経営の足を引っ張る形になり、それを根本から変えようとしたのであろう。

この第五号に「若きウタリーと壮年と」の題でこんな文章を掲げている。

ウタリーの向上発展は若人の奮起が大切だと思ふ。此の意味に於て全コタンの青年達はスクラムを組んで進むべきであらう。そして壮年組は若い者を大いに激励して欲しい、ケツをヒッパタイて欲しい、若者の心を理解して貰ひたい。

（札幌　高橋真）

まだ二五歳の若い真が、「同族の先輩たち」という大きな壁にぶつかり、立ち往生して吐いた言葉である。いずれにしろ真はこの号で『アイヌ新聞』を支える体制を本来のアイヌ新聞社本体にする旨を報じたのである。

真は同時期の六月一日発行の『北海評論』六月号に「アイヌ問題管見」と題する文章を寄せた。アイヌ民族の民族性に立脚したこの論文は、以後の真の、文章のバックボーンとして貫かれていくのである。長文なので適宜要約して掲げる。

アイヌは久しい間漁猟民族で、明治維新後の大変革に逢ふ迄は漁猟が主たる生業であつた。故にアイヌには土地の所有に関する明確な観念がなく、共産制度的である。自己所有地を他人が耕したとしても、之に対し何らの文句をつけざるのみか、「共に生きる」の精神は、之をむしろ当然の事として社会組織は保たれてきたのであつた。

然るに、開拓の進捗に伴ひ、一攫千金を夢見る者が天然資源の乱獲を重ね、奥地を開発し獣類の棲家を狭め、或ひは魚類の棲息範囲を狭めたゝめ、天然資源は忽ち枯渇し、アイヌの原始的生活は大いなる脅威にさらされるに至つた。

　環境の変化は、遂にアイヌ中より餓死者すら続出する状態になり、その危機を免れしめんと種々の方策を考究し、一般輿論またアイヌ救済を叫び、政府も是等の要求を認め、北海道旧土人保護法案を明治三十二年第十三議会に提出し、同年三月二日法律第二十七号として公布し、政府のアイヌに対する態度を示したのである。

　然してアイヌ問題のうち、急速に解決を要するのは給与地問題である。農業に従事すべき固い決心の下に土地を給与されたのであるが、今日給与地のうち約八割が和人に依つて耕作されてゐる現状である。アイヌの経営能力のない事と、未だに無知な原始生活から抜け切らぬのに乗じ、悪徳和人のねらふ処となり、例へば一定の金を融通し、これに高い利息を付し、返済できなくして給与地の利用収益権を得る者、酒食を供して之を高価に換算して、その代価として給与地の賃借権を得る者など。

　多くのアイヌが「地主」なる名目のみを付されて、その日の糧にも困るのに対して、小作人たる和人が数万円の資産家であるのも、北海道以外は絶対見られぬ「土地問題」であらう。アイヌ地の問題解決策として残されてゐる途は只一つ、保護法条文の適正なる執行に依り、アイヌ地の捲上げをなし得ぬ様にする事であらねばならぬ。

この後に触れたのが、旧土人共有財産の管理。管理者が北海道庁長官であるのはいいとして、それを公開しようとしないのはなぜか。もう一つは人種差別。ことに国民学校（小学校）ではアイヌ民族の子どもが周囲から「アイヌ、アイヌ」と罵倒され、学校へ行くのを嫌がる子どもが増えているとして、次のように厳しく糾弾している。

アイヌ学校の廃止された理由は、アイヌ対和人の区別を無くする為であつた筈。奨学資金の給付も全然なされていない。

新聞廃刊、すぐ新たな新聞発刊

『アイヌ新聞』廃刊――。そううたいながら真は、計画通りにわずか一カ月足らず後の六月一一日、再び同名の『アイヌ新聞』の「第壱号」を発刊した。出版元をそれまでのアイヌ問題研究所からアイヌ新聞社に替え、紙幅を増加して分厚い紙面にした。「発刊の辞」を見てみよう。

アイヌ問題研究所の機関紙としての「アイヌ新聞」は発展的廃刊した。代つて本紙が茲《ここ》に真《しん》の唯一のアイヌの言論機関として生れたのであり、同族の心の糧ともなり民主化への警鐘たらんとし、其の使命遂行の為、中立厳正特異的新聞として、アイヌ全同族と進まんとす。

一九四六年六月一日

アイヌ新聞社　主筆　高橋真

これまでの衣を脱ぎ捨てて、新しく、アイヌ民族による中立厳正な新聞を発行する、と宣言したのである。そして社説「アイヌ協会への期待」として長文を掲載した。前段は、アイヌ協会の活発な動きを挙げる一方で、樺太アイヌの「アイヌ平和連盟」の設立も、名寄《なよろ》生まれの若者のアイヌ青年同盟の組織化も、尚早と断じた。そのうえでアイヌ協会の役員は、「過去に於て同族を喰物にした所謂民主主義化への害となる」者は排除すべきとして、次のように結論付けた。

協会発足頭初の一般の声は「御用協会」なりといふ声が昂かつた。亦《また》選挙母体とも称された。また役員の個人的生活への非難をも協会に向けられた。アイヌが真に民主化するために役員も反省しなければならぬが、協会を中心としてアイヌが力づよく進む事を期待し得る。

奥歯に物の挟まった、もってまわった表現だが、アイヌ協会と和解して前に進もうとする真の、精いっぱいの表現だったと思える。それは置いて、真は再び『アイヌ新聞』に活路を見出したのである。書き続けなければ、の一念からであったろう。

この発行に喜びの言葉を寄せたのが、真が信奉してやまないアイヌ民族学者の知里真志保である。真志保はこの頃、北海道大学法文臨時講師として、『アイヌ語彙典』の編纂に取り組んでいた。

今までアイヌ問題研究所で出してゐた新聞に代つて「アイヌ新聞」が生れたことは心から祝福したい。今までの新聞はみんなでむさぼる様に一字残さず読んだ。どうかよりよく正しい報道に主力を注ぎ、ウタリーの啓蒙機関とさせて下さい。（胆振　知里真志保）

このほか、同族の指導者である山本多助、吉田菊太郎、荒井源次郎らも同様に、期待の言葉を寄せた。真がどれほど感激し、奮い立ったことか。

この号で真は、ペンネーム「止伏寒二」を用いて「アイヌ差別廃止論」を展開している。

北海道が真に民主化する事、それは和人のアイヌ差別観念を完全に払拭する事が第一に必要である。世界の一等国として誇りし日本も大東亜侵略戦争で四等国となり、いまこそ「満つれば欠くるは世のならひ」を示したのであるが、吾々アイヌは、戦争中日本の叫ぶ処の「大東亜十億民衆の解放」といふスローガンに対し大きな疑問を抱いてゐた。日本国土に於ける土人たるアイヌを、それから日本人として取扱する台湾人を、更に半島人を、日本及日本人（大和民族）は絶対に解放せずして、他国の土人を解放すると唱へたのであるから驚いたものであった。然し文明文化の発展は世界何れの国に於ても「土人」には不幸が招来した。春秋的筆法で論ずるならば、文明人は土人の敵であつたのである。未だ本道に於てアイヌが差別され、侮蔑と屈辱と圧迫はアイヌへの附物になつてゐる。
敗戦日本の民主化と北海道の再建は、大和族自体が心から「融和」の気持を昂揚させねば出来得ぬし、幾多の問題も解決し得ぬ。此の意味から速かに「アイヌ差別観念の廃止」を提唱するものである。

文中に見える「大東亜十億民衆の解放」は、昭和戦前に東アジア各国への西欧による植民地化の進む中で、日本政府が唱えたスローガンである。これに真は疑問を抱いていた。日本国土にいるアイヌ民族をはじめ、日本人として取り扱われている台湾人（戦時中日本国が統治）、半島人（日本領土の朝鮮半島人）を解放せずして、東南アジア人の解放などない、と論じる真の視点は、明快で、鋭い。

同じ号に次の記事が見える。在日本朝鮮人聯盟北海道本部が六月一〇日午後、札幌大通広場で開催した集会に、真が『アイヌ新聞』主筆として出席し、朝鮮民族を激励したもの。「六月十一日道新写真参照」とあるので、『北海道新聞』に演説する真の姿が掲載されたのであろう。その言葉を紹介する。

輝ける独立を前に希望に躍る朝鮮人諸君、諸君が永い間日本人から圧迫と差別を加へられて来たが、然し今は自由に解放されたのである。諸君が立派な独立国家をつくれるか、出来ないかも、それは諸君の態度にある。今までの日本人の悪かつた点は許し、互に手を握りあつて平和世界の促進に努めよう。吾々アイヌも亦諸君の本当の友として進みたい。諸君に対しては進駐軍も注目してゐる。紳士的な態度で力強く歩みを示そう。

戦時中の朝鮮半島は日本国領土で、すべて日本人として扱われ、多くの朝鮮人が北海道へ連行され、炭鉱などで働かされた。日本の敗戦と同時に朝鮮半島は解放され、自由を獲得したいま、真は、この人たちに向かい、立派な独立国を建設せよ、と励ましたのである。アイヌ民族と連帯しながら進んでいきたいという心境なのであった。

紛糾する給与地問題

この時期、給与地を巡る紛争が相次いで起こり、一般紙もこぞって報じたので、社会問題化していた。

『北海道新聞』十勝版五月二四日に「此の問題をどう裁く／給与地を返せ!!／十勝アイヌ団結、進駐軍へ嘆願す」の見出しで掲載された記事を、『アイヌ新聞』は次のように転載した。

帯広市伏古アイヌ小川長次郎、広野守両氏は、十勝止若《やむわっか》、本別、高島、芽室のアイヌ三十名に呼びかけ、和人小作人達から「給与地の小作権を解消させ、土地を返して貰ふことにしよう」

と運動をし、美幌進駐軍へ之が嘆願書を四月十五日提出した処、五月十八日ポウェン少尉等は帯広署へ出張、アイヌ側の言ひ分や、小作人(代表田守佐吉氏)の言分を聴取した。

続いて『アイヌ新聞』の立場で両者の言い分を書き、アイヌ側は「インフレの中、このままいけば我等は滅びる。悪い和人と闘う」と述べ、和人側は「何の話もなく、いきなり進駐軍を呼ぶとは。絶対に耕作権を守る」と主張しているとして、『アイヌ新聞』が、進駐軍に対して円満解決についての意見書を提出する」として、最後を「進駐軍がどう裁くか、注目を浴びている」と締めた。

この年九月に「北海道旧土人保護法」の一部が改定され、第四、第五、第六条が全文削除された。貧困者に農具、種子を給する、疾病者には薬を給する、疾病、不具、老衰、幼少き者には救済するという部分が除外された。すでにアイヌ民族にその対象となる者はいないと判断したのであろうか。これがもし、差別の撤廃を意図するものなら、明らかに逆行といえよう。

折しも元道庁職員の喜多章明が、退官して帯広に戻ってきた。喜多は道庁でアイヌ民族政策を担当し、一九二七(昭和二)年に十勝旭明社を設立、一九三二(昭和七)年、全道アイヌ青年大会の開催に尽力するなど、自ら「和製バチェラー」と称していた。

その後、岩手県から軍事保護院、宮城県、厚生省と異動し、一九四七(昭和二二)年に退官、帯広へ戻った。『アイヌ沿革誌　北海道旧土人保護法をめぐって』(北海道出版企画センター)の中で「旧土人保護法とともに五十年」の表題でこう書いている。

第二の故郷十勝帯広に帰り、再びアイヌ族に見ゆることになった。(中略) 帰って見れば何のその、十勝のウタリは農革法の旋風に見舞われて、賃貸せる給与地は公収されることになり、血まなこになって騒いでいる最中であった。(中略) 不在中空席になっていた十勝旭明社の社長の地位に復した。今後の運動を進める上においてこれを社団法人に改組し、一方、昭和六年設立の北海道アイヌ協会は、日高の小川佐助君、浦河太郎吉君、胆振の森竹竹市君、森久吉君、伊達の向井山雄君等によって、これ又社会法人に改組し、向井君を会長に据え、東西呼応して戦端を切った。

最後の「東西呼応して戦端を切った」の文章に、指導者としての堅い決意と高らかな宣言が見える。

痛烈な社会批判

『アイヌ新聞』はこの同じ号で、食糧難に絡む動きを、面白い記事で伝えた。

札幌の闇市に公然とプクサ(あいぬねぎ)が高く売れてゐる。アイヌがくさいと云はれたのもプクサのためであつたが、シャモ（和人）達がプクサを喰ふ事も時代が生んだ食糧不足の結果である。

欠配をうめろ！　餓死反対米ヨコセ！　の声高くワッショイ、ワッショイと赤旗は道庁へも押入つて、全く政府の無能振りは「日本人の死の行進」？（中略）一ケ月余に及ぶ欠配だが（中略）日本人を殺すものである――とアイヌは怒つて同情してゐる。

前段に出てくるアイヌねぎは、ギョウジャニンニクとも呼ばれる山菜で、アイヌ民族が好んで食べた。いまは和人もよく食べる。臭気が強烈で食後もしばらく匂いが抜けないが、人気が高い。だがその一方で「アイヌねぎ」の言葉そのものに蔑視感が込められていた。次の「米ヨコセ」は食糧危機に陥ったこの年を象徴するデモ行進を指す。

「社会観」のコーナーも、手厳しいものがある。

天皇絶対護持を叫び乍ら此の頃のシャモ（和人）は一体どうだ、闇（売買）はやる、政府への不満は爆発させる、これでもよいか――。

アイヌ協会の御料牧場解放運動には宮内省も驚いたらう。政府へのみでなく、マ司令部へも各運動展開せよ！

感情のもつれからアイヌ対和人の問題が発生してゐる。本道民主化への為にもこんな事は全く寒心に堪へん。

最後のアイヌと和人の対立は、ほとんどがアイヌ民族の給与地をめぐる紛争を指している。次に投稿の「アイヌの声」はこうである。真自身が書いたものと判断できる。

天皇陛下万ザイ？

重臣共は今「戦犯」として国際裁判に附されてゐる。東條英キ以下は実に国民を苦しめ、米英撃滅を叫び、天皇を利用してその地位を横取せんとしたのだ。吾等アイヌは世界第一の平和主義者（中略）キーナン検事に対し「東條以下（中略）」全部死刑に処する事を要求したい。（中略）戦犯共は「天皇陛下」マンザイを叫び、天皇の名に於て国民を犠牲にした事は死刑も無理でない。

（悩む者）

同じ号に意外な短文が載っていた。「吉田先生を救へ——気の毒な生活苦」の表題で、アイヌ問題研究所、つまり真自身が一人の人物の救済を呼びかけているのだ。戦時中、徴用先の群馬県の中島飛行機製作所の宝泉寮から何度も便りを出した相手である。

これによると吉田巖先生は帯広伏古のアイヌ学校の校長としてアイヌの子どもたちに慈愛に満ち

た態度で接し、ウタリの師とも父ともなって子どもたちを教えた。一方、アイヌ民族の風俗、伝承を記録、多くの論文を残した。いまは六六歳の老軀に鞭打ち『アイヌ語彙典』の執筆に励んでいるが、収入もなく食糧難で気の毒な状態なので、感謝の気持ちで手を差し延べようと訴えている。吉田は『帯広叢書』二四巻のうち一七巻を著し、一九五二（昭和二七）年北海道文化賞受賞。

スイング司令官と会見

真が次号の『アイヌ新聞』を発行したのは同年七月一日。おやっ、と思うのは号数が「第七号」になっていることだ。しかも真は改めて社告を出し、紙面の「不偏不党」を唱えたうえで、「（前号の創刊号を第六号に数え）本号より七号とした」と断っている。個人経営に等しい新聞作りの限界といえばそれまでだが、真の揺れる心境を見る思いがする。

紙面は視点が広がった感じで、「アイヌ問題の解決／和人対土人の〝融和〟こそ急務」などの見出しが見える。「社会観」というコーナーに次のような記事が出ている。

小樽警察署員、餓死反対を叫んで本庁に押しかける。彼等警官とて人間である。働けるだけ喰はせて待遇を大いに改善してやるべきだ!!

警察官が食糧不足から北海道庁に押しかけたというのである。戦後の食糧事情はひどいもので、配給される主食の米は遅配続きで、食べる物がなく、誰もが飢えていた。少し前後するが、内務省警保局が同年五月九日に発した文面を掲げる。

北海道の食糧事情につき、五月中旬以降は全く見込みがたたず、消費者も備蓄食糧・物交物資等が枯渇し、治安上著しく憂慮される。（北海道編『新北海道史年表』）

まさしく国内は食糧難に苛まれていた。食糧を求める買い出し列車が満員の乗客を乗せて走る。行く先は田舎の農家。現金を持った者、着物や貴重品を持った者らが、僅かな米を求めて殺到した。

筆者にもその体験がある。幼い身で汽車の切符を求めて前夜から並び、翌朝早く切符を入手し、姉と二人で乗車、二時間ほどかけて母の実家の田舎へ。小学生の姉弟が叔母から米と野菜を貰い、リュックサックを背負い帰途につく。途中、警察官の目におののきながらわが家へと走ったのを、忘れることができない。

この時代に起こった犯罪が「小平事件」。犯人の小平義雄（四二歳）は東京都内の駅で、食糧を求める女性に近づき、

「この近くに知り合いの農家がある。そこへ行けばいくらでも米が買える」

と偽って近くの山中に連れ込み、乱暴したうえ殺害した。被害者は一〇代から三〇代までの女性

一〇人で、うち八人までが食糧を口実にしたものだった。

アメリカから救援米七七五〇トンを積んだ貨物船が小樽港に着いたのは一九四六（昭和二一）年三月二六日。戦後外米輸入の最初だった。この年五月一日は食糧メーデー。国会議事堂前広場には大勢の労働者が集まり、「朕はタラフク食ってるぞ　ナンジ臣民飢えて死ね」のプラカードが立った。

東京地裁のヤミ米など経済統制違反を担当する山口良忠判事（三四歳）が、配給米だけで過ごして栄養失調のため餓死したのは翌一九四七（昭和二二）年一〇月一一日。飽食時代と言われる現代では想像もつくまい。

『アイヌ新聞』の発行は続く。第八号（一九四六年八月一日）は、真が七月九日にブルースの後任となった北海道駐屯第一一空挺師団長、スイング司令官と会見した記事を載せた。占領政策を遂行する米軍トップとの会見に、真が胸を高鳴らせたのは明らかである。

初対面でピーンと感じたのはスイング少将こそは真の武将であり、其の一面また優しい心の持主である…といふのである。閣下は私に対してアイヌの人々の現状等を尋ねられたので、「アイヌは滅亡する民族でなく、日本内地人に同化してゐるものである事」などを説明した。閣下は一々うなづかれて聴いて下さつたのは恐縮の至りであつた。

（要約）

このあたり、和人との婚姻によることを是とし、同化することが滅亡につながるとの立場はとらない真の意志を感じる。

スイング将軍、白老の集落へ

このスイング司令官が、真の案内で七月二九日、妻子を連れて白老のアイヌ集落を訪れたのである。森竹竹市代表らと握手を交わした後、フチ（老婆）やエカシ（老爺）たちのウポポ（踊り）、ユーカラ（叙事詩）などを鑑賞し、拍手を送った。

占領軍トップの家族を白老コタンまで案内して、真の胸は高鳴るばかりだった。なおここに出てくる森竹代表は前述の通り、アイヌ歌人としても名高い人物である。

この直後に、真は増田道庁長官に対して「アイヌ問題解決に就ての請願書」を提出した。駐留軍司令官という絶対的存在をバックにして行動する真。体内には漲るものがあったであろう。その強い態度に長官も応ぜぬわけにはいかなかったはずだ。

『アイヌ新聞』第九号（同年九月一日）の四頁が突然、活字印刷になった。経営が急に良くなったとも思えない。誰かが真の熱心さを買って協力資金を出したのであろう。

この紙面の中に、増田道庁長官が八月二七日夕に開いた記者会見について、「アイヌと和人の差別／増田長官撤廃を主張」の見出しで書いている。冒頭、御料牧場の解放について、アイヌ民族の

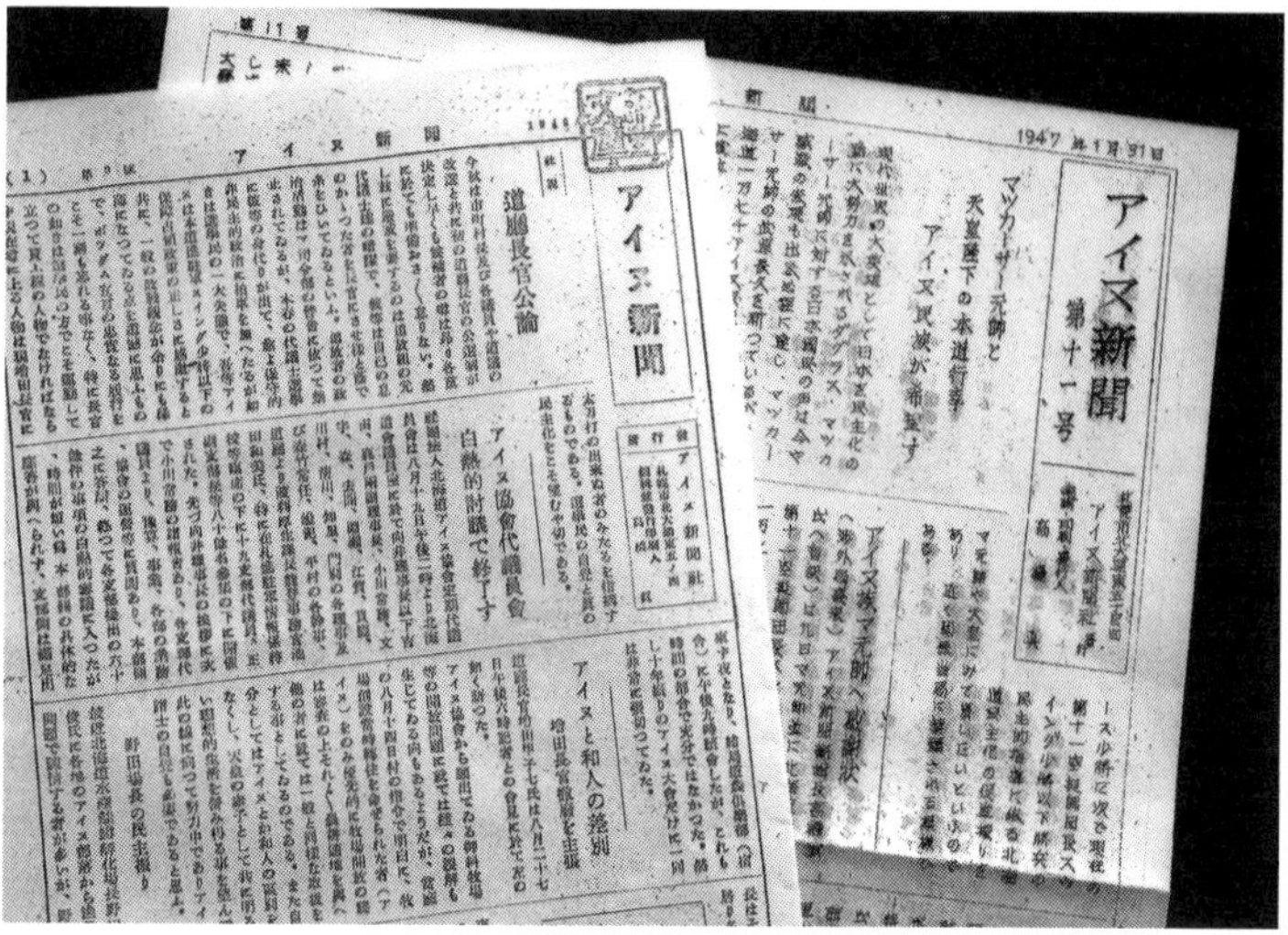

『アイヌ新聞』9号（左）と11号

主張は通らぬことを明らかにしたとした後に、次のように長官の言葉を伝えた。

> 自分としてはアイヌとか和人の区別をなくし、天皇の赤子として共に明るい理想的生活を営み得る事を望んで、此の線に向つて努力中であり、アイヌ諸士の自覚も必要であると思ふ。

高級官僚らしいそつのない答弁だが、真はこの言葉をどう受けたか。おそらく占領下に置かれた北海道トップの空虚な詭弁、と受け取ったに違いない。

この時点で真は日本政府に対する期待を完全になくしていた。占領軍だけが頼みの綱。その綱の強さに民族の未来をかけても悔いはないとさえ考えていたのだった。

十勝アイヌ雄弁大会を開く

同号四面に、以下の詩歌が載った。真がペンネームを用いて詠んだものだが、何か痛々しさを感じてしまう。

　アイヌ可愛や　　止伏寒二
学文ないけど　心はやさしい
アイヌ可愛や　可愛やアイヌ
正しい事なら　勇んでおやり
アイヌ可愛や　可愛やアイヌ
エカシとフチ　民主々義です
可愛やアイヌ
みんな仲良く　立派におやり
可愛やアイヌ

アイヌ新聞社主催の「十勝アイヌ雄弁大会」が、秋たけなわの九月二三日午後一時から帯広商工奨励館で開催された。この模様が『アイヌ新聞』号外（同年一〇月一五日）に出ている。A4判の用紙を縦に使った新聞紙型の謄写印刷である。

同紙によるとこの大会は十勝支庁並びに帯広市の後援。大会長は真の故郷、幕別の先輩の吉田菊太郎。来賓に支庁長代理、弁護士、政党代表らを招いている。真がどれほど力を注いだかが窺える。真の開会の辞に続いて、五人のアイヌ青年が壇上に立った。会場には五〇人ほどの聴衆がいた。最初に芽室町の三浦房治が「新日本建設の促進」と題して熱弁を振るい、次いで幕別町白人《ちろっと》矯風会の吉田勝子が「アイヌの風習改善」について力説した。芽室町の山川勝政アイヌ代表が所感を述べた後、白人《ちろっと》矯風会の高山竹代が「アイヌの名称に就いて」と題して次の通り論じた。

「近頃、北海道アイヌ協会とかやれアイヌ問題研究所、さてはアイヌ新聞等と、アイヌの名を売物にして新聞に宣伝している怪しからぬアイヌがいて、アイヌを却って悪くしている。本当の理想の社会が訪れるのを願っている」（要約）

主催者の『アイヌ新聞』を、けしからん、アイヌを却って悪くしている、と突かれて、戸惑いながらも悩んだであろう真。

号外は、この時の模様を「（会場は）拍手は鳴り響き、感動の声はしばし止まず、主催者もギャフンと一本やられた形であつた」と書いている。

続いて、白人《ちろっと》矯風会会員でアイヌ指導の伊藤豊が「和人とアイヌの融和」について述べ、大会は終了した。この後、参会者による会合が開かれ、十勝アイヌ協会結成への話し合いがもたれた。

駄洒落を込めた社会時観

北海道アイヌ協会の設立をきっかけに、今回の十勝アイヌ協会のように各地に支部が結成され、二〇支部を数えるほどになった。だが本部はおろかどの支部も経営資金が少なく、会合一つ開けないありさまだった。真は同じこの号外でこう書いた。

解散か、改組か、アイヌ協会は嵐の中に立つてゐるが、民主化しないなら全員脱会するといふ支部、(反対に)協会の発展を期待する支部等もあり、全同族の真の団結要望の声は見逃せぬものがある。

だが本当にアイヌ民族は一つに団結できるのか。真の胸にさまざまなものがないまぜになって沸騰していた。それをどう整理すればいいのか。いまだに見えてこない。むしゃくしゃする思いに、駄洒落も込めて「社会時観」のコーナーに書き殴るように書いた。

御料牧場解放運動に挺身するアイヌ代表等を「赤」だといふ大馬鹿者もあり。覚醒せよ/憲法も民主的に改正された。されぬのは「北海道旧土人保護法」のみ。有名無実は真ッ平/争議ゼネスト大流行、労資共に猛省せよ、天皇陛下は泣いて居る。等外国にならん様にと／アイヌを喰ひ、土地を喰ふ悪党尚横行して居る。最後は何を喰ふか、ＭＰの警戒を求む（ＭＰとはアメリカ駐留軍憲兵を指す）／髪は赤く、口紅ゴタゴタのしりでつか娘が街にウヨ〳〵、日本娘は一等国民か、ハテナ？

この時期、道内随一の新聞である『北海道新聞』が揺れていた。労働争議が起こり、紙面は組合主導により左翼化した。臨時組合大会が開かれて会社幹部を激しくなじるなど紛糾していた。真がこの紛争を耳にしたのは当然である。前出の号外に「道新五十三名事件問題　解決果して成るか」の見出しで、こう記す。

今日も道新争議団の闘士達は闘ひを続けてゐる…　道新を愛し道新を信じてゐる多くの人々は「円満なる解決」を希つてゐる。勿論アイヌで道新、読売はほとんど全部である。

続いて中心人物の元編集局長を自宅に訪ね、インタビューしている。
結局、組合内部は一新されるが、ＧＨＱ民間情報教育局新聞課ダニエル・インボデン少佐の警告により、会社側は元編集局長を含む二五人を退職処分とし、二八人を休職処分とした。そして社告で「全読者に寄す」と題して「正義と公益性を堅持して不偏不党の鉄則に起つ」と宣言し、再スタートした。

この騒動は「道新の五三名事件」と呼ばれ、新聞界に永く語り伝えられた。立場はまったく異なるが、真は改めて新聞の使命とは何かを実感するとともに、ＧＨＱの存在の凄さに舌を巻いたのだった。

第4章　新聞記者の成果と誤算——1946-60

〝同化〟かそれとも〝滅亡〟か

晩秋になり、真の体調が急に悪くなった。熱が出て体がだるく、横になったままで、眠れない日が続いた。やむなく「号外」の最後に「お詫び」として「第一〇号は高橋真主筆、病気のために編集が遅れています」と記した。

このお詫び通りに『アイヌ新聞』一〇号(一九四六年一二月七日発行)からまた表裏二頁の謄写印刷に逆戻りした。印刷経費が高すぎたのであろう。紙面トップに掲げたのは社説「アイヌと新日本」と題するものだ。省略しながら紹介する。

マッカーサー元帥の温情で今や新日本建設は拍車の一途を辿り、新憲法も発布を見たが、平和の民族なる吾々アイヌは聯合国に対し衷心から感謝を捧げるものである。顧みてアイヌ民族の民主化振りを視る時、吾等は民族の弱さに同情の涙を流さずには居られない。同族開放の為に北海道アイヌ協会が生れ、最近では十勝アイヌ協会が生れたが、幾多山程あるアイヌ諸問題、特に叫ばれるアイヌ温泉療養所設置、日高、十勝、旭川、釧路地方に於けるアイヌ土地問題、住宅の改善、教育の高度化等生活文化の向上と相まつて、速かなる解決を望みたい。厚生省は旧土人保護法の何たるやを解してゐないといふのは如何なる訳か。北海道庁アイヌ係は、アイヌ有志の御機嫌取りを以て民主的なりと心得す。全アイヌが生くべき途を講ぜねば、結局は新憲法の精神に反し、マ元帥の占領政策に反対し、天皇陛下に不忠を示してゐるものと称しても過言でない。道庁当局よ、増田長官よ、アイヌの為猛省せよ。

これに続いて「十勝アイヌ協会の創立総会」など短文四本、次頁はアイヌ代表向井山雄長老の訪問記事などである。

一九四七（昭和二二）年の新年を迎えた。真の体調が少し戻ったとはいえ、まだ完全ではない。それでも一月三一日、前号と同じ形の『アイヌ新聞』第一一号を出した。この中で真は、スイング司令官との会見の内容を伝え、二月には上京してマッカーサー元帥に会う旨を報じた。

そのうえ「マッカーサー元帥と天皇陛下の本道行幸／アイヌ民族が希望す」の見出しで、これが実現したら、アイヌ民族は喜んでお迎えすると断じた。同時に「社説」で、わが同族に対して次のような警鐘を鳴らした。

〝同化〟かそれとも滅亡か／アイヌ同族の奮起要望

一部アイヌ学者の間には依然として「アイヌは滅亡しゆく民族」だという。然しこれは誤りである。その純粋な者は一万七千名だが、和人との混血した者を合すれば約五万を算する（中略）

混血した者は頭が発達し、きりようよく社会的にも相当の人材が輩出している際に、われわれは「アイヌが同化する事がよいか」、それとも滅亡をいかに防止すべきを考究し、アイヌ娘が和人との結婚を好んでいる傾向とを思ひ合せ、以て新日本建設に挺身せねばならぬ。

『アイヌ新聞』の記事の通り、敗戦直後に、多くのアイヌ女性が和人男性の求めに応じて嫁いだのは事実である。理由はさまざまあろうが、アイヌ女性の清楚な性格に惹かれて結婚した和人男性が多かったとされる。

反対に、アイヌ男性で和人女性と結ばれた人もいるが、結婚せずに独り身で過ごした男性も結構多い。真もその一人である。結婚に踏み切れなかった理由は何なのかはわからない。

それはそれとして、最後の文面の「(そうした)傾向とを思ひ合せ、以て新日本建設に挺身せねばならぬ」の文面に目がとまった。アイヌ民族の結婚を新日本の建設に結び付ける意図とは何か。アイヌ民族の血統を守るべきというより、同化してもその血は残るという主張と思われるが、真の真意を質したくなるような一文といえる。

「アイヌ民族大会」を企画

真の体調がようやく戻った。やっと資金繰りがついたのか、真は張り切って『アイヌ新聞』第一二号を二月一五日に発行した。四頁の内容の濃い紙面だが、一面トップに発表したのが、この四、五月中に札幌で「アイヌ民族大会」をアイヌ新聞社主催で開催するというもの。その大会後に各界の大物を集めて懇談会を開くとして、出席予定者の氏名を羅列し、スイング司令官も招く予定であると書いた。

この計画は真が、新聞社の運命をかけた乾坤一擲ともいえる挑戦だった、と筆者は考える。資金難に陥った現状に思いを馳せ、紙面に著名な人物の氏名を羅列することで、その人物の関心を引き寄せ、そのうえでスイング司令官を巧みに利用して、財源を生み出そうとしたと判断できる。次の文章を見てほしい。それがありありとわかる。

アイヌ大会終了後はアイヌ財界の雄三百万長者と云はれる文字常太郎氏（胆振大岸）、百万長者大川原コビサントク翁（胆振鵡川）、アイヌ政治家向井山雄氏（伊達）、十勝アイヌの雄吉田菊太郎氏、釧路アイヌ元老結城庄太郎氏（中略）と岡田道庁長官、斉藤札幌控訴院長、伊藤北大総長、各党代議士、道議等の臨席を求めて（中略）懇親会を開くが、特に本道進駐軍司令官スウィング閣下の臨席を願ふ予定である。

『アイヌ新聞』第一三号（三月二一日に発行）は表裏の二頁建て。新憲法下初の選挙が行われるというので、道議会議員候補にアイヌ民族が名乗りを上げた、一人は目下検討中などと報じた。

目を引くのが「高松宮様とも会見／アイヌ代表の活躍／御料牧場開放近し」の見出しで報じた一文だ。そこにはおよそ、こう書かれている。

北海道アイヌ協会専務理事小川佐助ら三氏は二月初旬、上京し、宮内庁をはじめ各省を訪れ、旧土人保護法の改正を陳情した。高松宮殿下と会見した三アイヌ代表は土地なきウタリ(同族)のためにアイヌ協会頭初よりの一大運動たる新冠御料牧場と日高種畜牧場の開放を陳情した。関係方面では理解有る回答があった旨、代表の一人が三月十一日、道庁で記者に語った。両牧場開放は明春の耕作期と見られる。

この判断は、結果的には大きく異なり、御料地は解放されないまま推移することになる。アイヌ民族らが肩を落としたのはいうまでもない。

ところで真が企画していたアイヌ新聞社主催の「アイヌ民族大会」はどうなったのか。以降の『アイヌ新聞』には報道されておらず、開催できなかったと判断したい。理由は怒濤のように押し寄せた民主化の波といってもいいだろう。

選挙も時代の波に乗って

この年、一九四七年三月、北海道旧土人保護法が改正され、第二条の二項の土地の質権、抵当権、地上権等の設定を禁じた全文が削除された。

この直後に民主化の大波がやってきたのである。新憲法が公布され、それに基づく衆議院議員選挙が公示された。それまで税金を払っている二五歳以上の男性のみが投票できるという制限がなくなり、二〇歳以上なら男性も女性も選挙権を持つように変わった。世の中の誰もが驚き、沸き立った。

これまで絶対にあり得なかった労働者階層から相次いで立候補者が現れ、政治とは縁遠い存在だった女性からも候補者が大勢名乗りを上げた。しかも激しい選挙戦の結果、多くの女性候補が当選するという事態が起こった。民主主義というものを感じ取った最初の興奮と言えた。

驚きはまだ続く。政府による道庁長官人事発令がなくなり、四月に初の北海道庁長官選挙が行われた。

同時に道議会議員選挙があり、その後、各市町村長、各市町村議員の選挙が相次いだ。国会議員から末端の市町村長、市町村議まで、選挙で選ばれた人たちによる新しい政治が始まったのである。真は、この大変革を読み切れなかったのではないか。想像もできないことが現実になって、真自身、アイヌ大会も大事だが、それどころではなかったというのが本音であろう。それゆえに仕掛けた大事業は見事に失敗した、と判断したい。たしかにこの時期の国内は、何か巨大なものにかき回され、異様な空気だったのは間違いない。

意外な話が伝わっている。真自身が道議会議員選挙に立候補を考えていたというのだ。道政の場で自ら発言できるなら、願ってもないではないか。だが、この話はすぐ消えた。支持する母体もなく、選挙運動資金のメドもつかず、身動きできなかったということであろう。

地方自治法の施行により、北海道庁が北海道になり、北海道長官が北海道知事に、道会が北海道議会に、市町村会が市町村議会に改まるのはこの年の五月三日のことである。

丸二カ月の空白期間を経て、五月二五日に『アイヌ新聞』第一四号が発行された。「各種選挙に同族が積極的な活動を示す」の見出しで、アイヌ民族の動向を伝えた。

連合国の注目の中に四月選挙が無事終了した。先ず北海道長官公選に際しては、胆振国豊浦村の木材業佐茂菊蔵（五三）氏が雄々しくも駒を進め、和人五人の有力候補を向ふに廻して大奮闘、一万一千二百八十六票で惜敗はしたけれど、アイヌの民族史の一ページをかざり（後略）

さらに市町村議選挙の結果に触れ、アイヌ民族が各地の町村会議員に当選したことを報じた。出馬して奮戦した同族に、自らの身を重ねていたのかもしれない。また北海道長官（知事）に当選した田中敏文の健闘を讃え、こう書いた。

道政がいかに良くなっていったとしても、アイヌ諸問題が未解決であると云ふ事は、結局、真のデモクラシーが確立されぬ事となり、アイヌを救え！ と同族が当局に迫るものであり、此の際、田中知事のアイヌえの温情と政策の万全をこそわれ等は期待する。

さらに続報の形で、田中知事が厚生大臣と農林大臣に対して、アイヌ民族対応策の意見書を提出したと報じ、知事は「アイヌ民族の生活向上のため保護法に基づき予算を増額し、住宅改良の補助として一戸に付き少なくとも二万八千円が必要」とした。給与地については「農地調整法による買い上げなどしないよう」と要望し、「アイヌ民族への同情を示されたい」と締めくった。真が田中知事に大きな期待を寄せたことを窺わせる文面である。

新聞を身売りにするか

真はこの知事への意見書提出と相前後して上京し、GHQと呼ばれる占領軍司令部をはじめ、農林省、厚生省を訪れた。これを『アイヌ新聞』に「上京の旅より帰りて」の見出しでこう書いた。

厚生省アイヌ係の安藤保という方は親切な人だが、道庁が今少しアイヌ政策に積極的でなくてはならんといっていたし、マ（ッカーサー）司令部では、旧土人保護法をある事を聞いて、その運営の万全を期する様、政府を督励する旨言明した。

この文面からGHQが、政府に対してアイヌ政策に関して督励したとも取れるが、具体的にどのようなものであったかは判然としない。

また「アイヌ協会や『アイヌ新聞』がアイヌの向上を阻害しているから廃止せよという声があり、東京でも注目している」と書き、「同族の向上のためには全道ウタリが一丸とならねば駄目」と断じている。

その一方で「原子爆弾」と題するコラム欄で、こう指摘した。

▽日高アイヌが御料牧場開放を叫ぶのは彼等が天皇に反対するからであり怪しからん、恐らく共産党員だらう！と最近反動保守アイヌ同族はしきりに憤慨している。▽また和人の大部分は斯くの如き印象を有している。これらの考えは実情を知らぬからでデマと一笑に附すことができるが、中央のお役人中には（中略）アイヌ協会は共産党に関連しているかの如く思っているのがある。▽少し進歩した行動や思想を直ちに赤にする事は考えものだ。▽同協会は全道アイヌの支持を得ていない。アイヌの都白老や近文にすら支部がないから此の際解消してアイヌ党

を結成すべしと論ずるものすらある。▽アイヌの解放と民主化は何よりも団結、融和こそ必要である!!

アイヌ民族の足並みの不揃いを嘆き、焦りのようなものさえ見え隠れする。

この同じ紙面の最後に、意外な社告が載っている。『アイヌ新聞』をどうすべきかの意見の募集である。

社告

本誌を北海道アイヌ協会の機関紙にせられたいとの話あり、本社に於て研究中に付、読者の御意見を求める次第です。

アイヌ新聞社

自分の新聞の行く末を読者に問うとは、驚くばかりだが、文面から、真の心の〝揺れ〟の激しさを感じる。いや、そうではなく、アイヌ民族に対する失望ともいうべきものだった、と考える。

「アイヌ民族の覚醒未だし」

真がこの時残したこの言葉が、そのすべてを表している。

結局、真は『アイヌ新聞』を一四号で廃刊した。わずか一年二カ月間の短い寿命であった。だがその軌跡は永く尾を引くことになる。

『十勝農民新聞』の記者に

『アイヌ新聞』を廃刊した真は、アイヌ協会と離れて、戦前に一度籍を置いた『十勝農民新聞』に再び入社して、編集兼発行人になった。真はここで、この直後に発行の第七号から一九四九（昭和二四）年一月の第四一号まで、およそ一年二カ月間にわたり月二回の割合で同紙を発行し続けるのである。

ちなみに北海道アイヌ協会が機関誌『北の光』創刊号を発刊するのは一九四八（昭和二三）年一二月。同誌の狙いは、被圧的な民族としての団結を呼びかけてはいるが、和人と抗争するものではなく、政治団体でもないことを明らかにした。ここに先鋭的な真の立場を否定する姿勢が見える。同誌がこうした方向性を示した理由は、御料牧場の解放運動が和人との対立を深め、その結果、苦い挫折と幻滅を味わったことによる。

この機関誌に、『十勝農民新聞』記者になったばかりの真が、アイヌ問題研究所長の肩書で「アイヌ問題を中心に」と題する文章を寄せている。要約して掲げる。

日本が戦争に負けて、自由解放の声と共に「滅亡しゆく民族」として永い間差別的に取扱された「アイヌ」も民族的自覚から翻然として立起ったのは力強き限りではあるけれども、一番大切な団結の力が足りぬ事は明白（中略）大分憎まれ筆法となつたので今度は少しおだやかに書こう。私は全道のアイヌ代表に接して思うのだが、実に堂々たる雄弁家が多いという事である。アイヌの名称を廃止せよ！という声が再び各地に台頭している。それと共にアイヌ学者に対し反省を求める熱血青年達の叫びも高まって来た。アイヌでも農業会長になったり、或いは町村議員になった者もいる。立派な洋服を着ていても、心が立派でなければならない。「アイヌ根性」を速やかに改めて、自己を卑下せぬ事こそ必要である。郷土を守るため、民主日本建設のため、全道のアイヌウタリーよ、鉄の団結をせよと強調したい。

ところで『北の光』は、この創刊号だけで廃刊になる。

真がマッカーサーに便りを出したのは、一九四八（昭和二三）年一二月一七日の日付から、ちょうどこの時期になる。便りの内容は後述するが、その便りがいまもアメリカのマッカーサー記念館にあり、国会図書館が複写を保存している。『北海道新聞』二〇〇九（平成二一）年八月一四日に連載企画「マッカーサーへの手紙——占領下の道民から」として取り上げられた。省略して掲げる。

連合軍最高司令官ダグラスマッカサー元帥閣下

現代世界の大英雄として日本占領に温情を示される閣下に対し、御多幸と御武運の長久を御祈

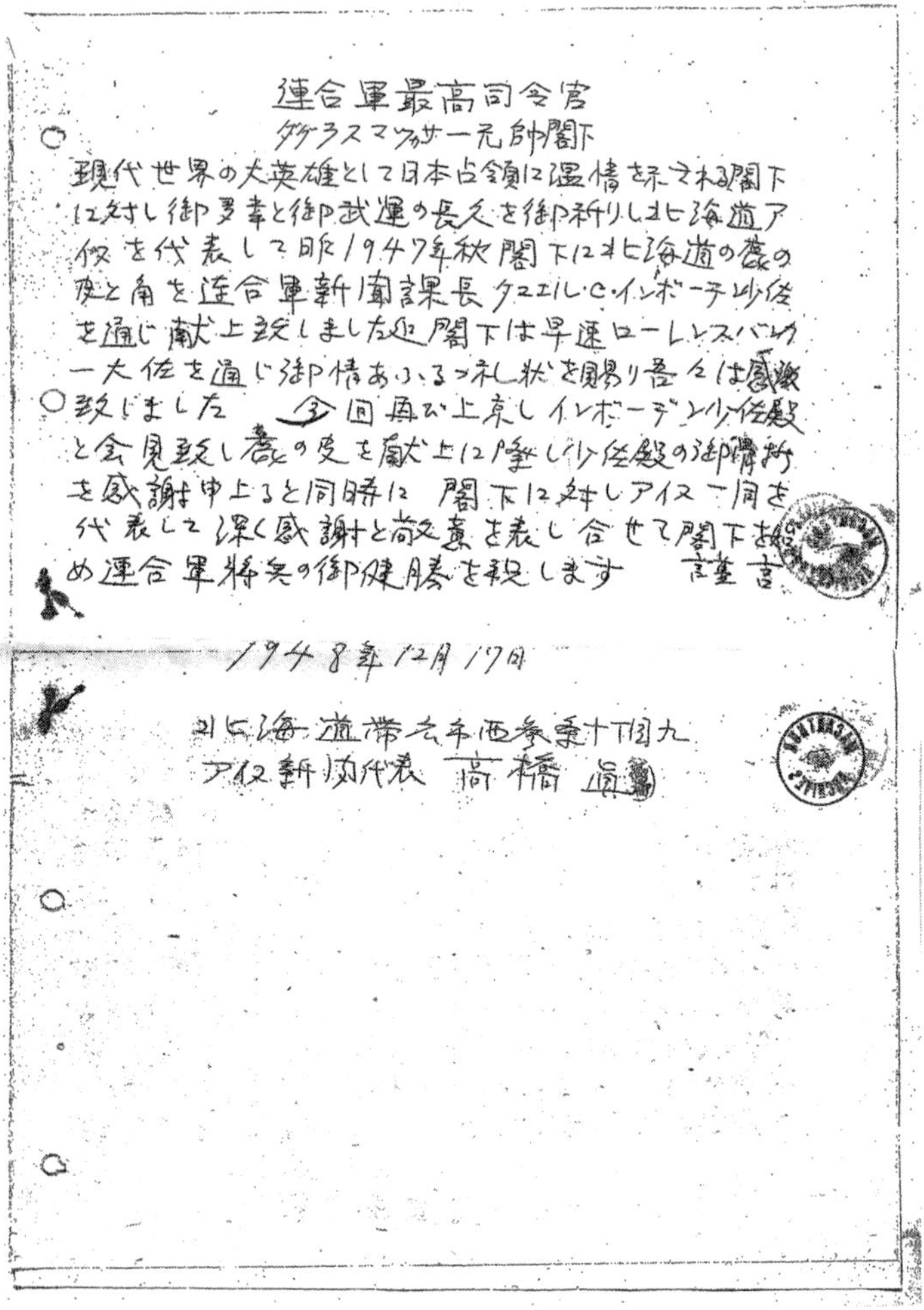
連合軍最高司令官
ダグラスマッカーサー元帥閣下
現代世界の大英雄として日本占領に温情を示される閣下
に対し御多幸と御武運の長久を御祈りし北海道ア
イヌを代表して昨1947年秋閣下に北海道の熊の
皮と角を連合軍新聞課長クロエル・C・インボーデン少佐
を通じ献上致しました処閣下は早速ローレンスバンカ
一大佐を通じ御情あふるゝ礼状を賜り吾々は感激
致しました　今回再び上京しインボーデン少佐殿
と会見致し熊の皮を献上に際し少佐殿の御尽力
を感謝申上ると同時に　閣下に対しアイヌ一同を
代表して深く感謝と敬意を表し合せて閣下始
め連合軍将兵の御健勝を祝します　謹言
1948年12月17日
北海道帯広市西参条十丁目九
アイヌ新聞代表　高橋　真

真のマッカーサーへ宛てた便り（複写。国立国会図書館）

りし、北海道アイヌを代表して昨1947年秋、閣下に北海道の鹿の皮と角を連合軍新聞課長インボーデン少佐を通じて献上致しました処、閣下には早速御情あふるゝ礼状を賜り、吾々は感激致しました。
今回再び上京し、インボーデン少佐殿と会見致し、御骨折を感謝申上げると同時に、閣下に対しアイヌ一同を代表して深く感謝と敬意を表します。

マッカーサーは日本国にも先住民族が存在するのを、北海道占領軍司令官により知らされていたはずだが、この便りで初めて実感したのではないか。従って貴重な便りとして残したのであろう。

アイヌ民族、真の訴え

民族の解放を叫ぶ真の声の中で、残しておきたい一文がある。荒井源次郎遺稿『アイヌ人物伝』に記された「アイヌの保護」についてである。

保護を受けるのはアイヌ人の専売特許のようにシサム（和人）たちは口を揃えて言うが、果して世の中に国の保護を受けていない者があろうか。われわれ国民の生命財産を保障してくれて安らかに枕に臥すことのできるのも、国家の保障のお陰ではないか。して見れば単りアイヌのみが保護民だとは言えまい。最もアイヌは五町歩の土地を無償付与されている。だから保護民というのだろうが、しかし北海道で土地を貰うことはひとりアイヌだけではなかろう。シサムの人達も同様貰っているのだ。殊の外シサムの貰う土地は肥沃にして便利な所、大きいのになると何百町歩も気前よく貰っている。アイヌに対しては最高五町歩以内と制限され、それも農耕に適しない悪条件の奥地にして所有権移転抵当権設定賃貸等々の禁令があるのがアイヌ保護の要点であるのだ。シサムの開拓農に対しては食糧、必要農具の一切の扶助、その上補助金まで支給されたが、これに対してアイヌは北海道旧土人保護法に基づき、数多くの規程をつくったが、何一つ誠実に守ったものはなかった。先覚者アイヌは、こんな有名無実な保護下に甘んじるよりも、独立人の名のもと生きようではないか。

われわれウタリは最早物質的保護は遠慮したい。望むところは人道的保護であり、精神の保障であらねばならない。

文中の「シサムの貰う土地は肥沃にして…大きいのになると何百町歩も気前よく貰っている」は、一八九七（明治三〇）年の「北海道国有未開地処分法」に基づき、資本家や華族、政商らに広大な未開地を無償で払い下げたことを指す。実際に何百町どころか何千町歩も何万町歩も下付された旧藩主や華族らもいた。

真の文面をもう少し続ける。前年の選挙の際に、真の友人が投票所に行ったところ、係員から「お前は選挙権がない」と言われた。「生まれてからずっとここに住んでいる。選挙権がないはずはない」と言うと、係員は「扶助を受けている」と述べた。「扶助は受けたことがない」と答えたが、「貧困のため、釜を貰ったろう」と威丈高に言われた。「これは互助組合総会で村長から表彰状を添えて貰ったものだ」と反論したが、どうにもならなかった。文章はこう結ぶ。

国家社会のためにこんなことは改めようではないかと叫んだところでお判りになるまいが、ともかく人格の尊重されないところに責任観念は起こらず、責任観念のないところに進歩向上はない。アイヌの人格を尊重して、人間的な待遇をされんことを。為政者社会に対しての、ウタリたちの悲願である。

「人間として対応してくれ」という真の絶叫が聞こえるような文面である。

『東北海道新聞』に移り大スクープ

『北の光』創刊号に寄稿し、マッカーサーに便りを出してほどない一九四九（昭和二四）年一月、真にまた転機が訪れた。真の執筆能力を知る『東北海道新聞』帯広支社からの誘いだった。『農民新聞』の記者になったものの、その仕事は農家の営農に関わる記事を書くことが多く、張り合いがない、と感じていた。

真はこの誘いに飛びついた。何といっても日刊紙である。毎日書いたものがすぐに印刷され、読者に配られる。一人でやってきた『アイヌ新聞』は月にせいぜい二、三回の発行。それも資金繰りがうまくいかず青息吐息だった。『農民新聞』は資金には困らないものの、月二回では魅力に欠けた。そうした新聞と比べればこれは雲泥の差ではないか。

こうして真は「トンペー」の愛称で呼ばれる東北海道新聞社に入社し、仕事をすることになる。

この新聞社に移って、また嫌な思いをさせられた。アイヌ民族への偏見は和人の記者仲間にも断然はびこっていて、記者会見などで並んだ他社の記者に、「あっちへ行け」と顎でしゃくられた。

「アイヌも日本人だ。和人と同じ日本人だ」

そう反論しても無駄だった。相手は、ふん、と鼻でせせら笑い、うるさいっ、と怒鳴った。真は叫んだ。

「北海道はアイヌの国だ。お前たちこそアイヌの国にきて、大きな顔をするなっ」

吐き捨てるように言い、強く唇を嚙んだ。

でも自分の勤める新聞にも、アイヌ民族に対する偏見が見えて気が滅入った。「アイヌが盗む」とか「アイヌが凍死」といった見出しを見ると抑えられなくなり、デスク（次長）や編集責任者のところへ行き、抗議した。

「アイヌ凍死と書くのなら、本州の和人が死んだ時、シャモ凍死と書くのか」

デスクは黙って真の顔を見ていた。

アイヌ記者だからこそ書ける記事があるのではないか、と真は考えた。この頃、興行主を名乗る男に誘われて、大勢のアイヌの連中が大阪や東京で「見世物興行」をして金を稼いでいるという話を聞いた。

その中に知り合いがいて得意そうに話す。アイヌを見世物にするとは何事か、と真は怒りをあらわにした。そんな折り、突然、その若者から電報が届いた。

「いま大阪にいる。興行主が俺たちを大阪の駅に置き去りにして逃げた。帰りの汽車賃を都合して送ってくれ」

真記者は憤然となり、警察署に飛んでいき事情を話した。すかさず大阪の警察に通報され、置き去りにされたアイヌの人たちは保護された。興行主は詐欺容疑で手配された。捜査を始めてほどなく、この興行主が釧路に現れ、見世物にする〝アイヌ買い〟を始めた。釧路署の刑事が察知して現場に赴き、その場で逮捕した。

取り調べの結果、アイヌ民族を使って見物料を稼いでいただけでなく、アイヌの少女を売り飛ばすなどの悪さを重ねていたことが判明。真は釧路本社と連絡して記事を書き、大スクープとなった。

十勝地方のある町で、新任警察署長の歓迎会が開かれた。新署長は町の有力者のいるその席で、酒に酔った挙げ句、こう叫んだのだ。

「おい、芸者もいいが、もう飽きた。アイヌメノコはおらんか。メノコを連れてこい。メノコを俺に世話してくれ」

参会者は呆れ果て、痛い目に合わせてやろうと目配せしながら、署長に次々に酒を飲ませた。そして酔いつぶれたところを、総がかりでめちゃくちゃに殴りつけた。同席していた警察幹部もとばっちりを食って殴られ、怪我をした者もいた。

翌日から捜査が始まり、歓迎会に出席した全員が取り調べられたが、事の起こりが署長の不埒な発言からであり、事件にしても誰が誰を殴ったのか立証できず、結局はうやむやになった。

それを聞いた真記者は、丹念に取材して回り、社会面に大きく報道し、大スクープとなった。

釧路へ転勤、合併で『タイムス』記者に

一九五一(昭和二六)年四月、占領軍司令官マッカーサーが罷免になり、日本を去った。九月八日、わが国の全権委員団が米国サンフランシスコで対日講和条約に調印し、衆参両議院の承認を得た。同時に日米安全保障条約が制定された。

翌五二(昭和二七)年四月二八日に条約が発効し、連合国による占領政策は終了し、これに基づきわが国は、独立国家として歩み始めた。同時にＧＨＱは解体されたが、占領軍は駐留軍に衣替えして国内の軍事基地に留まった。

チョマトーとも呼ばれる帯広市のカムイトー

耐えた。真もこれを聞いて心が暗くなるのを覚えた。

この二年後の五七（昭和三二）年、それに反発するように立ち上がったのが、帯広市の伏古コタンの人たちだった。アイヌ民族の伝統的文化遺産が失われるのを憂慮し、吉根リツ、広野ハル、加藤なみえ、三浦ノルカ、中川テアシモンらが中心になり、カムイトーウポポ保存会を設立し、初代会長に真の父である高橋勝次郎を選んだのである。

カムイトーは、神の沼の意。チョマトーとも呼ばれ、生霊を飲んだ悪魔の沼とも言われる伝説の沼で、いまもアイヌ民族の信仰の対象になっている。

真はこの知らせを勤務地の釧路で聞いた。

（そうか、よくやってくれた）

真は、離れたまま長く会っていない父親に素直に感謝した。

同会は後に帯広市文化奨励賞を受賞、帯広市文化財に指定され、さらに一九八四（昭和五九）年には国の重要無形民俗文化財に指定される。

高橋勝次郎

この頃、真をこよなく愛する北海道議会議員（釧路市選出）がいた。真も議員の人柄に惚れ込み、よく家に遊びに行った。そこで幼子の遊びの相手をした。この幼子が後の現代企画室の太田昌国前社長である。太田は同社のホームページにこう書いている。

父は、私が物心ついたころから、地方議会の議員をしていた。北海道が革新王国と言われていた時代である。

自宅には取材で新聞記者の出入りが多かった。なかに、高橋真という名の、見るからにアイヌの記者がいた。私を可愛がってくれた。

この人物が、日本の敗戦直後から四八年まで、アイヌ民族独立自治を掲げて『アイヌ新聞』を創刊したが、やがて「アイヌの覚醒は未だし」と絶望感を吐露して、他の仕事に転身した人物であったことは、新谷行の『アイヌ民族抵抗史』（三一書房、一九七二年）ではじめて知った。子どもの私は、高橋真が傷ついた心を秘めながら『北海タイムス』の新聞記者をしていた時期に、遊び相手をしてもらっていたのだと思う。

筆者と真記者との出会い

筆者が真記者と出会ったのは一九五八（昭和三三）年春。『北海道新聞』帯広支社から釧路支社へ異動し、教育担当になり、市役所内の市政記者クラブに籍を置いた。そこで初めてアイヌ民族の新聞記者が存在するのを知った。前述の太田元社長の言葉を借りれば、真が「傷ついた心を秘めながら新聞記者をしていた時期」ということになる。

実は、筆者の転勤コースが真記者と数年遅れるものの、まったく同じコースを辿っていたことを後に知った。そのせいか真記者は、新たに異動してきた筆者を意識していたと思える。同じルートでやってきた競争相手の一〇歳以上も若い記者に対する敵対心にも似た感情、といえば大げさな表現になるが、あの頃、他紙の記者はすべてライバルだった——。

市政記者室は『北海道新聞』、『北海タイムス』を始め、朝日、毎日、読売、日経、産経、それにニュース報道に参加したばかりのＮＨＫの記者、さらにＨＢＣ（北海道放送）、ＳＴＶ（札幌テレビ）の放送記者まで一〇数人が登録されていて、常時出入りしていた。市長の記者会見などがあると、

皇太子と皇太子妃（現・上皇と上皇后）

記者たちは取材して部屋に戻るなり、机に向かいいっせいに原稿を書く。机といっても壁についた区切りのない長机で、各社ごとに区分して与えられていた。

だが普段は記者同士が集まって雑談したり、将棋や囲碁を打ったり、雑然とした感じである。

印象に残るのは皇太子殿下（現・上皇）が、この年六月末から一八日間にわたり、道内を旅行され、釧路へも訪れた時である。本州の新聞社の支局、通信部はどこも一、二人しかいないが、『北海道新聞』と『北海タイムス』は自社で印刷工場をもち、記者も大勢いるので総出で取材体制を敷いた。

『北海道新聞』は報道部のほぼ全員の一〇数人が、皇太子の立ち寄り先に配置された。筆者は昼食を摂られる会館が取材先になった。

その時、『北海タイムス』の真記者が、

「皇太子様がお見えになる」

とやや興奮気味にはしゃいでいたのを覚えている。真記者がどこに取材配置されたかはわからないが、大変な張りきりようだったらしい。それが何を意味しているのかわからなかった。

筆者も、皇太子と同年齢だけに、ある種の親近感を抱いていた。それは多くの国民が皇太子に対して抱いていた将来への希望のようなものだったと思う。

その日、時間に合わせて皇太子が昼食を摂られる会館前に張りついた。やがて車が到着し、皇太子は車を降りられると、取材の三、四人の記者たちに軽く会釈して、料亭に入られた。ご休憩は一時間ほどだった。

退いたあと担当者に取材して、「皇太子は毛ガニを食べられた。食べたのはハサミの部分で、おいしいと話された」と語った。すかさずデスク（新聞社の報道部次長）に電話で伝えた。記事はデスクが各記者からの情報をまとめて書いた。

翌朝の紙面は一面から地方版まで皇太子の動向で埋められた。その朝、朝食をかき込むと会社に寄らず、真っ直ぐ市役所の記者室に行った。真記者がもう来ていて、満面の笑顔を見せていた。

「何かいいこと、あったんですか」

と訊ねたが、口ぐせの「ごくろはんでした」と答えてにこにこしているだけ。皇太子のことだなと直感したが、その理由がわからなかった。それを知るのはもう少し先になる。

発展期の釧路の街で

この時期、釧路の街は原田康子の小説『挽歌』ブームに沸き立っていた。街を覆う濃霧までがロマンの香りを漂わせていた。

実は原田康子の夫は『北海道新聞』の記者で、釧路市政記者クラブのキャップをしていた。その関係から、勤務後にキャップに誘われて酒を飲み、何度か自宅まで送り届けた。誘われるままに部屋に上がり込み、執筆中の原田さんに「一本だけよ」と言われて出されたビールを飲んだ思い出がある。

年が明けて一九五九（昭和三四）年、北海道内の新聞界を揺るがす〝事件〟が舞い込んだ。それまで一日遅れで到達していた本州紙の『読売新聞』、『毎日新聞』が五月から、『朝日新聞』が六月から札幌で現地印刷を開始したのである。これを機に各社は記者を増員、配置した。ほぼ同時にＮＨＫが報道体制を整え、放送記者を配置してニュース戦争に参画してきた。

北海道に本社を持つ『北海道新聞』や『北海タイムス』などは緊張した。筆者が所属していた『北海道新聞』釧路支社では報道部会が開かれ、報道部長が緊張した面持ちで記者に檄を飛ばしたものだ。

この年はアイヌ民族に関わる書物の出版物が目立った。石森延男『コタンの口笛』、武田泰淳『森と湖のまつり』（以上一九五八年）、越崎宗一『アイヌ絵志』、高倉新一郎『蝦夷地』、金成まつ筆録・金田一京助訳注『アイヌ叙事詩／ユーカラ集』（一九五九年）などで、いずれも話題になった。

改めてこの時期の釧路を振り返ってみると、急激な発展期だったことがわかる。『新修釧路市史』第四巻資料編によると――。

釧路市公民館が新築落成し、釧路港南埠頭に続き中央埠頭の建設工事や副港魚揚場、本州製紙釧路工場の建設が始まり、都市ガスの運用が開始された。釧路丹頂鶴自然公園が開設され、五羽のタンチョウヅルの飼育が始まった。
開基九〇周年記念式典が催され、「釧路市の歌」が制定された。釧路―札幌間に定期準急列車が、また釧路―根室間にノサップ号が運行された。釧路―帯広間に電電公社のマイクロ回線が開設された。太平洋炭鉱で新設選炭工場が完成し、都市ガスに同炭鉱の坑内ガスを混用した共有が始まった――。

幣舞《ぬさまい》橋を渡り、ロータリーを回って市役所に通じる富士見坂の幅員が拡張され、通行がより便利になった。望洋《ぼうよう》団地が整備され、市営住宅が建ち並んだ。「ダンチ族」という言葉が流行りだした頃だった。筆者もこの市営住宅の入居を申し込み、抽選で当選し、釧路を離れるまでここで暮らした。

こうした目まぐるしい日々の中で、真記者はいつも記者室内にいて、電話を使って取材先へ電話をかけ、原稿を書いていた。雑談の仲間にも入ろうとせず、いつもペンを握っているので〝書き魔〟と呼ばれた。

電話の相手との話し方は、かなり横柄な感じがした。ことにアイヌ民族に電話する時は、威圧的な印象さえ受け、同族の中でかなり高い地位にいるのを知らされた。

一番、心に引っかかったのは、電話で取材をすることだった。取材の基本は現場に行き、相手と会い、その人の目を見ながら話を聞け、と教えられてきただけに、他紙とはいえ記者の先輩には無礼と知りつつも、許容できなかった。

だが後に、電話取材が本人を防護する最大の武器であることを知った。教えてくれたのは帯広市に住む元十勝アイヌ協会長。その言葉を紹介する。

「理由は、会ったら相手にアイヌだとわかられるからです。アイヌと知ったら相手に馬鹿にされる、それが怖かったのです。そんなこと、和人のあなたにはわからないでしょうね」

記者を辞めアイヌ研究所再発足

真記者が、故郷・幕別の先輩、吉田菊太郎が建設した「蝦夷文化考古館」の開館記念式典に出席して祝辞を読み上げたのは一九五九（昭和三四）年一二月である。

同館は、吉田がアイヌ民族の歴史を後世に残そうと、私費で建物を建て、アイヌ民族が実際に用いたものを一つ一つ集めて展示している。真はずらりと並べられた展示物を見ながら、少年の日を思い浮かべたことであろう。吉田の存在は、子どもだった真の目にも同族の誇りに映っていた。

記念式で祝辞を読み上げる真の写真と、真が読んだ祝辞が幕別町教育委員会に保存されている。写真は考古館正面前のもので、積雪もなく、冬陽が照りつけている。祝辞は毛筆で書いたすばらしい一一二一文字の文章で、同族への思いがぎっしり詰まった貴重な資料である。筆跡から第三者に頼んで書いたものと思われる。

蝦夷文化考古館（幕別町）

吉田菊太郎
（1896-1965）

祝辞の文章を省略しながら掲げる。（文中、適宜、句読点をつけた）

白人《ちろっと》のコタンに、ウタリーの悲願が達成し、ウタリーやアイヌに深い理解を持つ和人が参列してアイヌ文化考古館の落成式典をあげるのは、まさに民族の一大福音と申さねばなりません。

おもうにアイヌ民族は北海道開拓の先駆者と

蝦夷文化考古館開館記念式で祝辞を読む高橋真

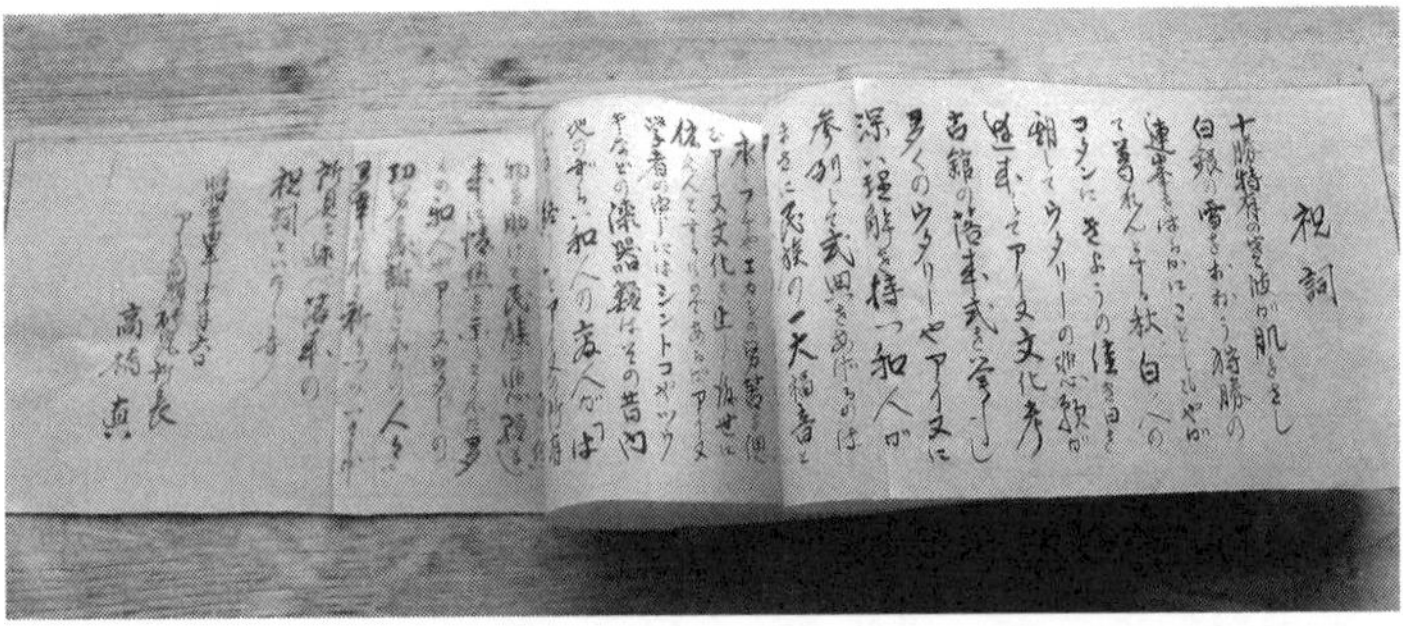

蝦夷文化考古館開館記念式で真が読んだ祝辞（幕別町教育委員会）

蝦夷文化考古館開館記念式での真（右）

して、先住民族の誇りを有しながら、原始生活がながかったために明治以後の和人文化に乗り遅れ、滅び行く民族の代名詞の如くいわれている。アイヌの先駆者の一人、吉田菊太郎氏は率先して同族はじめ広く天下の同志に呼びかけてアイヌ文化考古館実現の夢を果たしたことは、同族はもちろん文化日本のため、いな世界民族文化高揚のため何人も祝福すべき慶事と申しても過言ではありません。

吉田氏は幼にして民族解放の志を持ち、長ずるに及んでアイヌの中のアイヌたるを欲せず、和人の中のアイヌたるを念じ、村議、町議、農業委員会長などの名誉職を果し、現に十勝アイヌ協会長、北海道アイヌ文化保存会長などの地位にあり、同族愛の誠を示している。

アイヌ文化考古館にはアイヌの宝物すなわちイコロを保存し、永くフチやエカシの労苦をしのび、アイヌ文化を正しく後世に伝えんとするものであるが、アイヌ学者の中には、これら漆器類はその昔、内地のずるい和人の商人が「はじまり終わり」とアイヌの所有する熊や鹿の皮類と物交したいわゆる「アイヌをだました証拠品だ」と論じ、同族青年の中にもこれら宝物を「アイヌを滅亡に導いた屈辱の印」と嘆く者またなしとしない。

しかしコタンは昔のコタンに非ず。シャモもアイヌも同じ日本人、和人への同化も著しい現実に際して、エカシたちの血がにじみ涙がしみているであろうこれらのイコロこそ大切にして、和人とアイヌの共存同栄の印とすることこそ現代のアイヌの責務であり、和人もまた大いに協力すべきは当然と申さねばならない。

アイヌの宝物を大切に保存しよう。シャモもアイヌも同じ日本人――、と訴える『北海タイムス』記者の真の言葉は、多くの出席者の心を打ったに違いあるまい。

コタンの人たちはそろって真に憧憬の眼差しを向けた。写真には後ろ姿しか見えないが、年配の女性を含む大勢の参列者があったのが見て取れる。真にとっても晴れて故郷へ錦を飾った思いであったろう。

この年、函館博物館に所蔵されているアイヌ民族の生活用具コレクションが国の重要有形文化財に指定された。アイヌ民族の生活用具が有形文化財になったと知っても記者クラブの連中は、特別な反応を示さなかったが、真記者だけはさすがに嬉しそうに見えた。

筆者が市政記者から事件（司法）担当に替わったのはその翌一九六〇（昭和三五）年春。以来、道警釧路方面本部や釧路警察署、釧路地方検察庁、釧路地方裁判所、釧路海上保安部を回ることになったので、真記者とは街でたまに出会う程度で、話すこともなく過ぎた。

その頃、真記者は北海道大学文学部教授として同族のトップにいた知里真志保教授が病床に臥したと聞き、札幌の北大病院を訪ねている。真志保は姉の知里幸恵との関わりから金田一京助の勧めで東京大学に進み、卒業後、樺太の女学校教諭から北海道大学の教授へ、という経緯はすでに述べた。アイヌ民族切っての逸材といわれた。

この年七月、真は突然、『北海タイムス』を退社した。そして釧路市にアイヌ問題研究所を再発足させたのである。ちょうど四〇歳。真が以前の道に戻ったのはなぜなのか。

真は、病床の知里真志保と会ったことで、アイヌ民族に向けられた差別を何としても拭いたい、という思いをより高めたと判断したい。「アイヌの更生運動は、やはりアイヌの手で進めなければ」という思いが頂点に達したといえる。と同時に「アイヌ民族にはこんな偉人がいた」という事実を広く知らしめることで、アイヌ民族を蔑視する和人どもの目を開けさせようとしたのであろう。それは以後の真の行動からも明らかである。

真は釧路の拠点から、帯広の従妹、上野サダの借家に移り住み、そこにアイヌ問題研究所を置き、両市を往復しながら、猛然と書きはじめた。その陰に真を支える人物がいた。『研究紀要第四輯』

自序に「今回も斉藤米太郎氏（日本人類学会並日本民族学協会会員）の御支援により本号を世に問う」と記していることから、経済的援助を受けていたものと判断できる。

第5章　「天皇とアイヌ」の真意——1961-62

『アイヌ残酷物語』に見る悲しみ

真が「アイヌ問題研究所紀要第三輯」として『アイヌ残酷物語』を刊行したのは一九六一（昭和三六）年。この作品は「呪いの肺病」「アイヌ学者への怒り」「アイヌ差別の悲劇」「コタンは亡ぶ」『アイヌ』の呼称」「貞操帯とメノコ」「アイヌ殺しの酒」「アイヌは亡ぶのか」の八項目にわかれている。その後に「フルシチョフに訴える――千島はアイヌ（日本）のものだ」「終戦後のアイヌ問題――この一文を吉田巌先生に捧ぐ」が続く。半紙に謄写版刷りで二つ折りにした全体で四八頁の作品集である。前掲の須田茂が「筆者が見る限り、後半期の高橋の論文の中でもっとも充実したもの」という文面である。

この中から『アイヌ』の呼称」を掲げる。

アイヌという言葉そのものは、民族の呼び名ではなく、じつは他の動物に対して「人間」という意味であり、少なくも、和人が北海道にくる前は、この地上における唯一の「人間」として、クマやその他の動物たちに自負していたものだった。ところが、今日では、このアイヌという言葉の中には民族的な悲哀を感じさせる響きがある。それも滅び行く民族といわれる悲しいしらべすら持っている。

私の友人で、今は死んでしまったが、彼は「アイヌという名称は侮辱的響きがあり、同族の向上をさまたげるものがあるから道庁や政府にアイヌという名称の廃止を陳情しよう」と頑張っていたのがいまでも思い出す。アイヌという言葉、それは決して侮辱すべきではないにしろ、あれはアイヌみたいだ……と比喩するものがあったり、アイヌだから……とさげすまされる場合、アイヌ自身としてよい気がしないのは当然である。

昔から文字を持つシャモはアイヌのことをさいしょに「蝦夷」と呼び、次でアイヌといい、それから「土人」と呼び、明治三十二年に「北海道旧土人保護法」が制定されるにおよんで「旧土人」と呼んでいる。アイヌ学者や政治家の中でもアイヌに向って「旧土人」というのも目立つ。アイヌたちはもちろんエゾ（蝦夷）といわれることも、アイヌ、土人、旧土人と呼ばれることも、決してよろこばないのがほとんどである。だからウタリ（同族または同胞）という言葉を普及しようと努力しているのもある。

高倉（新一郎）博士は「要はアイヌなる言葉の廃止ではない、その言葉の今日もつ汚された意味の浄化だ！　無自覚な生活、無批判な自己卑下からしたものが、アイヌの呼称の侮辱的な響きの原因となるし、精神の抜けた季節外れの熊祭り、アイヌ風俗を売り物にしている者のあることを反省し、むしろアイヌと呼ばれる事を誇りとなるという進歩・向上が大切である」という意味のことを『北辺・開拓・アイヌ』の中で述べている。

アイヌ協会がウタリ協会に改称したのならそれもよい。だからその改称にふさわしく、新聞の報道のように立派な活動をしてほしいということをアイヌの一人として願うと共に、政治的にも社会的にもアイヌは「人間」であり、ウタリ（同胞）であるようにと思うものである。

「貞操帯とメノコ」を読む

次に「貞操帯とメノコ」を省略しながら掲げる。メノコとは女性を指すアイヌ語である。

昔といっても二十年前までのメノコの中は、ラウンクッ、つまり「貞操帯」を秘かに腰に巻いていた。ラウンクッは母から娘に、女の守るべき色々な教訓と共にさずけ、夫となるべき男性以外に絶対にさわらせないものだった。

ところがエカシ（古老）たちは「いまのメノコはラウンクッどころか貞操観念がうすくなった」と言う。二、三回の離婚はまだしも、パンパンになったメノコもいる。

それのみかフチ（老婆）の大切な貞操帯をアイヌ研究の学者に売り飛ばしたのもいる。だから博物館にみせもののようにかざってあると。

アイヌの貞操帯はメノコが悪魔に魅せられぬように、そしてメノコが死んでも腰から取はずさないようにというしきたりがあるのに……と老人達は若い今のメノコをいましめている。

けれどもメノコの中には「やっぱりシャモの男性の方がよい、シャモと結婚したい、たとえ朝鮮の男とでも……」と願っているのが多いようだ。これは逆に、アイヌの男も「シャモの女を妻にしたい」と願っている。

あるコタンのアイヌの妻（日本内地人）は筆者に対してこう話しています。

「わたしは誰からみてもれっきとしたシャモだのに、うちの人といっしょになったころは、街にいくと、『あっ、アイヌメノコきた』と馬鹿にされたもんです。身内のものからも、どうしてアイヌなんかといっしょになったんだ、親類、先祖の恥さらしともいわれたもんです。わたしは、くやしくてくやしくて、何とかアイヌへの差別、区別をなくしたいと夫を励まし、頑張って財産も大分つくり、夫を町会議員やその他の公職につかせました。メノコと馬鹿にした人が『奥さん、お金貸してください』といってくるようになりました」

世間というものは現金なものだと思った。この夫婦が貧しいうちは、メノコでもない日本人女性をメノコとののしり、夫婦に地位や財産ができると今度は「奥さん」という。こうした心理があるから世の中には残酷な目にあう人もいるのだと思う。この貞婦は、さらにいう。

「苦労を覚悟でいっしょになり、悲しいこと、つらいことも有りました。アイヌにはラウンクッという貞操帯のあることを聞き、心にこのラウンクッを締めて頑張りぬいたのです」と。

この文章から、真の、アイヌ女性に対する憤懣が読み取れる。貞操観念の薄れたメノコの行為を嘆いたうえ、老婆が大切にしていた貞操帯をアイヌ研究の学者に売ったメノコもいる、だから博物館に行くと見られる、というくだりは、驚くばかりの表現である。ちなみに文中のパンパンとは戦後の流行語で、売春婦の隠語。パン二個で体を売るという悲しい意味である。

対照的にアイヌ男性の妻になった和人女性の健気さを取り上げて、称賛の筆を執っている。これらを読み合わせると、真が結婚に踏み切れなかったのは、同族の女性への絶望感からだったと思えてならない。

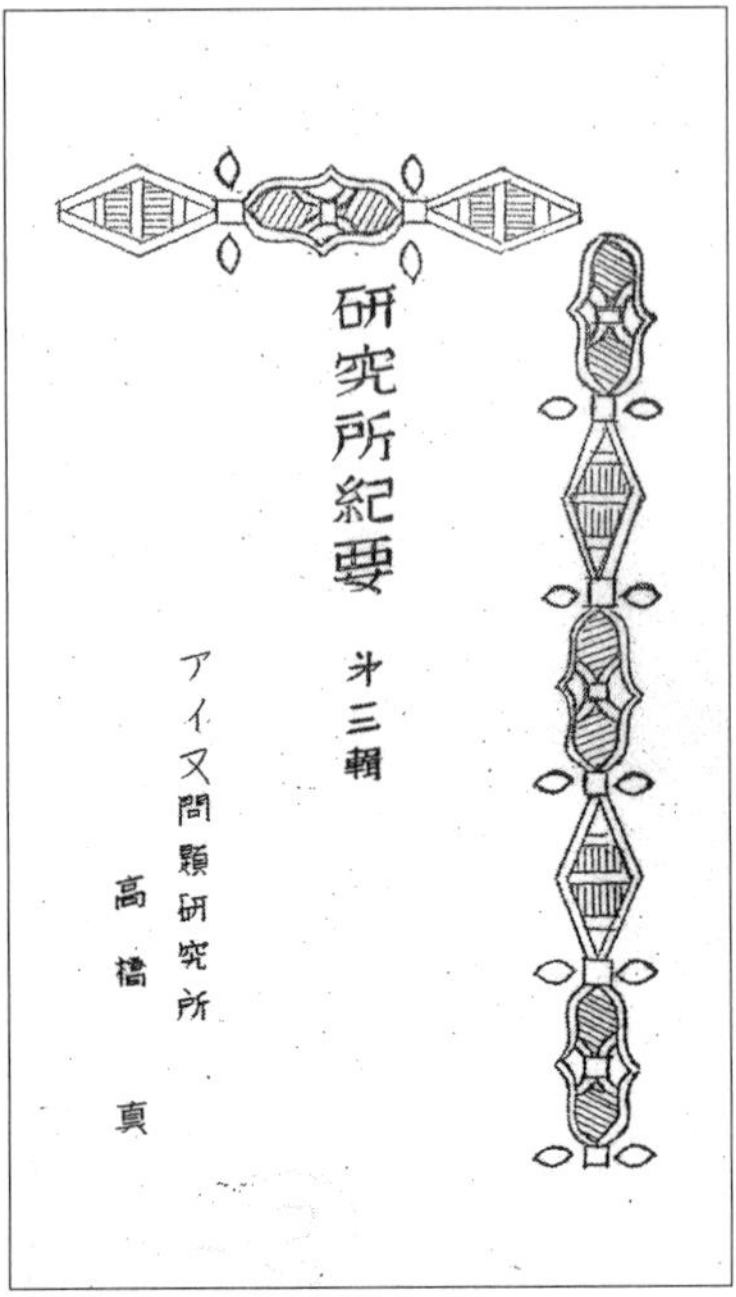

「研究所紀要第三輯」の表紙
（北海道立図書館蔵）

真はこの「研究所紀要第三輯」の『アイヌ残酷物語』をアメリカ大使館に送付した。アイヌ民族を理解してほしいという願いからだったが、思いがけず大使から丁重な礼状が送られてきた。真が感激したのはいうまでもない。

真の筆は止まらない。「アイヌ人物刊行資料1」の『アイヌの先覚者　伏根弘三小伝』を刊行し、続いて『アイヌの恩人と傑物略伝』を書いた。これも謄写印刷だが、奥付に「謄写所　道東タイムス」とあり、帯広市内の住所が記されている。ところが発行所のアイヌ問題研究所の住所は釧路市内になっているので、両市を往復しながらの日々だったことが窺える。

この中で、「第一編　アイヌの恩人」として、金田一京助、吉田巌、ジョン・バチェラー、さらには高橋房治、斉藤米太郎、高倉新一郎、小谷部全一郎、永久保秀二郎、穂坂徹、喜多章明の諸氏を短文で称賛している。

第二編は「アイヌの傑物（略伝）」で、知里真志保、伏根弘三、向井山雄、バチラー八重子、渕瀬惣太郎、小川佐助、荒井源次郎、森久吉、川村兼登、吉田菊太郎、貫塩喜蔵、森竹竹市、金成マツを取り上げ、やはり短文でその活躍を紹介している。

この頃のことであろうか。真の側面を窺わせる話が『戦後アイヌ民族活動史』に記されている。真の従兄弟である帯広市の笹村一郎が僧侶から聞いた話である。

親の命日に、真は急に用事ができて出かけなくてはならなくなった。仕方なく、お布施にビール瓶を添えて、「これ、飲んで下さい」と書き置きして出かけた。訪れた僧侶はそれを読み、仏前で読経を上げた後、「ビールを戴いてきましたよ」と私（笹村）に話してくれた、というもの。

真の義理がたい性格を表すエピソードといえよう。

文章を書き続ける魂

真はこの文章の中で、改めて民族の先覚者の人物伝を執筆しようと氏名を列挙している。前述の文面と重複する部分もあるが、掲げる。

知里真志保、伏根弘三、向井山雄、バチラー八重子、渕瀬惣太郎、小川佐助、荒井源次郎、森久吉、川村兼登、吉田菊太郎、貫塩喜蔵、森竹竹市、金成マツ、吉良平治郎、山本多助、武隅徳三郎、江賀寅三、佐々木飛吉、金成次郎、森直記、北風磯吉、清川正七、平村幸雄、三上達治、大川原コビサントク、大川原徳右衛門、文字常太郎、佐茂菊蔵、違星北斗、中里徳次郎、琴似又市、山本総五郎、滝川末蔵、中村陽吉、長岡ソブトイ、土田豊三郎、鎌田三蔵、西村エカシ、長谷川紋蔵、早川政太郎、林タマ、小野清吉、清川武雄、川田佐市、中村朝四郎、中村弥一郎、松井梅太郎、山中酉蔵〔三〕、赤梁三九郎、三浦房次、天川恵三郎、貝沢善助、二谷文治郎、辺泥五郎、谷平助、高月切松、宮本エカシマトク、熊坂シタビリレ、弟子豊治、菊地ウイントク、土佐藤蔵、ペンリウク、二色孫太郎、結城庄太郎。

この氏名の中には、明治維新の神仏分離令に絡んで捨てられた義経像を守り抜き、義経神社（平

郵便はがき

料金受取人払

牛込局承認

9445

差出有効期間
令和3年11月
24日まで

162-8790

東京都新宿区
早稲田鶴巻町五二三番地

株式会社 藤原書店 行

（受取人）

ご購入ありがとうございました。このカードは小社の今後の刊行計画および新刊等のご案内の資料といたします。ご記入のうえ、ご投函ください。

お名前	年齢
ご住所 〒 TEL　E-mail	
ご職業（または学校・学年、できるだけくわしくお書き下さい）	
所属グループ・団体名　連絡先	
本書をお買い求めの書店 市区郡町　書店	■新刊案内のご希望 □ある □ない ■図書目録のご希望 □ある □ない ■小社主催の催し物案内のご希望 □ある □ない

読者カード

書のご感想および今後の出版へのご意見・ご希望など、お書きください。
ゝ社PR誌『機』「読者の声」欄及びホームページに掲載させて戴く場合もございます。)

書をお求めの動機。広告・書評には新聞・雑誌名もお書き添えください。
頭でみて □広告 □書評・紹介記事 □その他
ゝ社の案内で ( ) ( ) ( )

購読の新聞・雑誌名

ゝ社の出版案内を送って欲しい友人・知人のお名前・ご住所

ご住所 〒

入申込書(小社刊行物のご注文にご利用ください。その際書店名を必ずご記入ください。)

冊	書名 冊
冊	書名 冊

定書店名 住所

都道府県 市区郡町

取町）の建立へ結びつけたペンリウク、北海道の開拓判官、島義勇に仕え、島が天皇の侍従になると、上京して再会した琴似又市（札幌市）、郵便物を釧路から昆布森まで運ぶ途中、吹雪に遭遇し、郵逓袋を守って亡くなった吉良平治郎（釧路町）、アイヌ神謡の継承者で知里幸恵の叔母の金成マツ（旭川市）、バチェラーの養女になり和歌を詠み続けたバチラー八重子（伊達市）――など歴史的にも著名な人物が含まれている。また北風磯吉は日露戦争で右腕貫通銃創を負いながら奉天攻撃の伝令を務めた、川村兼登は川村カ子《ね》ト（旭川市）のことで、旭川市の神居古潭の祭りを取材した時に出会ったエカシ、山本多助（釧路市）は吉良平治郎の木像を彫刻した人物として知られる。えっと思うのが鎌田三蔵、父勝次郎の父、つまり真の祖父に当たる人である。

この年四月、北海道アイヌ協会が北海道ウタリ協会と改称した。会員を勧誘したり、入会するのに「アイヌ協会の名称ではどうも」という思いがあったのであろう。

同じ時期、厚生省は初めて予算の中に「ウタリ福祉対策費」を盛り込んだ。不良環境地区改善整備費の補助金の名目である。

北国に夏の気配が立ち込めだした六月九日、アイヌ民族の崇敬の的になっていた文学博士の知里真志保が亡くなった。享年五二。短い生涯であった。

真志保は一九四九（昭和二四）年『アイヌ語辞典』編纂により北海道新聞文化賞を受賞し、故郷の登別から札幌の大学村に移り、『分類アイヌ語辞典』第一巻植物編を刊行し、一九五四（昭和二九）年、文学博士号を取得。その後、『分類アイヌ語辞典』第三巻人間編の刊行で朝日賞を受賞、一九五八（昭和三三）年、北海道大学文学部教授となるが、持病の心臓病が悪化。そうした中でアイヌ音楽の収集委員となり、かたわら『えぞおばけ列伝』、豆本『アイヌ民話と唄』を出版した。

真が真志保に最後に会ったのは前年早春だが、その時を思い出を、後に出版した『知里真志保小伝』の「はしがき」に書いている。


知里先生が、北大病院のベットに闘病の日日を送っていた昭和三十五年の早春、お見舞いに訪れた私に「僕はもうながいことはないよ。アイヌの学問のためにまだまだ生きたいけれどもねえ――」と力なくいわれたものだった。その時に、私は「先生が亡くなったら私が先生の伝記を書きたい」と申し上げると、知里先生はニッコリうなずかれた。

その翌年の夏、先生は亡くなったのである。大悟徹底、自己の死期をさとり、アイヌ学の振興のために生涯を悔いないものにしようと真摯敢闘されたアイヌの大学者、知里真志保先生の名は、地球の存する限り、いよいよさんとして輝くであろう――。

『天皇とアイヌ』に込めたもの（1）

一九六二（昭和三七）年は真にとっては多忙ながらも充実した年だった。念願の『知里真志保小伝』を書き上げ、謄写版刷り、非売品で出版した（全文は本書「附」に所収）。真はこの「はしがき」の最後に、もっと充実したものを書きたい、としている。真志保の生涯を書くのは自分の使命と感じていたのは間違いあるまい。だが真によるその後の伝記は出されなかった。

この『知里真志保小伝』が北海道立図書館に保存されている。真が第二代北海道知事の町村金五に贈ったもので、表紙をめくった最初の頁に、「贈呈　町村金五先生　著者」と自筆のペン字で書かれている。受け取った町村が総務部行政資料室に回し、後に道立図書館に移されたのである。真の自筆はあまり見当たらず、貴重なものとなった。

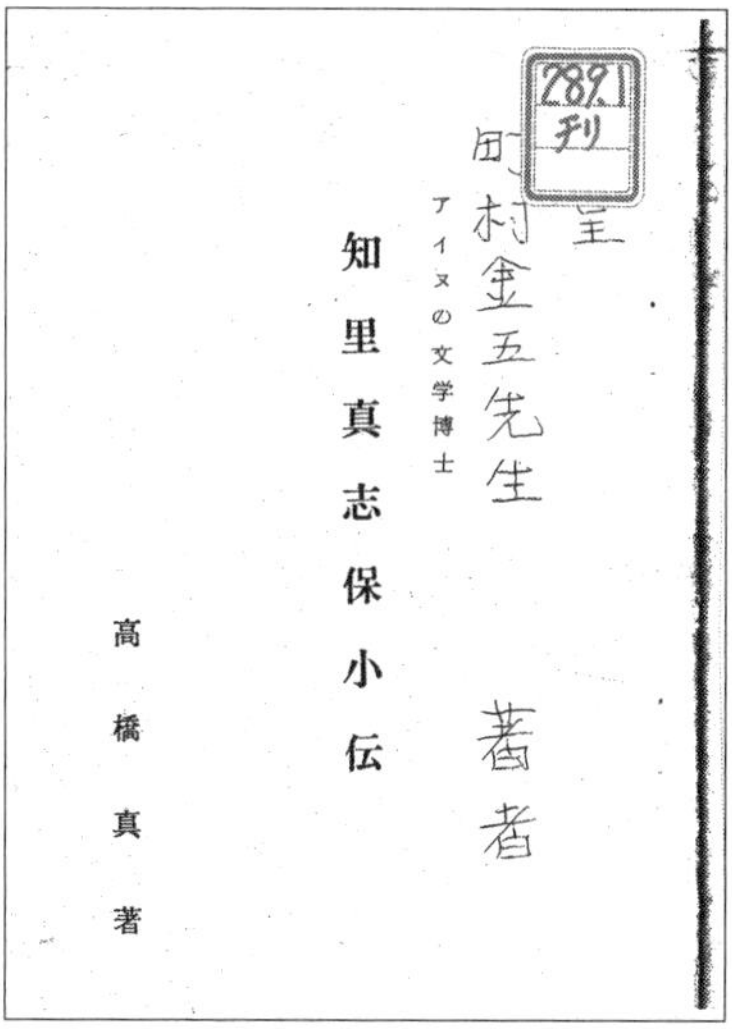

『知里真志保小伝』の表紙。町村金五宛ての本人の自筆サインが見える（北海道立図書館蔵）

続いて「研究紀要第四輯」として『天皇とアイヌ』を刊行した。やはり半紙を二つ折りにした四〇頁に満たない謄写版刷りの小冊子だが、テーマを一〇にわけて、短文で綴っている。本文を生かしながら省略して掲げる。最初に「観光とアイヌ」から。

阿寒は「アイヌ風俗」で観光客をよろこばせる。本州客のお目当ては神秘な雄・雌阿寒（岳）、三つの湖、伝説秘めるマリモもさることながら、アイヌに対するエキゾチシズムの興味も多いことは見逃せない。

見世物的に踊りを演じ、カメラのモデルとなり、アイヌの仲間からは、見世物はやめてくれという声さえ出ても、そこにはくらしの苦悩がまとわりついているのだ。

卑屈に自尊をすてて観光客にアイヌを売るアイヌたち。そしてさらしものに憤りを感ずる血気の若者。この二つの生き方は自然に同族同士の対立を生んでいる。昔から胆振の白老と旭川の近文コタンは観光客目当てにアイヌ風俗を売り物にするチセ（家）もあり有名だが、いまや釧路、阿寒の間にも「観光アイヌ」が登場している。

「政治」の項目は「圧迫と抗争と屈辱」の題で記されている。最初に阿倍比羅夫の蝦夷地遠征から説き起こし、北海道史は「アイヌの圧迫と抗争と屈辱に塗りつぶされた」とし、「先祖たちが和人から受けた迫害の歴史を忘れなければならないという声が高まっている」とした。以下文章を続ける。

明治三十二年、時の政府は、アイヌ一戸につき土地五町歩を給与し、住宅も医療も無料、アイヌ学校も建ったという有難いづくめの北海道旧土人保護法は昭和十二年に一部改正になっているが、それはむしろ改悪ともいわれ、今日に至っては旧土人保護法もまったく空文化してしまった。松前藩がコシャマインの反乱に懲りてとった非同化、愚鈍化政策は「賊族視」も手伝ってアイヌ達をまったく政治から遮断してしまったのだ。

昭和の今日になっても道庁や政府は旧土人保護法を強化するのか、あるいは廃止するのか、別に具体性を示さないというのはどうしたことか。

「伝記」の項では「文字のない民族」の題でこう記す。

アイヌ民族には文字がなかった。それはちょうど日本の神話時代の神話があとあとの大和民族にうたい継がれ、語り承けられてきたように、アイヌのウチヤシクマ（古事）は父母から子、子から孫というように代々口述で残されてきたのである。アイヌが世界に誇る叙事詩ユーカラは語り伝えられた「アイヌ文学」の代表的なものである。

しかし和人の持つ文字という便利なものを教えられたアイヌたちの中からは、アイヌ語と共にユーカラや伝説も忘れ去られ（中略）いま北海道の至る所である街や村のアイヌ伝説の中には、明らかに和人が創作したと思われるものも少

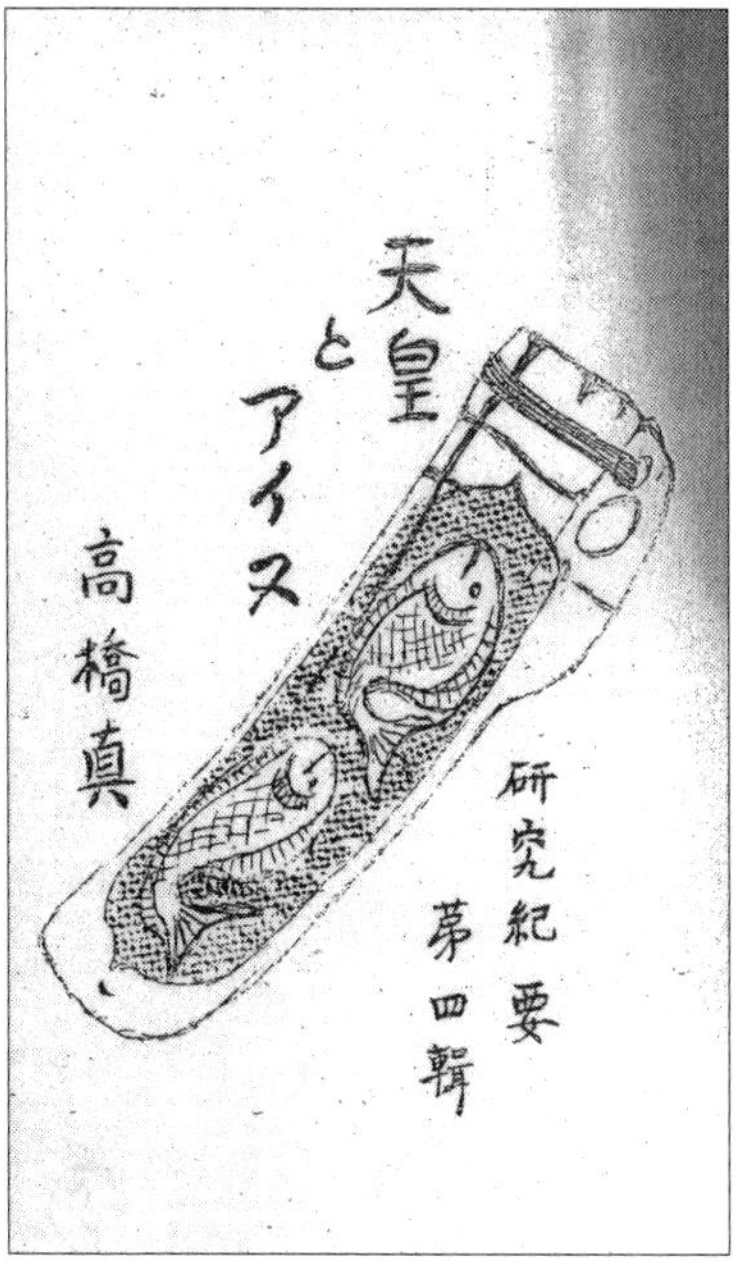

『天皇とアイヌ』の表紙
（北海道立図書館蔵）

なくないのである。

『天皇とアイヌ』に込めたもの（2）

次の「生活」の項は「アイヌは亡びない」など五つのタイトルで綴っている。このうち「生活の改善を」と「和人並の教育と職業」、そして「犯罪者への怒り」を続けて掲げる（一部省略）。

「生活の改善を」

アイヌの生活はやはりだんだん文化的になってきた。絵はがきにみるような「昔風」のアイヌ風俗は「観光地向」のアイヌでもない限りもういない。背広姿のアイヌ、洋装のメノコ、アイヌのコタンにも数軒だがテレビや電話がつくようになった。昔風の家は一軒もない。

昔はアイヌの病人が死んだら、その家を焼いてしまう風習があったけれども、いまは全然やらない。「土葬よりも、ワシが死んだら火葬にして石碑を建ててくれ」というフチがいるように、葬式も和人風になった。メノコたちも口の回りや手首などにいれずみをしたという風習、それもなくなった。

けれども生活の豊かなアイヌはごく稀で、生活環境が悪く、生活苦に追われている。保健衛生の面からも大いに改善を要する点が少なくない。昔のアイヌは結核や性病などが皆無といってよいほどだったのに、「いまはどんどん肺病のために死んでいく」と嘆く声も聞かれるようになった。

「和人並の教育と職業」

明治政府が「アイヌも日本人として」という理想のもとに教育に力を入れ、職業教育にも意を注いだのが奏功したのだろうか。五十代のアイヌで全くの文盲はいないといってもよいほどになった。釧路地方の場合、中、高校に子どもを上げたり、洋裁学校に入れるのもいる。職業で見た場合、農業、日雇、土工、漁業のほかサラリーマン、自動車運転手、商業などと一般和人と変りないが、小・中・高校の先生をしているのも数人。これは政府の保護政策にもよるが、和人の理解、アイヌの向上心の然らしむるところといわねばならない。

「犯罪者への怒り」

生活の苦しくなったアイヌの中には、窃盗などの犯罪者が出たり、特飲街などに身をくずしたアイヌ女もおった。悪いこともしたくない、乞食もやりたくない。阿寒に行ってアイヌ踊りをしてお金をもらってるのもいる。アイヌの歌人、違星北斗の（数十年前に詠んだ）うたは、現代のわれわれの胸に「悲哀」の響きを与える。

暦無くとも鰊来るのを春とした　コタンの昔　なつかしきかな
泥棒のアイヌを見れば我ながら　義憤も消えて憎しみの湧く
酒故か無知な為かは知らねども　見世物として出されるアイヌ
アイヌから偉人の出ないことよりも　一人の乞食　出したが恥だ

真の文章は続く――。「アイヌの叫び（同族の手記の中から）」の項で「アイヌであるが故に感じる悲哀、それは同族でなければわからないことかも知れない。だから同族の先覚者たちの手記や歌の中から『和人への抗議』ともいうべき悲痛な『叫び』を――」として挙げたのが「ジャーナリズムの悪意」である。これは真自身が新聞記者をしていた時にも体験したもので、アイヌ民族というだけでことさらにそれを表現する。文章はこう書かれている。

「メノコ襲わる」とか「旧土人自殺す」とか「旧土人にも恵みの春」とか善きにつけ悪しきにつけ、必ず「旧土人」なる名称を特筆大書するジャーナリズムの悪意は、知らず識らずの間に一般人の脳裡に差別観念を植付けるのに役立っている。

「宗教」の項では「天皇は生き神様」の題で綴っている。敗戦後、昭和天皇が「人間宣言」をして以降も、真の天皇家への変わらぬ心情を表したもので、注目に値する文面といえまいか。

五十代以上のアイヌのほとんどは「天皇陛下は生き神様だ」という。だから太平洋戦争の敗戦直後、革新政党員などの間に「天皇の戦争責任」問題が論じられた時にアイヌたちは「天皇は世界一の生き神、そして平和を愛する人神だ。天皇さまがもう戦争をやめろと言ったから日本人は戦争をやめたんでないか。天皇が戦争をやめろといわなかったら、きっと日本は、そして俺たちもまだ戦っているだろう。それだのに日本人の中には、天皇はいらないと云うのがおる。しかもその中には代議士さんもいる。日本人の魂を失った人ではないのかなアと思う。誰が何と言っても天皇は生き神なのだ」と。

アイヌ民族が天皇を崇め、日本人としていかに誠意を尽くしたかを示す文面だが、やや意外な感に打たれる。差別と貧困に悩まされたその大本《おおもと》を辿っていけば、天皇による政治に行き着くのに、という疑念である。だがそれは当方の誤った考えだった。天皇への揺るぎない忠誠心を示す次の文面に、思わずたじろいでしまう。

『天皇とアイヌ』に込めたもの（3）

真が「天皇とアイヌ」の表題で書いた文章は、三三〇〇字にのぼる論文で、五頁に及ぶ。アイヌ民族が天皇を厚く信奉していたことが明らかな文面である。この一文から、真自身の意識や感情をも知ることができよう。

「天皇とアイヌ」

エゾといわれた時代の北海道アイヌは、松前藩と其の配下のシャモによってしいたげられ搾取の限りを尽された事は北海道史、アイヌ政策史をひもとくと一目瞭然となっている。

だが明治維新になり、自由平等の鐘は草深きエゾ地にも響き渡り、教えられず、導かれず、搾取と労役の対象でしかなかった原住土人、アイヌにもようやく「解放」のきざしが見え、滅亡しゆく民族アイヌ保護のための施策として政府は明治三十二年に北海道旧土人保護法を制定し、アイヌにも文字を、珠算を、そして職業教育を施し、あまねく「日本人」として温かく扱かうべし……ということになって今日に至った。

いわゆる解放されたアイヌたちのよろこびは筆舌にも表現できぬほどといって過言ではない。しかもアイヌ学校に於ては特に「天皇陛下のおかげで……」というわけで皇室中心主義の教育は高められ、アイヌに接する官公吏たちはまだ「天子様のおかげでアイヌたちも生きていけるのだ」と皇室への感謝の思想の徹底化がふかめられた。

たしかにアイヌは「天皇の御名」に於て救われたのである。だから明治以後、昭和の今日まで、北海道のアイヌが天皇そして皇室への感謝の念は変りなく続いている。

こうした傾向は（中略）政府が皇室の有りがたさをアイヌにふきこんだことによる影響ばかりとはいえない。

それはアイヌの老人たちの考えを引用すると「明治天皇さまも大正天皇さまも、まったくアイヌに似ている、学校の本に出ている神武天皇さまもアイヌのエカシ・酋長の姿とおんなじだ」といって、高貴さそのものよりも自分たちに似ているという点に大きな親近感を抱いているのだ。こういう親近感を皇室でもわかってくれているのであろうか。天皇、皇族でも現今までしばしばアイヌへの関心を示されているという事実がある。著者が見聞したことや文献から（中略）ひろってみると——。

明治十六年三月、明治天皇には北海道のアイヌ教育に大御心を用いられて金千円を御下賜あり、これを機に政府もアイヌ教育に力を入れ、同三十二年に北海道旧土人保護法が制定され、明治四十二年にはアイヌ小学校二十一校が全道各地に制定された。ありがたい天皇さまの御恩に報いようというわけで、アイヌ子弟の就学率は一そう高まったことは勿論だが、おもしろいのは「明治天皇様が馬が好きだというから」とアイヌたちも農耕馬を求めたほか、競馬に（中略）関心をもったり、牧場に働くのが目立った。今日でもアイヌは「馬」を非常に愛するありさまだ。

文中、天皇家へ寄せる心情に触れているが、中段の「明治天皇さまも大正天皇さまも、まったくアイヌに似ている」以下のくだりは、アイヌ民族の想像を超えた熱い思いを知ることができる。

天皇とアイヌの交わり

文章はこの後、天皇とアイヌ民族の交わりを紹介している。

一八八一（明治一四）年夏、明治天皇が北海道行幸の際、札幌の競馬場で、競馬とともにアイヌ民族の放牧馬捕獲の模様をご覧になるというので、日高アイヌ数人が感激して出場した。

一八九九（明治三二）年五月に皇太子（後の大正天皇）が来道した時、函館に近い落部《おとしべ》村酋長の弁開凧次郎は、子熊の雄雌二頭を献上した。皇太子から盆栽や紋章入りの器具などが下賜された。

文中に出てくる弁開凧次郎は、一九〇二（明治三五）年一月、青森県の陸軍歩兵第五聯隊第二大隊の将兵が雪中訓練の目的で八甲田山麓を歩行中、猛吹雪に遭遇して「死の彷徨」の末に大量の死者を出した時、同族ら七人で現場に駆けつけ、遺体捜索に尽力した人物である。

一九一五（大正四）年一月、十勝芽室町のアイヌ酋長赤梁三九郎が皇太子（後の昭和天皇）に三色狐二匹を献上し、御紋章入りの猟銃を下賜された。

一九二八（昭和三）二月に、秩父宮殿下が帯広の伏古コタンの日新校（アイヌ学校）を訪れ、教育の実態をご覧になった。

一九三六（昭和一一）年一一月、天皇陛下が北海道行幸の時、帯広市の吉田巌・元アイヌ学校長は、

一九九五年二月二七日第三種郵便物認可　二〇二一年二月一五日発行（毎月一回一五日発行）

月刊
機
2021
2
No. 347

発行所　株式会社 藤原書店©
〒一六二-〇〇四一　東京都新宿区早稲田鶴巻町五二三
電話　〇三・五二七二・〇三〇一（代）
FAX　〇三・五二七二・〇四五〇
◎本冊子表示の価格は消費税抜きの価格です。

編集兼発行人
藤原良雄
頒価 100円

新型コロナ禍の日本へ、今、森繁久彌さんの言葉が甦る！

故・森繁久彌さんの予言

——「アニサキス」〈全著作〈森繁久彌コレクション〉第一巻所収〉より——

▲森繁久彌（1913-2009）

森繁久彌さんが亡くなって早や十年余の歳月が経った。小社では、俳優にとどまらず歌、作曲、書画、随筆など多方面で活躍した〝最後の文人〟の著作を集め、二〇一九〜二〇二〇年にかけて、全著作〈森繁久彌コレクション〉全五巻として刊行した。この中に、恐るべき〝予言〟が収録されていると読者の声が寄せられた。本号では、この〝予言的〟エッセイの全文と、産経新聞編集委員桑原聡氏の寄稿を掲載する。

編集部

●二月号目次●

アニサキス

森繁久彌

*『全著作〈森繁久彌コレクション〉』第一巻「道—自伝」所収

アニサキス
そは南方に咲きこぼれる
妖しき花なりや
国手《いしゃ》は
われを裸にし　腹を真っ縦に
ズバリと割き　臓腑をかき廻し
やっと一寸ほど
一匹の虫を見つけたり
人　この虫を呼んで
アニサキス　という
ただ　それだけのことなり
虫は　あえなく息たえて
われもまた　あえぐ日夜に懊悩せり
ようやく師走　一年は終らんとす
鮨屋も、とっておきの活きのいい鯖を

食わせてくれたのに、こんなことで悩ませてはかわいそうなことだ。ただ最近はグルメばやり美味直送とやらで、十分にしめることもなしに、海からとれたての鮮魚が店頭にならぶ。

　このアニサキスも胃袋の中だけで暴れるなら、胃カメラで覗きながら引っぱり出してコトは終るのだが、何を間違ってか小腸にまでもぐりこみ、所かまわず噛み放題、ついに腸閉塞を起こさせれば最早これいかにせん。私のような情けない始末になる。

　獅子ではないが、身中一匹の野卑《やひ》きわまる虫を見ながら、この切り取られた腸を見てホゾを噛んだ。その時看護にきた娘が驚嘆したように叫んだ。

「あらー、パパ、この虫、生意気にも胃袋があるワ」

　私は胃袋の切り疵が痛くて笑えなかった。

　手術室に向う　車《ストレッチャー》　の上で、昔の武士の切腹をひかえた心境にも似て静かに瞑目したが、実は意外と不安だった。

「ハイ、今から麻酔を入れます、大きく息を吸って……」

　それは聞こえた。でもあとは夢の中だ。ところが医者に聞くと、何とまあそれから喋り続けていたそうだ。

「……次は三幕目だが……」

「そこを早く——違うなあー」

　何を夢見ているのか——。

　その他、家人に聞かれても困る数人の女名前も出たよし、でも誰も教えてくれない。こんなアヤフヤな時間があろうとは、獅子もクソもただ何とも後味の悪いものである。

　私の入院したのは第二日赤という名古屋で一、二をあらそう大病院である。初めての長期入院でこういった大病院の事情は見るもの聞くもの面白かった。この病院は、まず明るくて親切なのだ。ベッピンの看護婦さんばかりが入れかわり立ちかわり私をかまう。鼻につかぬ心くばりが、なべてあたたかい。これだけでも及第だ。お医者さんは、これがまた赤ヒゲ風で、身を粉にして診療に当られるのには頭が下った。

「そりゃモリシゲさんだからでしょう」の声もあるが、いやウソだと思われるなら入院してごらん――といいたい。病院のいい悪いは院長や幹部の心情によって決るとみえる。

　腹の調子がよくなった一夜、私はナース・ステーションでこんな歌、知ってるかい――とそっと唄ってみた。

〽火筒《ほづつ》の響き遠ざかる
後には虫も　声立てず
吹き立つ風は　腥《なまぐさ》く
紅《くれない》染《そ》めし草の色

真白に細き手を伸べて
流るる血汐《ちしお》洗い去り
巻くや繃帯白妙《しろたえ》の
衣の袖は　朱《あけ》に染み

味方の兵の上のみか
言《こと》も通はぬ　あたまでも
いと懇《ねんご》ろに看護する
心の色は　赤十字

これはあなた方、赤十字の歌だよ。

白衣の天使たちは、ただ口をあけて聞き惚れるばかりであった。もっともなことだ。これは明治も日清戦争の時の、婦人従軍歌である。

　このアニサキス小事変で、誰が儲けたか、皆、大損小損、大変な迷惑をかけた。ただニッコリ笑ったのがいる。誰あろう鮨屋と花屋である。まず勲二等でお祝いの花、それが早速、御見舞でダブルヘッダーだ。続いて快気祝と――推定ウン百万の花が私の身辺を埋めた。いやはや、もの入りをかけた。

　七十五回目の桜がまた見られるのだ。ただ、ひと言――。

　二十一世紀の或る日、私たちはアニサキスのような目に見えるものでないミクロの世界の――それもエイズやB型肝炎の数百倍も強い豪敵に攻められ、人類の大半はあえなく全滅させられるのではないかと、ひとり慄然としたことだ。

森繁久彌さんの予言

産経新聞文化部記者　桑原　聡

「オヤジの書いた随筆の中にびっくりするような一節があったんです。そのことをお伝えしたいと思いまして」

　新型コロナウイルスが世界を混乱に陥れた二〇二〇年の暮れ、唐突にこんな連絡をいただいた。

　連絡の主は森繁建《たつる》さん(七十八歳)。オヤジとは、二〇〇九年に九十六歳で亡くなった俳優にして文人の森繁久彌さんだ。

　くだんの随筆のタイトルは「アニサキス」。二〇一九年に刊行された「森繁久彌コレクション全五巻」の第一巻『道—自伝』に収められている。次男の建さんは刊行にあたって原稿の分類や編纂に協力したものの、この一節に気付くことなく、少し前に知人から「おい、こんな一節があるぞ」と教えられたという。

　日本人の多くがバブル景気に浮かれ、その一方でエイズを恐れてパニックすら発生していた一九八七年、七十四歳の森繁さんは鮨屋でアニサキスが寄生した鯖を食べて腸閉塞となり、御園座の舞台を降板、開腹手術を受けるはめになった。

　無事に回復した森繁さんは、白衣の天使とのやりとりを交えながらいつものモリシゲ節で自身の体験を軽妙に綴り、《七十五回目の桜がまた見られるのだ》と随筆を着地させる。その直後だ、唐突に《ただ、ひと言——》と前置きして次の一節を書き加える。

　《二十一世紀の或る日、私たちはアニサキスのような目に見えるものでないミクロ世界の——それもエイズやB型肝炎の数百倍も強い豪敵に攻められ、人類の大半はあえなく全滅させられるのではないかと、ひとり慄然としたことだ》

「個人的な体験をいつもの調子で綴りながら、最後にいきなりこの一節でしょう。コロナが世界を攻め続ける現在の世界を予言しているようで驚いてしまいました。オヤジが当時どんなつもりで書いたのか、私には見当もつかないんですよ」と建さん。

　バブルとエイズの時代、舞台降板、開腹手術、老いといった要素が重なって、こんな終末論的な考えが生じたと捉えることもできるだろうが、それだけではすまない何かを感じてしまう。

　森繁さんの真意は奈辺にあったのか。何かヒントはないかと、同巻に収められている「森繁自伝」をじっくり読んでみた。忸怩たる思いが底を流れる味わい深い作品である。森繁さんを森繁さんたらしめた諧謔や韜晦といった芸は、忸怩たる思いの泥沼でもがき、そこから抜け出すために身に着けたものだと強く感じた。そのうえでこの一節を読み直してみると、明らかに異質なのだ。はっきり言おう、ここには芸がない。

誤解を恐れずに言えば、霊感に衝き動かされて思わず書いてしまった、そんな印象を受けるのだ。「ク・セ・ジュ」（われ何をか知る）で知られるフランスのモラリスト、モンテーニュ（一五三三〜一五九二年）は、『エセー』第一巻十一章「予言について」の中で、霊感を徳と知恵との不断の練磨によって鍛えられた魂から発する一種の意志の衝動である、と説明し、次のように記している。

《人は誰でも、それぞれ心のうちに何かそのように立ちさわぐ影のようなものを感じる。それは偶然迅速猛烈に浮かびでる一想念の余響である》（関根秀雄訳）

モンテーニュ自身は、自分の知恵よりも霊感に信を置いて生き、その結果、得をし、幸福な人生を送ってきたと述懐している。もちろん、不断の練磨によって鍛えられた魂あってこその話だろう。

森繁さんが書き加えた一節は、モンテーニュのいう「偶然迅速猛烈に浮かびでた一想念の余響」、そう考えるのがもっとも自然ではないだろうか。かりに森繁さんに「真意は」と尋ねることができたとしても、「そう問われても自分でも分からんなあ。あえて説明するなら、それは『神意』だったのかもしれませんな。人類よ、生き方を考え直せという」。そんな答えが返ってきそうな気がしてならない。

大規模なワクチン接種が始まろうとする今こそ、必読の名著！

ワクチン いかに決断するか
——1976年米国リスク管理の教訓——

西村秀一

インフルエンザ・ワクチン事件

一九七六年、フォード政権下のアメリカ、ひとりの新兵が豚由来のインフルエンザウイルスで亡くなった。一九一八年のスペイン・インフルエンザの再来を恐れる公衆衛生当局者が、大統領に全国民二億人以上へのワクチン接種を進言。大統領は決断を下し、史上最大のワクチン接種事業が実施された。だが、ギラン・バレー症候群などの副反応事案や、まぎれ込みによる有害事象が多発。事業は中止された。そしてインフルエンザの大流行も実際には起きず、厚生行政の汚点となった。本書は、この一大事件について、行政内部の意思決定の過程を詳細に検証した報告書（レポート）をベースに、さらにこの出来事を将来への教訓として生かすための工夫を追加し、一般向け書物にした本の邦訳である。

ニュースタットは、ハーバードのケネディ行政学大学院で長年教鞭を執った米国を代表する政治学者、ファインバーグは、ハーバードの医学部でMD、ケネディ行政学大学院で修士の学位を取得した、医学領域における意思決定の分析という特異な領域でのエキスパートである。

新型コロナにおけるワクチン問題

新型コロナウイルス感染症は、二〇二〇年にはパンデミックとなって世界中に被害が拡大し、これに対する切り札としてさまざまなワクチンがつくられ、現実的社会的ニーズの高まりから実用化が急がれた。だが、多くはこれまでのワクチンと製造法が異なっており、開発期間が短く、臨床試験も大急ぎでかなりの短期間でなされた。その試験結果をもって、また異例とも言える速さで各国が認可し、接種を始めている。ただ、その効果はいかほどなのか、これから判明してくる効果がインフルエンザ・ワクチンのそれと比べてどうなのか。期待への充足度の評価が定まってくるのは、これからだ。

一方、こうした緊急的なワクチン接種

で生じる懸念の最大のものは、いわゆる**「副反応」である。それには、真の副反応と一見副反応に見える偶然の有害事象が起きるいわゆる紛れ込み事象の、ふたつがある。**前者に関する懸念は接種前から話題になることがある。臨床試験で副反応の種類と規模が拾いきれているかということ。とくに臨床試験の期間が短い場合、長期的に起きるかもしれない副反応については調べる術はない。また接種規模が全国民規模ほど大きくなると、臨床試験の対象者の人数サイズでは予見できなかった副反応が出てくるかもしれない。接種後、そうした事例を遅れることなく拾い上げるシステムが必要となる。

R・E・ニュースタット（上）
H・V・ファインバーグ（下）

一方後者については、接種前に話題にされることはほとんどなく、接種後に起きる問題である。だが、たとえ紛れ込みであっても、副反応でないことを即座に断言するのは不可能であり、情報の発信側や受け取り側がそれらへの対応を誤れば、その結果起きることはワクチンへの不信感の増大であり、その先に待っているのはもっと大きな行政不信である。よって、「副反応」に関する国民への事前説明は周到になされるべきであり、また、もしまだ流行が起きていない段階であれば、新たなワクチンを接種するとしても、それは自分たちにもそれが起きる蓋然性が確実に高まったときである。本書に示された事例は、それを雄弁に語っている。

今回のように現実的にパンデミックが起きて被害が広がっているとき、ほかに特効的選択肢がなければ、ワクチンに対する期待は大きい。あとは打つかどうかである。人々は、自分の将来を新しいワクチンに託すかどうかの決断を迫られる。まさにそのとき、そのワクチン接種で期待されるベネフィットと副反応のリスクを天秤にかけねばならず、一般の人々にとってそのための適切な説明、それを報道する側に対する丁寧な説明が必要である。

（本書より。構成・編集部）

（にしむら・ひでかず／ウイルス学）

経済は、生命をどう守るのか!?　緊急書き下ろし・緊急翻訳出版!!

パンデミックは資本主義をどう変えるか

——健康・経済・自由——

レギュラシオン経済学者　ロベール・ボワイエ

新型コロナとグローバリゼーションの後退

二〇一〇年代の末、グローバリゼーションはすでに足踏みをしているように見えた。というのも、世界貿易はもはや世界的成長の原動力ではなくなり、国際資本移動は鈍化し、世界経済開放の推進者であったアメリカは「各国は自分のために」戦略へと転換したからである。これはとりわけ中国に対して、だがしかしヨーロッパに対しても、公然たる保護主義的政策をとることを意味する。アナリストたちは、第二次世界大戦以降で最長の経済拡大局面が続いたという強靭性に驚き、遂には、これほど非典型的な推移を理解すべく、トランポノミクスという用語を作り出すまでになった。

誰もが驚いたことに、その追従者の表現を借りるならば幸福なるグローバリゼーション時代の終焉を画したのは、武漢市で検知され最初は季節性インフルエンザ・ウイルスと同じものだとされていた、遠来のウイルスであった。実際、このウイルスは急速にまずヨーロッパに、次いで南北アメリカ大陸に伝播し、その後また第二波がヨーロッパを包みこんだ。アジアを除いて、多くの政府はパンデミックの予防やこれとの闘いの準備ができていなかったので、破局的事態のなか、エッセンシャルでないすべての経済活動の停止を決定した。経済的損失の膨大化に直面して、政府は巨額な経済活動支援策を決定し、その際、かつて欧州中央銀行によるユーロ救済を可能にした合言葉——「いかなる犠牲をはらっても」——を前例なき規模で繰り返した。こうした諸政策はGDPの低落や雇用の収縮を止めたが、正常状態に復帰させることはできなかった。なぜなら、経済的利害関係者だけでなく、移動の自由という民間人からの要請にも応えて、社会的距離《ソシアル・ディスタンシング》をとるという措置が緩和されるや否や、感染はいっそう勢いをましたからである。

こうして世界経済はまったく未知の領域に突入した。つまり、封鎖措置の同時性、各国景気局面の同期化、保護主義的対立の拡大、国際システムの分裂リスクを抑えられない国際諸組織の機能不全、富国ならびに貧国における貧困の再来といったことである。アナリストや政策決定者は突然に、各国の自律性を危うくするような前例なき相互依存を自覚するようになった。こうしたメッセージは、すでに気候変動の認識から引き出されていたはずのものだが、**まさにパンデミックのうちに含まれる激烈な変容によって、課題の重大さに見合う統治機構の構築なきグローバリゼーションの構造的危機が指し示されることになった。**結局、あらゆる資本主義がこれによって直接かつ不均等に悪影響を受け、それら資本主義の構図再編は、新型コロナの持続的根絶の可能性にかんして、不確実だとの刻印を押されるのである。

▲R・ボワイエ
(1943-　)

新自由主義の失墜と国家の復権

このウイルスはまた、経済理論、イデオロギー、経済政策、統計制度を介したこれらの道具的利用の領域でも決定的な一時代を画している。

事実、早々に分かったことは、経済はパンデミック以前の均衡に自動的には復帰しないだろうということであり、それだけに、顧客-生産者の対面や諸個人の自由な移動を基盤としたあらゆる部門は、その持続性が危ぶまれている。その結果生ずる部門間接合の解体は一連の悪循環を引き起こし、この悪循環は構造的な安定均衡の存在を前提とする集計モデルなるものを無効化する。新しい古典派のマクロ経済学よ、さらば。公債爆発が持続可能でないことを強調する以外は、これら論者たちは見事なまでに沈黙を守っている。彼らは成長再開の手段について決して意見を述べることはないのである。

（後略　全文は本書所収　構成・編集部）

山田鋭夫・平野泰朗訳　(Robert BOYER)

米アカデミズムは今、中国をどう見ているのか⁉ 最新の中国論。

いま、中国の何が問題か？

――ハーバードの眼でみると――

ハーバード大学フェアバンク
中国研究センター所長
マイケル・ソーニ

今、知りたい〝中国〟

本書には世界トップレベルの中国専門家による三十六篇のエッセイを収めたが、これは当初、二〇一六年のハーバード大学フェアバンク中国研究センター創立六十周年を記念して企画された。当センターは、世界の中国研究をリードする分野横断的学術機関の一つであり、中国に関する公共の言論に貢献することを、常にその責務の一つと考えてきた。

共同編者のジェニファー・ルドルフ教授と私、そして当センターの前所長だったマーク・エリオット教授はこの企画を、フェアバンク・センターの学術研究を読者と幅広く共有するための新しい手段と捉えた。つまり中国専門家ではないアメリカの読者が知りたいと思うことは何かを各執筆者に考えてもらい、その答を短いエッセイにまとめてもらおうとしたのである。執筆者は全員がハーバードの教授陣か、フェアバンク・センターと密に関わる学者だが、彼ら専門家が生涯を捧げる学術研究をアクセス可能なフォーマットに煮詰めてもらいたかった。大げさでなく、この本には数百年分、いや、数千年分の知恵がこめられている。

米中関係の悪化と大統領選

いま後知恵だからこそ分かるのは、この本の出版が、世界で最も重要な二国間関係である米中関係が悪化に向かい始めた時期と重なったということだ。この状態は今回の米大統領選に影響されるかもしれないが、それが根本的に覆ることはあるまい。アメリカは米中間の問題全域にわたってより厳しい対中政策をとる必要があること、また包括的・建設的関与という長期政策は断念こそしないにせよ、調整されねばならないことは超党派的な合意点であり、それはバイデンも共有している。これから発足するバイデン政権は、中国に対してよりきめ細かく、細心な戦略をとり、何であれ中国に出費を課せばアメリカを利することになるといった狭い見方を排除し、たとえ競争の枠組みが広がっても、協力するにふさわしい分野をその中で模索するようにしてもらいたい。

本書の序で私は、両国間には貿易赤字に匹敵するほどの「理解の赤字」があると書いた。私の経験からして、このことはアメリカだけではなく、ほかの国々にも当てはまる。残念ながら、中国国内で最近行なわれている国際メディアの活動制限、そして情報流通への統制強化によって、この赤字は縮まるどころか拡大しているようだ。中国問題は今回の米大統領選で大きなテーマではなかったが、選挙運動中の中国をめぐる言説で明らかになったのは、中国についてかなりの誤情報があるということだった。

J・ルドルフ（上）、M・ソーニ（下）

歴史、複雑さ、そして未来へ

私たちが本書にとりかかったのは、ちょうど四年前のことだった。それから一年後の二〇一七年末に英語原書が出た。そのあと中国、アメリカ、世界に起きた変化によって、この本はまさに歴史的意味を獲得したのかもしれない。つまり米中関係が大きく転換する時点でアメリカの中国専門家が中国についてどう考えていたかを捉えたスクリーンショットと言えよう。しかし、ここに示された執筆者たちの観点は現実的な意味を失っていないし、中国とその国際的役割への理解にとって重要でありつづけていると思う。

当初、本書の序で私は大きく異なる三十六のエッセイが伝えようとしたことを、**三つの短いメッセージにまとめてみた。**つまり、**中国理解には「歴史が大切、複雑さが大切、未来の課題が大切」である。**このメッセージはいまだに有効だと思うし、日本語版によって日本の読者がこの隣国への理解を深められることを望んでいる。**日本語版の翻訳中にエズラ・ヴォーゲル氏が亡くなった。氏のエッセイは「日中は果たしてうまくやれるのか？」と問う。国際緊張が高まり、国際協力が喫緊の課題である今、この問いはかつてなく重い。**（本書より／構成・編集部）

（Michael Szonyi／ハーバード大学教授）朝倉和子訳

中国の何が問題か？
ハーバードの眼でみると
J・ルドルフ／M・ソーニ編
朝倉和子訳
A5判　三三六頁　三〇〇〇円

〝真の国際人〟の全体像を描く決定版評伝——新版刊行に寄せて

新渡戸稲造と渋沢栄一

拓殖大学名誉教授　草原克豪

初版から八年半を経た今日、世界は大きく変わった。グローバル化の進展に伴い、その行き過ぎの反作用として、今では極端な自国中心主義すら唱えられる時代になった。日本を取り巻く国際環境も大きく変わった。中国、韓国、北朝鮮、ロシアなど近隣諸国との関係においても、過去の歴史を正しく理解したうえで対応しないと判断を誤ってしまう。

新渡戸稲造は、国際情勢を的確に把握しながら、国内では独善的な強硬論を抑え、海外に向かっては日本の主張を敢然と発信した。その結果、考えを異にする人からは批判された。しかし大局観をもった良識ある人たちは理解してくれた。その根本には、誰にも誠意をもって接し、社会のために尽くす彼の高潔な人格があった。だからこそ、日本を代表する国際人として海外からも高く評価されたのである。現代に生きる私たちにとって、新渡戸という国際協調主義者の生き方から学ぶべきことは少なくない。

新版の刊行に際しては、全般にわたって記述の正確を期したほか、歴史的背景についての説明を補った。特に日米親善や国際関係の改善にともに取り組んだ渋沢栄一との関係について補足的な説明を加えた。

渋沢栄一は「日本近代資本主義の父」と呼ばれるように、多くの企業や社会福祉団体の設立に関わり、近代日本の商工業の発展に重要な役割を果たした人物である。だがそれだけでなく、実業界の代表として民間経済外交を展開し、日本の国際関係の改善に積極的に取り組んだ人物でもあった。このことは残念ながら今日ではあまり知られていない。だが戦前においては、彼こそは、新渡戸と並んで日本を代表する国際協調主義者としてその名を海外にも知られ、一時はノーベル平和賞の候補にも挙がっていたのである。

新渡戸は日米関係が悪化するなかで日米交換教授として一年間アメリカ各地で講演し、アメリカにおける日本理解および日本研究の進展にも大きく貢献し、それを機に、渋沢との親交を深めることになった。そして二人は日米親善はもちろんのこと、広く国際平和のために互いに協力し合う仲となったのである。そうした二人の関係について初版ではあまり触れられなかったが、この際、丁寧に説明することにした。

（「新版への序」より。構成・編集部）

時代と格闘し、新しい世紀の日本と世界を担う未来の論客へ！

第16回 河上肇賞 受賞作決定

既報の通り第一六回「河上肇賞」（主催＝藤原書店）は、厳正なる選考の結果、下記の受賞作が決定しました。本号では選考経過を抄録します。（事務局）

本年は、下記二作品を対象として最終選考が行われた。

内藤作品については、前提として、たいへん詳細に調査された内容の充実ぶりについては委員の意見が一致した。

作品の問題意識・批評性について、「世相史・社会風俗史にとどまるのではないか」（新保委員）、「図鑑・図録のような印象。もっと闘っている議論がほしかった」（三砂委員）という意見がある一方で、「切手を切り口とした、東京五輪をめぐる政治学と読んだ。オリンピックの背景にある政治のうごめきを切手を通じて読み解き、今回の五輪を考える糸口になっている」（橋本委員）、「前回東京五輪についての著作は、競技・競技者についてのもの、オリンピックを背景にした個人史が多い中で、独自の視点である『郵便学』から社会・政治・経済的な環境を炙り出している」（田中委員）と、作者の問題意識を汲み取る評価があった。

小川作品については、「日本が元気だっ

本賞

『東京五輪の郵便学』

内藤陽介 氏（ノンフィクション作家、郵便学者）

●作品概要　一九五〇～七〇年代、切手（収集）は日本の社会構造の中で大きな存在感を有した。六四年東京五輪とその時代を、当時の“切手ブーム”を軸に再構成することを試みる。

奨励賞

『世界標準研究を発信した日本人経営学者たち』

小川 進 氏（神戸大学大学院経営学研究科教授）

●作品概要　世界で被引用数4位までに入る伊丹敬之・野中郁次郎・藤本隆宏ら日本人経営学者が「世界標準研究」を生み出すまでを、複数の研究からなる一連のものとして記述する。

＊肩書は授賞決定時。
＊作品概要は提出された梗概を元に編集部で作成しました。
＊本賞受賞作は小社より公刊、および受賞者に記念品（楯）を贈呈いたします。

た時代に世界に出て行った経営学者たちが、どのように世界と接点を作り研究をしてきたのか。読み物としては面白く読めた」（赤坂委員）、「国際的に評価された日本の経営学研究が海外留学と共同研究で育まれたこと、雑誌論文ではなく、書籍ベースで影響力を持ったことなど興味深い」（田中委員）と好意的な評価があったが、「研究者内の内輪話のような印象」（新保委員・三砂委員）、「本作で取りあげられた人たちの仕事の意義が高く評価されている一方で、現在の状況を見ると、それが『世界標準』だったと言えるのか」（中村委員）、『消費』から捉えるところまで視野を伸ばしてほしかった」（川勝委員）と、評価を留保する意見も強かった。

重ねての討論の結果、内藤作品については「あえて抑えたのかもしれないが、批評性をもっとクリアに」「今回の東京五輪に何らかのかたちで結びつけてほしい」という意見が複数の委員から出され、それを踏まえたうえで、本賞を贈呈することとなった。

小川作品は、エリック・フォン・ヒッペルを採り上げた第五章について、「内容が甘くなっているのではないか」（田中委員・赤坂委員）、「ヒッペルはユーザーに目を向けた存在で、学説史としての意義がある」（川勝委員）と評価が分かれ、最終的には、奨励賞の贈呈に決定した。

（授賞式は四月十日、アルカディア市ヶ谷にて開催予定）

選考委員

赤坂憲雄　川勝平太　新保祐司
田中秀臣　中村桂子　橋本五郎
三砂ちづる　藤原良雄（敬称略・五〇音順）

■河上肇賞　過去の受賞者

- ●第1回　本　賞＝**安達誠司**氏
  　　　　奨励賞＝**小川和也**氏
- ●第2回　本　賞＝該当作なし
  　　　　奨励賞＝**太田素子**氏
- ●第3回　本　賞＝該当作なし
  　　　　奨励賞＝**丹野さきら**氏
  　　　　　　　　松尾　匡氏
- ●第4回　本　賞＝**片岡剛士**氏
  　　　　奨励賞＝**平山亜佐子**氏
  　　　　　　　　和田みき子氏
- ●第5回　本　賞＝**鈴木順子**氏
  　　　　奨励賞＝**佐藤　信**氏
  　　　　　　　　貝瀬千里氏
- ●第6回　本賞・奨励賞該当作なし
- ●第7回　本　賞＝**志村三代子**氏
  　　　　　　　　西脇千瀬氏
- ●第8回　本賞・奨励賞該当作なし
- ●第9回　本　賞＝該当作なし
  　　　　奨励賞＝**川口有美子**氏
- ●第10回　本　賞＝**大石　茜**氏
  　　　　　奨励賞＝**飯塚数人**氏
- ●第11～14回　本賞・奨励賞該当作なし
- ●第15回　本　賞＝**松本亜紀**氏
  　　　　　奨励賞＝該当作なし

〈寄稿〉今、なぜブルデューか？

『グロテスク』と『ディスタンクシオン』

東京大学名誉教授 加藤晴久

小説に見事に活写された「界《シャン》」

桐野夏生氏の『グロテスク』だが、週刊誌連載中に部分的に読み、何故か不思議な気懸かりに囚われ、二〇〇三年に単行本化されたとき通読した。そして腰を抜かした。ブルデューの『ディスタンクシオン』すなわち「判断力の社会的批判」を小説化しているではないか！

狂言回し役の「わたし」は、自分を含む登場人物たちが通う「Q女子高」（＝慶應女子高）について「日本にも実はしっかりと存在する階級社会を具現化」している、と書いている。

ここでの「階級」はマルクス主義的な唯物弁証法の「階級」とまったく無縁というわけではないが、この名門校の生徒たちがさまざまなメルクマールによって「区分け《ディスタンゲ》」され、学校というミクロコスモス（＝界）に位置づけられている、という意味である。

まずは入学時期という基準。Q女子高は超一流の私立Q大学の小中高一貫の付属校。初等部は共学で入学定員八〇人。中等部も共学で、この段階でさらに八〇人を受け入れる。高校は男子校・女子高に分かれ、ここでそれぞれ八〇人を受け入れる。つまり、高校の学年定員は一六〇人。うち、四〇人は初等部から、四〇人は中等部から、八〇人は高等部から、ということになる。中等部から入学した生徒は初等部からの生徒からすれば「外部生」だが、三年後には高等部に入学した生徒たちには「内部生」になる。高校からの入学者は学年の半数を占めるのだが、下からの「内部生」が無意識に身体化しているQ女子高の価値観の審判にさらされ、それにふさわしい扱いを受ける。

親の職業・貧富・居住地・住居といったメルクマールもさることながら、何よりも決定的なメルクマールはほかならぬハビトゥスである。

貧しくなくとも「ださい」のはだめ。Q女子高では「ださい」という言葉が生徒の「命運を分けていた」。「ださい」とは、たとえば「律儀」「実直」「生真面目」「あくせく」と形容できるような生き様。

生徒間の格差のもとになっている、差別のもとになっている違いは、身に付ける物や持ち物のブランドや値段の違いだけでなく、衣服の着こなしや持ち物の扱い方、ちょっとした立ち居振る舞い、それこそ一挙手一投足の優美さ、自然さのあるなし、として現れる。この差異を作中の「わたし」は、「ちょっとやそっとの時間では埋まらないもの」「じっくりと何代か経て貯められた豊穣さ」「長い時間をかけて遺伝子にくみこまれた美や裕福さ」とコメントしている。

社会空間を理解することから

経済資本によって以上に、象徴資本の質と量によって構造化されたQ女子高というミクロコスモスで、外部から闖入した異分子が選びうる戦略は二つある。ひとつは、同化を断念し異分子としての存在に甘んずること。「最初から勝負を降りて変人になる」のである。「わたし」はこの道を選んだ。

第二の戦略は、学業面で抜群の成績を収めること。しかも、ごく自然に。つまり、そのために努力している、「シコ勉」している気配は少しも見せずに。ミツルはこれを選んだ。

第三、しかしこれは戦略ではない。「わたし」の妹のように、「怪物的な美貌」に恵まれること。ユリコは何の努力もせずにチアガール部のスターとして学内外でチヤホヤされた。

思い遣る・寄り添う・支え合う社会。メディアが伝搬するフェイク。物的資本と象徴的資本の総量と構成によって、構造化された社会空間の現実を直視し「理解」すること。すべてはそこから始まる。観察力と直感力と想像力を研ぎ澄ました小説家は、凡百の社会学者たちを遥かに凌駕する卓越《ディスタンゲ》した社会学者である。昨年一二月に放送された「100分de名著『ディスタンクシオン』」は、『グロテスク』を素材に制作されるべきであった。そうすれば視聴者は『ディスタンクシオン』つまり「判断力の社会的批判」を自分のこととして理解したことであろう。

「わたしが社会に我慢することができるのは、怒《いか》ることができるからである」と老いたブルデューは言った。桐野氏はますます怒っておられる（『日没』）。つまりますます旺盛な創造力を発揮されることであろう。

教育における不平等——初発のブルデューの問題提起

お茶の水女子大学名誉教授／社会学 宮島 喬

社会学者ブルデューの名を初めて斯界に知らしめたのは、風変わりな書名の一書（『遺産相続者たち』一九六四年刊）だった。続く『再生産』（一九七〇年）により、その問題提起は一層明確になった。かれが提起した問題とは何か。

平等を重んじる国フランスでは、教育を受ける権利と機会の平等はなによりも重要とされてきた。初等から高等まで教育は無償とされ、選抜（入学試験など）による学ぶ機会の制限もなるべくなくしてきた。だから、たとえば大学進学者をみると、家からの経済援助などなく、奨学金と若干のアルバイトだけで学生生活を送る者がめずらしくなく、教育を受ける権利と機会は家庭の貧富などに関わりなく、平等に開かれているように思われる。

だが、それは**みかけだけの平等ではないかとブルデューは問う。**同じ高等教育機関でも、厳しい入学試験を課して入学者を決める専門大学校《グランデコール》の在籍学生に関するデータを取り寄せ、検討したブルデューは次のことを確認する。同じく無償の学校でありながら、在籍学生が上層階層に偏重している。有名な理工科学校《ポリテクニク》や政治学院《シアンスポ》をとると、学んでいる学生の六〇～七〇％は、親が企業経営者・管理職、自由業に属しており、労働者や農業者などに属する者は三～一〇％にすぎない。とすれば、社会の各層を代表する学生が学んでいるという形にはならない。

なぜこのような不平等が生じるのか、ブルデューは次のような解明を試みた。**教育を受ける機会の平等を損なっているのは、経済的格差以上に、「文化的障害」ではないか。**というと、かれの使った有名な**「文化資本」の概念**を思い出す人は多いだろう。その通りで、学校でなされるさまざまな教育に応え、生徒、学生たちが学習に成果を上げるには、相応の文化資本が彼らのなかに備わっていなければならない。それは、**知識、教養、言語能力、感受性などから構成された文化的性向ないし文化的能力である。**たとえば授業のなかで教師が、ラテン語の成句を使ったり、「アルパゴン（モリエールの戯曲「守銭奴」の主人公）的だ」などという表現を挟んだとき、難なくその意味を汲めるか、また授業のなかで「ニュートン力学」とか、「相対性理論」という言葉が使われるとき、それを理解する手がかりをもっているか。

では、文化資本をどうして身に着けるのか。個人の努力で身に着けられるものもある。しかし、たいてい学校以前から、家庭の文化的環境や両親からの有形無形の教育によって身に着けていく。さらにブルデューは、**文化資本はハビトゥス化されたかたちで保持されている**とする。意識することなく本人が身に着けている文化性向である。家に沢山の蔵書があり、画集やレコードもあり、好きな時にそれらを楽しみ、親は時々演劇に連れて行ってくれる、と語る少女（大学教授の娘）の例が紹介されている（『遺産相続者たち』）。彼女は勉強らしい勉強をしなくとも成績優秀でいられる中2の生徒である。だが、たとえば親が家具製造職人で、小さいときから「手に職を」と言われて育った生徒は、美術や工作は好きで得手だが、微妙な言語表現を学んだり、物理のように抽象的な理論や法則を学ぶのは苦手とし受け付けない。成績は凡庸な生徒と評価されよう。こうして文化資本に恵まれた者が優秀な生徒としてグランデコールに学ぶことが許される。この最高学府に学べる学生の定員の多くが上層の子弟によって埋められる理由もここにあろう。

他方、**学校教育は、生徒たちに教えようとする知識、文化、言語用法などの文化範型をどれだけ習得したかにより、優秀な生徒としからざる生徒を選別する。**そして、近代の学校が文化範型としているのが、正統文化というべき、ブルジョア（上層市民）が尊ぶ教養、知と思考の様式、美的感性などを反映するものである。上層の家庭のなかで文化的・知的ハビトゥスを身に着けてきた生徒が優秀な生徒と評価されるなら、先の家具職人の息子は、手先の技術にすぐれ、造形能力をもっとしても、学校向きではないと判定され、進学を断念する。教育を受ける権利の平等はもはやない。

では、以上の学校教育批判を展開したブルデューは、教育改革の展望をもっていたか。紙数が尽きて詳述できないが、かれは「未来の教育のための提言」（『世界』一九八八年三月号）という改革構想を公にし、その一つに、**学校が子どもたちに教える文化や知のモデルを変え、正統文化を押し付けるのではなく、文化相対主義に立ち、民衆文化や他世界の文化なども教えること**を提案している。

因みに、日本でも久しく有力大学に進学する学生たちの出身階層が高まる傾向にあり、同様の不平等の存在が推察されている。ブルデューの批判に耳を傾けるべきではないか。

連載　歴史から中国を観る　14

遊牧民の戦争

宮脇淳子

前回、フビライの日本遠征が失敗したのは、遊牧民が得意とする戦争ではなかったからだと書いた。それでは、遊牧民の戦争とはどういうものなのだろうか。

ゴビ沙漠の北のモンゴル高原は、年間降水量が二百ミリ程度である。草もまばらにしか生えないので、一箇所にいたのでは家畜がすぐに草を食い尽くしてしまう。だからモンゴル語でゲルと呼ぶテントに住み、遊牧して暮らしてきたのだ。

帝国を築いたあとは、例えば、カラコルムなどの人工都市を草原の真ん中に造って、武器庫や食料庫を置いたが、遊牧民の兵士はそれまで何頭もの替え馬も武器も食料も、自前で調達して戦争に参加したのである。

チンギス・ハーンが遊牧部族長たちの中から盟主に選ばれたのは、戦争の指揮がうまく、もめ事の仲裁に信用がおけ、獲得物の分配が公平だったからである。

チンギス・ハーンは、モンゴル帝国に参加したすべての遊牧民を千人隊に編成し直し、各部族長を、領民の数に応じて、万人隊長、千人隊長、百人隊長に任命した。これは、戦時にはそのまま軍隊組織に転換できる制度である。

征服戦争が大集会で決まると、各千人隊は決められた数の兵士を出し、供出した兵士の数に見合った獲得物を分配された。勝つ戦争に参加するのは遊牧民にとって儲け仕事であり、従軍するのは、義務というよりは権利だった。

平時には、軍事演習として、巻狩《まきがり》という狩猟をおこなった。北方の山岳地帯に少数の兵士が入り、動物を草原に追い出してくる。草原では、徴発された兵士たちが、右翼、左翼、中軍に分かれて待つ。兵の円陣は、はじめ広大な領域を囲んでいるが、次第にせばめられて猟場を囲む。野獣が陣営から脱走したら罰を受ける。

君主が第一に囲みの中で、后妃たちと狩りを楽しみ、次に皇族や将軍たち、最後に兵士たちが狩猟したあと、数日を経て捕殺を免れた動物を解放し、猟獣を公平に分配した。西方への征服戦争の戦闘隊形は、基本的には巻狩のときと同じだった。（みやわき・じゅんこ／東洋史学者）

リレー連載　近代日本を作った100人　83

石黒忠悳——近代軍医制度の生みの親

笠原英彦

運命を変えた若き日の出会い

早くに両親を失い伯母の嫁ぎ先の養子となった石黒忠悳《ただのり》は、二人の先達との出会いがなければ、信州の私塾経営者としての人生を送っていたかもしれない。その一人は江戸時代の儒学者、兵学者として高名な**佐久間象山**である。石黒は若い頃から象山に傾倒していたが、幽閉の身であった象山が近く解放されるとの情報を入手した。文久三（一八六三）年、石黒は江戸へ向かう途次、松代の象山を訪ねることを決意した。いったんは門前払いとなったが、石黒の熱意が通じ、ついに対面がかなったのである。象山は石黒の熱い思いを正面から受け止め、まもなく石黒を「足下」と親しげによび、「足下位の若者は充分我が国の学問をした上、更に西洋の学問を為し、そして夫々一科の専門を究める事にせねばならぬ」（『石黒忠悳懐旧九十年』）と青年の志を説いた。石黒は象山の教えをしっかり踏まえて、ここに己の進むべき道を思い定めた。

その後、石黒は医学の道を志し、江戸へ出て医学校で学んだ。いったん帰郷したものの、再び上京して文部省出仕となった。しかし石黒は仕官が嫌になり洋行に出ようと、文部省を辞め帰郷の荷造りをしていた。そこへ同じく医学所で学ぶ親友の渡邊洪基《こうき》がやってきて石黒に翻意を促し、兵部省の軍医制度創設に取り組む**松本良順**のもとを訪ねるよう熱心に説いた。かつて医学校の頭取を務めた松本は、すでに医学界の重鎮となり、同人の兵部省入りも西郷隆盛や山県有朋らが直々に松本宅に出向き口説き落としたとされる。何とその松本がわざわざ石黒宅を訪問し、兵部省に出仕し軍医部設立への協力を懇請したから、石黒も驚いたにちがいない。松本のところにも多くの門下生がいたが、みな治療や学術の専門家で、制度に精通する者はいなかった。そこで白羽の矢が立ったのが石黒であった。石黒は制度に明るく、地位を求めず、国のために尽くしてくれる逸材であることを松本は熟知していた。石黒も松本の純粋な要請を受けて、国家の根幹である兵制の確立に邁進する覚悟を決めたのである。

軍医制度の近代化に貢献

明治四(一八七一)年九月、石黒は兵部省出仕に着任早々、山県有朋に対し、軍医とは他の官職とは異なり学術の社会であるから、藩閥の情実で人選することはできない旨を告げた。また、入省まもなく石黒を待ち構えていた難題は**軍医の淘汰**であった。上司であった松本のおかげで、これも果断な対応で乗り越えた。かくして軍隊には良医を確保することができた。

もっとも実際の組織では、やはり人事をめぐり絶えず軋轢に悩まされた。軍医の人選において、藩閥の壁と専門性の確保とを両立させるのは至難の業であった。

こうした泥臭く厄介な仕事をこなす上でも、出征して現場を知ることが求められた。石黒は佐賀の乱や西南戦争での従軍経験を有した。内務省衛生局の役職をも兼務し、長与専斎とともにコレラ対策などで連携した。明治二〇（一八八七）年にはドイツに派遣され、各地の医療関連施設を視察して、第四回赤十字国際会議に出席した。その際、北里柴三郎や森林太郎ら著名な医学者の知遇をうけた。帰国後は陸軍軍医総監となり、陸軍軍医の人事権を掌握する陸軍省医務局長に就任した。日清戦争では、大本営陸軍部において野戦衛生長官を務めた。それは地味だが重要な職務であり、傷病治療にとどまる職務ではなかった。このとき、森林太郎は石黒の配下にあって出征した。

このほか、石黒は後藤新平の内務省入りや、日清戦争時の検疫事業を後藤に任せるよう児玉源太郎陸軍次官に進言するなど、**医療界の潤滑油の役割を果した。石黒が医療分野において日本を近代化した功績は大きい。**

（かさはら・ひでひこ／慶應義塾大学教授）

▲石黒忠悳《ただのり》（1845–1941）
幕末は1845年、陸奥国伊達郡梁川に幕府代官手代であった平野順作良忠の長男として生まれた。幼名を庸太郎といったが、両親を早く亡くしたため、1860年、伯母の嫁ぎ先であった越後国三島郡片貝村の石黒家の養子となった。長じて信州の松代で私塾を開き、佐久間象山に強い影響をうけた。1864年に江戸へ出て、医学所に入った。いったん帰郷したが、再び上京して大学東校に勤務した。その後、松本良順の斡旋で兵部省に軍医として入省した。同省では専ら軍医制度の構築に邁進し、成果をおさめた。1890年には軍医総監に就任し、陸軍省医務局長を兼務、一貫して軍医の道を歩んだ。同省勇退後は日本赤十字社の創立に尽力し、第4代日本赤十字社社長を務めた。

■〈連載〉沖縄からの声［第XI期］3（最終回）

「夢幻琉球・つるヘンリー」から

俳人、水彩画＆エッセイスト　ローゼル川田

先日、沖縄の民謡歌手の重鎮、大城美佐子さんが亡くなった。映画「パラダイスビュー」「ウンタマギルー」を世に出した高嶺剛監督、彼の映画作品はウチナーグチ（沖縄語）で、日本語の字幕である。「ウンタマギルー」はベルリン映画祭カリガリ賞に輝いた。その高嶺監督が大城美佐子を主人公に映画を制作した。今から約二〇年余前である。タイトルは「夢幻琉球・つるヘンリー」、妙に長い。

幼い頃、路地を歩いていると、あちこちの民家のラジオから沖縄民謡が聴こえてきた。暑い昼下がり、さらに気だるさを増した。身近に聴こえてきた民謡は遠い景色だった。

高嶺監督と連れ立って、大城美佐子さんの民謡酒場「島思い」に行き、映画制作が始まる。脚本の中には、民謡が数多く散りばめられていた。これまで遠い景色だった沖縄民謡が、美佐子さんの声を通して身に沁みこんできたのである。映画の中のつる（大城美佐子）は、実生活の美佐子と重なり、放浪の唄者《うたしゃ》である。気が向いた場所で演奏して有線放送に流している。ボクは幼い頃を思い出した。映画の内容は極めて複雑だが、沖縄の空気感に満ちあふれている。

映画の中でさらに「ラブーの恋」という脚本があり、映画の中の映画が展開される。復帰前の沖縄の高等弁務官を父親とする、混血の青年ジェームズ（ヘンリー）が登場し、つるはその母親である。

ジェームズの独白は現実味を帯びている。「わたしは人生の大切な事柄を保留にしたままだ。わたしの出生は祝福されなかった。だが、わたしは今の人生を有意義に過ごしたいと思う。わたしは沖縄を軍事基地としているアメリカを信用していない。祖国といわれる日本も信用しない。わたしのあり方をわたし抜きで、平気で決定した国家には、もううんざりだ。わたしはアメリカ人ではない。日本人でもない。沖縄人でさえないのかもしれない」

つるが歌う島唄が映画から突き抜けて、沖縄の風景の隅々まで水脈になっていく。

島津の侵攻、琉球処分、廃藩置県、太平洋戦争、敗戦終戦、アメリカ施政権下、ベトナム戦争……沖縄は太陽神を遥拝するいにしえ人から生き続けるニライカナイのくにである。

連載　今、日本は　22

人間尊重主義

ルポライター　鎌田　慧

米ジョンズ・ホプキンス大の集計によれば、世界全体の新型コロナウイルス感染者は、一月二五日現在、九九二二万人。一億人の大台に迫っている。死者は二一三万人。このうち米国が四一万人と二〇%を占めている。マスクを拒否していたトランプ元大統領の無知と傲慢の犠牲者ともいえる。

トランプ支持者たちが、マスクもつけないで大集会をひらいていた映像は恐怖的で、まるで別世界のようだった。ひとりの政治家の、人間のいのちにたいする思いやりのなさが覿面《てきめん》だった。これにくらべると、日本の死者は五二〇〇人、たしかに少ない。しかし、五千人もの死者はけっして尋常ではない。

米国の惨事はこの国の医療格差を明らかにしたが、日本でも医療崩壊で入院できずに自宅で亡くなるひとや、コロナ不況で仕事を失っての自殺や独居死もでている。入院先や療養先がみつからず、自宅で救助を待ち続けながら死亡するなど、他人事ではない。

老健施設に入居していて、発生したクラスターによって死亡した友人もいる。友人の妻は一年ちかくも夫に面会できなかった、という。コロナは身近にいる死の形を考えさせる。コロナでなくとも、入院していて家族と会えなくなった友人たちがいる。

政府はこの人たちの苦況を省みることなく、もっぱら経済優先。ＧｏＴｏトラベル、ＧｏＴｏイート。浮き足立った流れをつくるために国費を投入して、被害を拡大させた。その責任を取ることなく、さらにこれから、一兆円を投資しようとしている。観光業界保護のためだから、トランプを笑えない。東アジアのなかでは日本（首都圏や大阪）の死者が多いのは、乱開発と過密都市の影響が大きい。

村上陽一郎、中村桂子、西垣通さんの鼎談『ウイルスとは何か』（藤原書店）で、中村さんは、地球上に数百万種の生き物がいることを理解した上で、「人間中心主義」ではない、人間らしさを大事にする「人間尊重主義」を主張している。

（かまた・さとし／ルポライター）

■連載・花満径 59

高橋虫麻呂の橋（一六）

中西　進

じつは前回のアビニョンの橋のさらに前に、わたしの目に入っていたものに、アポリネールのミラボー橋があった。

しかしわたしの好奇心の旅は、ミラボー橋から虫麻呂の橋を想起し、多数の日本の橋への関心に誘われてアビニョンの橋へと戻ってきたのだった。そしていま、ミラボー橋は出発の橋であったと同時に、橋のゴールだったという思いも、大きい。

アポリネール（堀口大學訳）のミラボー橋がここで問題とするものは、橋の下の川と月日の流れと、橋上の二人の恋の流れ、しかしその中に命や希望によって、「わたし」が残ることだといってよいだろうか。

キュービスム（立体派）の詩人らしく、そのように橋の上下をめぐる立体がくっきりと輪郭を刻まれたと見ることも、可能ではないか。

そう言ってみると、橋をめぐる橋上の恋の命や希望は、高橋虫麻呂の橋上に出現した、色彩あざやかな女と相通し、くっきりと虫麻呂の眼に焼きついて来たものが、歳月を超越した、恋の立体像だったのだと思い当たる。恋人の橋の下に、疲れたまなざしの無窮の時が流れるというアポリネールの倦怠《アンニュイ》も、いささかに俗世に背を向ける虫麻呂の生き様と似てくる。

それでいて、アポリネールのような橋の上下へのまなざしの一体化は、虫麻呂のみならず日本の橋の通念には、なかったことにも気づく。

多くの例に見てきたような、橋の上のステージ性も、もうない。すべてアビニョンの橋に託してしまったと、言わんばかりに。

それでこそ立体を極《きわ》だたせた、近代フランスの詩人（一八八〇―一九一八）なのであろうが、アビニョンの橋の世俗性を却けたアポリネールの個性は、万葉の歌人として古代歌謡を離脱した高橋虫麻呂の孤独と驚くほどに近い。

もしかしてアポリネールは、ムシマロの詩を、知っていたのか、それへの返歌としてミラボー橋の一詩を書いたのか――わたしの夢想は妄想だろうか。

（なかにし・すすむ／日文研名誉教授）

■連載・アメリカから見た日本　14

破滅的前大統領の後始末をする就任式

作家　米谷ふみ子

一月二十日。アメリカの四六代目バイデン大統領の就任式だ。東部より加州は三時間遅れなので、テレビで見るには早く起きねばならないから、目覚ましをつけて寝たが、目が覚めるとあたりはもう明るかった。目覚ましは止まっていた。スイッチを入れても明かりがつかない。停電？　すわ一大事！　一月六日の、トランプが組織した議事堂攻撃（死者五人）。攻撃した白人至上主義者たちがロス市にも出てここの発電所を壊した？　身震いしたが、テレビは見られない。隣と裏の家に電話したが、かからない。新聞をとりに表に出た。前の道を犬の散歩で通りがかった男に「おたくも停電？」と尋ねた。「サンセット大通りまでこの道ずっと停電で、修繕をしていましたよ」と言ったのでほっとした。

世界中が見守っている大統領就任式が、困難を抱えて多くの護衛を配置して行われるのだ。それが見られない？　それでも何回も繰り返し放映するだろうと思っていると、十時に冷蔵庫が音を立てだしたので、やれやれとテレビをつけた。バイデン夫妻と副大統領ハリス夫妻、そして両方の家族。いつもの就任式と違って、護衛のためにいる州兵を除いて、祝いで集まる観衆はちらほらとしかいない。こんな光景はこの国に来て六十年になるが、初めてである。これもトランプのおかげ。

バイデン新大統領は「多人種多文化をもった国民が一緒になって安全に生活できることを一番大切なこととし、またコロナ全滅に一大努力をする」と誓った。

バイデンが選んだ副大統領はアメリカ史上初の女性、南アジア・黒人の混血、彼女の夫はユダヤ系で、任期中に人種問題が起こっても、バイデン夫妻は白人で、あらゆる人種を網羅しているから、前任の大統領たちよりもより深い理解力があるのではないかと思われる。知的判断力からいっても、前任のトランプよりすぐれている。

翌日、レーガン大統領以来の医療顧問で、トランプに解雇されても真実を告げようとがんばっていたファウチ博士が、はればれとした顔で記者会見をしていたのを見て安堵した。

Le Monde

■連載・『ル・モンド』から世界を読む［第Ⅱ期］54

マルタ産本マグロ

加藤晴久

スーパーで売っているマグロの中トロ。日によって種類が違う。昨日は「オーストラリア産インドマグロ」、今日は「マルタ産本マグロ」といった具合。値段はインドマグロの方がやや安いが、マルタ産本マグロの方が断然おいしい。

なぜマルタ？　イタリアの南、地中海に浮かぶ人口四三万人の小さな島国だ。

昨年六月九日付の「マグロ——生き延びた。しかし常に危うい運命」と題する記事を読んで事情が分かった。まずリードはこうである。

「漁獲量割当制のお陰で資源量の激減は避けられたが、復活のご利益《りやく》は大規模漁業者が独占」

フランス南西部、モンペリエを県都とするエロー県のセートは地中海に面した漁港。マグロ漁の拠点である。

フランスのマグロの漁獲割当量は年間六〇二六トン。その約八〇%、四八七一トンが船長三〇メートルから四〇メートルの巨大引き網船二二隻を所有する業者たちに割り当てられている。残りの一一五五トンが個人経営の零細漁業者に配分されるのだが、大手業者の縁戚者が優遇されるという不公平な仕組みのため、紛争の種となっている。

それはともかく、マグロ漁は五月末から六月末の一カ月がシーズン。大型船はわずか数週間で割当量を捕りきってしまう。七月から翌年五月まではセート港に停泊しているだけ。捕ったマグロは、そのまま、マルタだけでなく、キプロス島、イタリア、スペイン、チュニジア、クロアチアの養殖場に運び込まれ、そこでイワシなどを加工した栄養たっぷりの飼料を与えられ、二〇〇～二五〇キロに成長したところで、日本に輸出され、日本人の胃袋に収まる。

話は変わるが、セートはポール・ヴァレリーの生地。長編詩『海辺の墓地』はセート港を見下ろす断崖の上にある。堀辰雄『風立ちぬ』のタイトルがこの詩の一行 Le vent se lève ! ... Il faut tenter de vivre ! 「風立ちぬ　いざ生きめやも」から来ていることはよく知られている。

マグロと感傷小説。不思議な縁である。

（かとう・はるひさ／東京大学名誉教授）

一月新刊

アナールの重鎮が「寝室」を描く初の歴史

寝室の歴史

夢／欲望と囚われ／死の空間

ミシェル・ペロー
持田明子訳

心性（マンタリテ）、性関係（セクシュアリテ）、社会的人間関係（ソシアビリテ）などの概念を駆使して、王の寝室から個人の部屋、子ども部屋、婦人部屋、労働者の部屋、病室、そして死の床……様々な部屋／寝室に焦点を当てる。ヨーロッパ全域の広範な文学作品、絵画作品等を渉猟し、その変容をたどる画期作。

四六上製　五五二頁　**四二〇〇円**

最晩年の句友の兜太論。歿三年記念！

金子兜太

俳句を生きた表現者

井口時男
推薦＝黒田杏子

「長寿者は幸いなるかな
最晩年の句友、文芸評論家
井口時男による兜太論」（黒田杏子）

過酷な戦場体験を原点として、前衛俳句の追求から、「衆」の世界へ、そして晩年にはアニミズムに軸足を据えた金子兜太の、生涯を貫いたものは何だったのか。戦後精神史に屹立する比類なき「存在者」の根源に迫る。

四六上製　二四〇頁　**二二〇〇円**

「着ることは、"いのち"をまとうことである」

新版　いのちを纏《まと》う

色・織・きものの思想

志村ふくみ　鶴見和子
〈新版序〉田中優子

カラー口絵8頁

長年"きもの"三昧を尽してきた社会学者と、植物染料のみを使って"色"の真髄を追究してきた人間国宝の染織家。植物のいのちの顕現としての"色"の思想と、魂の依代としての"きもの"の思想とが火花を散らし、日本のきもの文化を最高の水準で未来へと拓く。待望の新版！

四六上製　二六四頁　**二八〇〇円**

アイヌの精神と魂の原点を追求する映像詩！

〈藤原映像ライブラリー〉

シマフクロウとサケ

アイヌのカムイユカラ（神謡）より

DVD

宇梶静江　古布絵制作
金大偉　監督・音楽・構成

古布絵（こふえ）とユカラが織りなすアイヌの精神世界。

〈第1部〉シマフクロウとサケ（16分）
〈第2部〉アイヌを生きて
——宇梶静江インタビュー（19分）

アイヌ語朗読：鹿田川見／アイヌ音楽提供：宇佐照代

企画・製作：藤原書店

◉絵本は12月刊です

三五分　**二〇〇〇円**

読者の声

評伝　関寛斎■

▼久しぶりに人を動かす寛斎の〝こころ〟を思い出させてくれました。その〝こころ〟を〝慈愛・進取のこころ〟として、屋敷地跡の徳島県立城東高校校地に「慈愛・進取の碑」を九〇周年記念に建立し、〝北の大地〟へ県下最初の修学旅行を実現しました。〝しばれフェスティバル〟で阿波踊りを同志と共々にしました。

（徳島　カルチュアセンター講師　**出水康生（泉康弘）**　82歳）

▼久しぶりにいい本に出合った。

幕末のコレラの流行、寛斎の冷水浴なる健康法には目からうろこの感！

今の西洋医学がいかに人の命を〝金〟まみれにしているか、〝自分の身は自分で〟を肌で感じる。茶寿まであと干支二廻りの人生を意義ある生き方をしたい。

良書の出版をよろしく。

（愛知　税理士　**松下英勝**）

兜太 TOTA vol.4■

▼戦後の俳句界を引っぱって来た二人の対比が良く出ている。金子兜太も飯田龍太も戦争に人生を色濃く影響を受けた点は同じ。

（東京　会社員　**中村恭一**　69歳）

▼四月に求め、兜太・龍太自選句集を再三、再四読みふける。今後もまだ読み続けるだろう。

黙って逝った東京裁判の戦犯とされた人たちの伝記を読みたい。いまこそ戦争をしてはいけないと「さけぶ」べき時だ……アベ、アソウNO！

（兵庫　**岩谷八洲夫**　85歳）

近代家族の誕生■

▼二児を育てながら、調査や資料からていねいに学び、身近な土地の身近な人々から歴史の豊かさとこれからの社会をつくっていく希望にふれることができたという誠実なひたむきな研究態度と主張は大変分かりやすい。家族や育児について今考えないと日本の未来はないほどに混乱し、課題の多い今日、若い女性としてすばらしい人に出会えた。よく出版してくださったと感謝したい。

（東京　**松野康子**　82歳）

いのちを刻む■

▼たいへん、良かった。心動かされた。今年読んだ中で一番といってもいいほど。学歴や家柄などに関係なく、一〇〇%実力で生きて、立派に仕事をしているのがいい。奥さんを介護しているのも、いい（私も亡き父母の介護をしました）。今年の三月に『朝日』の「フロントランナー」に社主の藤原良雄さん出ました。よかったので、とってあります。

（石川　**石田涼子**　70歳）

▼木下様の事をテレビで知り、その作品を描く姿勢に感銘を受けました。自伝も読ませていただき、その壮絶な人生に驚きを隠せません。

（東京　映画カメラマン　**関口洋平**　37歳）

▼感動しました！　その生き方、そして学生に教える内容、出会う人々への接し方、自然体で、素直です。

藤原さんという名字の方は素敵な方が多いと思います。感動をいただくことが時々あります。

カレンダーの下の壁棚に立て掛けておきます。毎日眺めます。

購入のきっかけは、図書館で借りて読み、時々表紙を見たいと注文しました。ありがとうございました！

（岡山　**竹本幹次**　68歳）

▼スケッチ等風景の描写など、とにかく役に立ちました。エンピツ絵画の制作に役立っています。

（新潟　**関正一**　77歳）

「雪風」に乗った少年■

▼大和ミュージアム、パールハー

バー、ここ二〜三年で訪問し、本書も興味深く読みました。可能であれば遠方でも（関西地区であればベストですが）西崎信夫さんの講演等の予定が判れば教示頂ければ幸いです。是非、お話伺っておきたいと思いますので。

（京都　マンション経営　**高鳥広保**　59歳）

■昭和12年とは何か■

▼昭和十二年生まれの者として、読みました。いかに重要な年であったかを実感出来たこと嬉しかった。

真実による歴史認識こそが生きている証しです。

（東京　音楽演奏　**有賀誠門**　83歳）

別冊『環』⑩　**■子守唄よ、甦れ■**

▼「甦れ」とあるように、ほとんど忘れかけていました。呼びさまされました。

「子守唄はいのちの讃歌」は楽しく面白く読みました。

次は『男のララバイ』に行きます。

（兵庫　**岩谷八洲夫**　85歳）

※みなさまのご感想・お便りをお待ちしています。お気軽に小社「読者の声」係まで、お送り下さい。掲載の方には粗品を進呈いたします。

書評日誌（一一・二八〜一・五）

(書) 書評　(紹) 紹介　(記) 関連記事
㋑ インタビュー　Ⓣ テレビ　㋶ ラジオ

一一・二八〜　(紹)東京新聞・中日新聞「楕円の日本」

一二・四　(記)夕刊フジ「新型コロナ「正しく恐れる」」（「『お金』は知っている」／「居酒屋さん　窓を開けよう」／田村秀男）

一二・八　(記)産経新聞「ベートーヴェン　一曲一生」（「東京特派員」／「抗ウイルス空間は存外、天国か」／湯浅博）

一二・一三　(紹)読売新聞「ウイルスとは何か」（「本　よみうり堂」）

一二・一四　(記)読売新聞「全著作〈森繁久彌コレクション〉」（全五巻）（「森繁久弥の随想集　完結記念」／「しのぶ会に大村崑、安奈淳ら」）

一二・一六　(紹)NEWあしながファミリー「愛してくれてありがとう」（「29歳で逝った妻・由美との日々を綴りました」／玉井義臣）

一二・一六　(記)信濃毎日新聞（共同配信）「全著作〈森繁久彌コレクション〉」（全五巻）（「エンタメ」／「森繁久弥『今読んでも面白い』」／「著作集完結　ゆかりの人々祝う」）

一二・一七　(紹)日本経済新聞「ベートーヴェン　一曲一生」（「目利きが選ぶ3冊」／中沢孝夫）

一二・一八　(記)週刊読書人「感情の歴史」（「二〇二〇年回顧総特集／西洋史」／「中世史研究・訳書、際立つ成果」／「グローバル・ヒストリーや感情史の方法論も注目」／村上宏昭）

一二・一九　(記)毎日新聞「新型コロナ「正しく恐れる」」（「2020　この3冊 下」／村上陽一郎）

一二・二〇／二七号　(紹)クリスチャン新聞「ベートーヴェン　一曲一生」

一二・二二　(記)週刊エコノミスト「ディスタンクシオン」（全二分冊）（「読書日記」／「ブルデューがあぶりだす『趣味』と社会構造の関係」／荻上チキ）

一二・二三　(記)朝日新聞「全著作〈森繁久彌コレクション〉」（全五巻）（「「自伝」／「芸談」…森繁久彌の全てがここに」／「二十数冊の著作まとめた全5巻　完結」／上原佳久）

一二・二七　(紹)読売新聞「ウイルスとは何か」（「読書委員が選ぶ『2020年の3冊』」／橋本五郎）

一・五　(記)観光経済新聞「幻滅——外国人社会学者が見た戦後日本70年」（「私の視点　観光羅針盤」／「『幻滅の日本』と『希望の日本』」／石森秀三）

三月新刊予定

＊タイトルは仮題

次の世へ、わが子へ…歌は祈りとともに

祈り

上皇后・美智子さまと歌人・五島美代子

濱田美枝子＋岩田真治

美智子さまが皇室に入られる際の歌の指導をした歌人、五島美代子(1898-1978)。その夫は、上皇さまの皇太子時代からの歌の師でもあった五島茂(1900-2003)。初めて胎動を歌に詠んだ〝母の歌人〟美代子の生涯を、五島美代子研究の第一人者が初めてつぶさに綴るとともに、NHK「天皇　運命の物語」ディレクターが、美智子さまの類稀な御歌の世界を、その激動の歩みを辿りつつ味わう。

政治記者五〇年、現場からの報告

政治家の責任

政治・官僚・メディアを考える

老川祥一（読売新聞論説委員長）

金権政治脱却を期した一九九〇年代以来の「政治改革」により、政治のあり方が大きく変貌した中で、劣化・変質してしまったものは何か？「政治主導」と「長期政権」の下で、〝公〟の緊張感を喪失した政治家、行政の根幹を支える公文書の破棄・改竄に手を染める官僚、さらに、ネットを通じてフェイクニュースがあふれる今、公器としてのメディアの責任を考える。

唯一の「アイヌの新聞」発行者、初の評伝

「アイヌ新聞」記者 高橋真

反骨孤高の新聞人

合田一道

かつて、『アイヌ新聞』という名の新聞を作っていたアイヌ青年がいた——一九二〇年十勝・幕別に生まれ、アイヌゆえに警察官への道を閉ざされて、新聞記者に転じ、戦後一九四六年、ついに自ら『アイヌ新聞』を創刊する。アイヌの歴史と現状を訴える数々の評論も発表し続けた反骨のジャーナリスト、初の評伝。

近代日本の礎を築いた後藤の名著、復活

政治の倫理化

後藤新平　解説＝新保祐司

「普選」導入に際して、民主政の衆愚化を懸念し、一人一人の「自治」の延長にこそ政治の「倫理」があることを説いた一九二六年のミリオンセラーの現代版。政治腐敗と政治離れが進む今、必読の書が、読みやすい完全現代語訳で登場！「倫理観念の存否が、国家興亡の因をなす」。

農学研究機関草創期の初の包括的研究

近代日本の農学研究機関

山本悠三

明治期日本の農業近代化に際して、官・民の農学研究はいかなる組織の下で行われたのか、初の包括的研究。国立農事試験場長を二十年以上務めた「安藤広太郎」論を附す。

2月の新刊

タイトルは仮題、定価は予価。

パンデミックは資本主義をどう変えるか ＊
健康・経済・自由
R・ボワイエ　山田鋭夫・平野泰朗訳
A5判　三二〇頁　三〇〇〇円

中国の何が問題か? ＊
ハーバードの眼でみると
J・ルドルフ＋M・ソーニ編
朝倉和子訳
A5判　三三六頁　三〇〇〇円

ワクチン いかに決断するか ＊
1976年米国リスク管理の教訓
R・E・ニュースタット＋H・V・ファインバーグ
西村秀一訳
A5判　四七二頁　三六〇〇円

新渡戸稲造 1862–1933〈新版〉 ＊
我、太平洋の橋とならん
草原克豪
四六上製　五四四頁　四二〇〇円　口絵8頁

3月以降新刊予定

祈り ＊
上皇后・美智子さまと歌人・五島美代子
濱田美枝子・岩田真治

政治家の責任 ＊
政治・官僚・メディアを考える
老川祥一

「アイヌ新聞」記者 高橋真 ＊
反骨孤高の新聞人
合田一道

政治の倫理化 ＊
後藤新平

近代日本の農学研究機関 ＊
山本悠三

好評既刊書

寝室の歴史 ＊
夢／欲望と囚われ／死の空間
M・ペロー　持田明子訳
四六上製　五五二頁　四二〇〇円

金子兜太 ＊
俳句を生きた表現者
井口時男　推薦＝黒田杏子
四六上製　二四〇頁　二二〇〇円

いのちを纏《まと》う〈新版〉 ＊
色・織・きものの思想
志村ふくみ・鶴見和子
新版序＝田中優子
四六上製　二六四頁　二八〇〇円　カラー口絵8頁

〈藤原映像ライブラリー〉
シマフクロウとサケ ＊
アイヌのカムイユカㇻ(神謡)より
金大偉 監督・音楽・構成
宇梶静江 古布絵制作
アイヌ語朗読＝鹿田川見
アイヌ音楽提供＝宇佐照代
三五分　二〇〇〇円　DVD

民衆と情熱（全2巻）　完結！
大歴史家が遺した日記 1830–74
II 1849～1874年
J・ミシュレ
大野一道編　大野一道・翠川博之訳
四六変上製　九二〇頁　八八〇〇円　口絵4頁

「共食」の社会史
原田信男
四六上製　四三二頁　三六〇〇円

愛してくれてありがとう
玉井義臣
B6変上製　二四〇頁　一六〇〇円　カラー口絵8頁

シマフクロウとサケ（絵本）
アイヌのカムイユカㇻ(神謡)より
宇梶静江 古布絵制作・再話
A4変上製　三二頁　一八〇〇円　オールカラー

＊の商品は今号に紹介記事を掲載しております。併せてご覧戴ければ幸いです。

書店様へ

▼1／15(金)NHK『ラジオ深夜便』「人生の道しるべ／今こそ、アイヌの心を伝えたい」にて、宇梶静江さんインタビュー。『**大地よ！** アイヌの母神、宇梶静江自伝』、絵本『**シマフクロウとサケ** アイヌのカムイユカㇻ(神謡)より』を紹介。パブリシティが続いております。在庫のご確認を。▼1／24(日)『河北新報』「東北の本棚」欄にて『**新型コロナ「正しく恐れる」**』を大きく紹介。「過剰な感染予防に警鐘」、「コロナとの向き合い方を見つめ直し、長丁場を乗り切る知恵を与えてくれる一冊」。▼1／17(日)『中日・東京』にて『**ベートーヴェン 一曲一生**』書評。「何より印象的なのは言葉の重さだ。…本書を貫くのはまさにこの真摯さである。」(岡田暁生さん評)。▼1／9(土)『毎日』にて『**ブルデュー「ディスタンクシオン」講義**』書評(三浦雅士さん評)。1／16(土)には、「月刊ALL REVIEWS」オンラインイベントにて、著者石井洋二郎さんが鹿島茂さんと対談。『**ディスタンクシオン〈普及版〉I・II**』や関連書とともに引き続きご展開を。

(営業部)

木下 晋　★忽ち重版

いのちを刻む

【鉛筆画の鬼才、木下晋自伝】　二七〇〇円

◆2月15日～27日、**刊行記念展覧会**開催！　於・永井画廊（銀座）

宇梶静江【アイヌのカムイユカラより】

シマフクロウとサケ

〈絵本〉一八〇〇円　〈DVD〉二〇〇〇円

◆4月17日～30日、**オリジナル古布絵原画展「イランカラプテ**～あなたの心にそっと触れさせてください」開催！　於・アサバアートスクエア（金沢文庫）

全著作

森繁久彌コレクション

全5巻　各二八〇〇円

「次郎長三国志」シリーズ一挙上映！　森繁さんは「森の石松」役で登場！

◆1月24日～4月24日、モーニング＆レイトショー　於・ラピュタ阿佐ヶ谷

山本昌知（精神科医）＋**大田堯**（教育学）

ひとなる

【ちがう・かかわる・かわる】　二二〇〇円

◆1／9～山本昌知医師にカメラを向けた映画**「精神0」**（想田和弘監督）　於・シアター・イメージフォーラム（渋谷）

出版随想

▼一月末に札幌に行った。なかなかフライトの目途が立たず四時間余り待たされて、ようやく離陸した。が、東京に引き返すことはあるとのアナウンスもあった。一時に飛び立ち三時前に、激しい吹雪の中、ともかく新千歳空港に着いた。夕方からアイヌの集会がある。先頃製作した「シマフクロウとサケ」の映画の札幌での初自主上映と詩人の宇梶静江さんを囲むシンポジウム。このコロナ禍の中、主催者は集客を心配していたようだが、開演の時間が近づくにつれ、会場は予定以上の人で埋った。映画も万雷の拍手、終始参加者の熱気に包まれた中での二時間半だった。後半のトークの会も、石井ポンペ、結城幸司、原田公久枝さんらアイヌの軽妙洒悦な語りと演奏で、今アイヌの人びとが、何を考え、何を訴えようとしているのか、が明かされる会になった。これからこのアイヌの方々が持っているアイヌ力《ちから》をいかんなく発揮されることを期待したい。

▼想田和弘監督による〝観察映画〟「精神0」を観た。昨春の封切予定がコロナの影響で延期されていた。一三年前の「精神」に次ぐ第二弾。因みにこの映画は、最近ナント三大陸映画祭グランプリ「金の気球賞」を受賞した。主人公の精神科医、山本昌知医師が、病院務めを辞め、自ら一軒家を借り、開放された精神医療を施しておられた。一昨年年齢のことや諸事情で辞められた。それを機に想田監督が前作の続篇として、山本医師夫婦の日常と患者の心からの叫びを淡々と描いた作品である。音楽や過剰な描写は全くない。まさに〝写生〟そのもの。被写体は言わずもがな、撮る主体の感性が鋭い。二時間を超える作品だが、観客を退屈させない力をこの映画は持っている。

▼安野光雅画伯が亡くなられた。いつも皇居で、皇后様（当時）のお誕生会の席でご一緒した。それ程深いお話はできなかったが、小社の本への熱い眼差しを忘れることができない。「宮脇方式」で作られた和久傳の森に、「森の中の家　安野光雅館」が建てられている。今度ご一緒しましょう、というのが最期のお別れの言葉になった。何ともいえないあのパステル調の優しい画が好きだった。合掌。　（亮）

●〈藤原書店ブッククラブ〉ご案内●

▼会員特典は、①本誌『機』を発行の都度ご送付／②（小社への直接注文に限り）小社商品購入時に10％のポイント還元／③送料のサービス。その他小社催しへのご優待等。詳細は小社営業部まで問い合せ下さい。

▼年会費二〇〇〇円。ご希望の方はその旨お書添えの上、左記口座までご送金下さい。

振替・00160-4-17013　藤原書店

白人古潭《ちろっと》を訪問した宮内庁岡部侍従（写真中央。幕別町蝦夷文化考古館蔵）

アイヌ民族の救援事業について奏上した。また、この年九月、岡部侍従が真の故郷の白人古潭《ちろっと》を訪問した時の写真が幕別町蝦夷文化考古館に現存する。
文章はさらに続く。

こうしたアイヌの「希い」が達したかどうかは別として昭和二十九年八月、天皇皇后両陛下が北海道に〝行〟された。道民（一部は無関心の者もおったろうが）が「われらの象徴」を歓迎したことはいうまでもなく、特にアイヌたちは熱狂的なものだった。

白老の酋長宮本エカシ夫妻は「ぜひ両陛下に献上品をさしあげたい」といい、近くのアイヌたちも両陛下のために真心からのアイヌ古典舞踊を熱演。両陛下が阿寒湖荘でお泊りの折には、湖畔のアイヌたちが歓迎のオンカムイ（奉祝）をしたり、アイヌの正装をして湖荘の近くまで行き、力の限り万歳を叫ぶアイヌもおった。

皇室への祝福の文章を重ねた後に、意外な文章でこう締めくっている。

あるコタンの共産党に入党している一アイヌ青年は、「党は皇室に対してどういう政策をとろうと、アイヌはやっぱり天皇に対する考えは神以上に尊敬の念を失なわないだろう」といった。彼は兵隊でシベリヤに抑留され、戦後帰国した筋金入りの党員だが、天皇への尊敬は根強いものがある。

アイヌの歌人、バチラー八重子は皇室をたたえて、「モシリコロ　カムイバセトノ　コオリパカン　ウタラパピリカ　プリネグスネナ」（大八州国知ろしめす神のみことのたふとしや神のみいづのいや栄えませ（金田一京助訳））と歌って皇室への忠誠を示しているのである。

天皇家への厚い忠誠

文面を読んで感じるのは、アイヌ民族が天皇や皇室に対してこれほどまでに畏敬の念を抱いていることへの驚きである。それと同時に、『北海タイムス』時代の真記者が、皇太子をお迎えする時、異様に興奮していた意味がやっと解けた。真はいずれ天皇になる皇太子に会えるのを光栄に感じていたのだった。

天皇家をいたく尊敬する原因は、遠くコシャマインの戦いにまで溯る。それに続くシャクシャインの戦い、国後・目梨の戦いを経て、松前藩の支配下に置かれたアイヌ民族が、同藩の息のかかった和人らによって屈辱と苦渋の時代を長く過ごしたが、それを解放してくれたのが明治維新による天皇の登場だったとしていることである。

以降の天皇崇拝への道は一般の日本人と同じように進められた。一番わかりやすいのが教育であろう。

手元に昭和戦前の『尋常小学修身書　巻一』（児童用、文部省）がある。「昭和十一年発行」とあるので、一九二八（昭和三）年以降生まれの子どもたちが用いたものである。

Ａ４判、三二頁、カラー印刷で、最初に見開きで、宮城を出て二重橋を渡った天皇の行列の絵が掲載されている。次に「モクロク」。そこから前半一三頁までは絵だけだが、「モクロク」と合わせてみると――。

「ガッカウ　ニフガク」から始まり、「テンチャウセツ」「センセイ」「トモダチ」と続き、「ケンクヮ　ヲ　スル　ナ」「ゲンキ　ヨク」「シマツ　ヲ　ヨク」「キマリ　ヨク」「モノ　ヲ　ダイジ　ニ」「アヤマチ　ヲ　カクス　ナ」「ウソ　ヲ　イフ　ナ」という具合に、言葉を区切って記している。

絵と短文の頁は生活のうえのしつけが主で、「モノ　ヲ　ダイジ　ニ」はこんな文章が見える。

昭和初期の「尋常小学修身書　巻一」
（著者蔵）

ユウキチガ、カバンヲ、エンガハ　ニ
ナゲダシマシタ。クレヨン　ガ、ミンナ
ヲレマシタ。

次に「ウソ　ヲ　イフ　ナ」はこうである。

コノ　コドモ　ハ、「オホカミ　ガ　キ
タ。」ト　イッテ、タビタビ人　ヲ　ダ
マシマシタ。ホンタウ　ニ　オホカミガ
デテ　キマシタ。ダレ　モ、タスケ　ニ
キテクレマセン　デシタ。

嘘をつくのを諌めたこの文章は、幼いころの記憶に残っている。嘘は泥棒の始まりと教えられ、ちょっとしたいたずらで教師から「天皇陛下の前で誓えますか」と質された幼い友の歪んだ顔を、いまも思い出す。

最後の頁の文面も、よく覚えている。

キグチコヘイハ、イサマシク　イクサ　ニ　デマシタ。テキ　ノ　タマニ　アタリマシタガ、シンデ　モ、ラッパ　ヲ　クチカラ　ハナシマセン　デシタ。

天皇の臣民として、天皇のために尽くす。そのために礼儀正しいまっすぐな人間を育てていく。そうした教育方針により子どもたちは「軍国少年少女」「少国民」と呼ばれて育成された。

この時期、わが国は軍隊を中国大陸へ侵攻させ、蘆溝橋事件を起こし、日中戦争は激しさを増していた。だから小学校も中学校も、押し並べて厳しい軍国教育が行われていた。真が通ったアイヌ学校で用いた教科書は現存しないが、前述の教科書と大筋でほぼ同じだったはずだ。アイヌ学校もまた神国日本をうたい、天皇を神格化する教育が行われていたわけで、天皇崇拝は一段と高まっていたと思われる。

いずれにしろ真の筆致は、このあたりを境に、占領政策時と大きく変化しているのがわかる。とくに実感できるのは、アイヌ民族は決して劣等族ではなく、教育が足りないだけ、としていることだ。

知里真志保という学者の存在を誇るほか、違星北斗、森竹竹市、バチラー八重子ら歌人の作品を紹介して文学性の高さを評価し、「アイヌの自覚を促し、正しい認識をシャモに求めるものが目立っている」と書いて、同族の意識を高めようと努めている。

真は、自ら小学校しか出ていないことに引け目を感じながら、学問の大事さを説こうとしたということであろう。

松浦武四郎が見たアイヌ民族

幕末期に蝦夷地を訪れてアイヌ民族の悲惨に初めて接し、それを文字にしたのは、幕末の探検家の松浦武四郎である。アイヌ民族を〝被害者〟と見た武四郎は、松前藩とそれにまつわる和人の請負人、労働の監督者に至るまで、鋭い筆致で批判している。

この時代、蝦夷地は東西の二つにわかれていて、松前から知床半島にかけて横線で引き、北側を西蝦夷地、南側を東蝦夷地と呼んだ。和人地とされたのは松前、上の国、江差を中心にした道南地帯で、ここだけがいわば日本領土だった。

一八四五（弘化二）年、二八歳の武四郎はアイヌの若者の案内で東蝦夷地の太平洋岸沿いに知床まで辿り、翌年は松前藩お抱え医師の供として日本海沿いの西蝦夷地及び北蝦夷地（樺太）に赴き、その後、単身オホーツク海沿いにて知床へ。一八四九（嘉永二）年は国後、択捉島などを探検した。

この三回の旅で武四郎は蝦夷地が膨大な未開の宝庫であることを確認するとともに、和人に使役されるアイヌ民族、弄ばれるアイヌ女性の惨めな姿を見る。

なぜ、アイヌ民族はこれほど酷い目に遭わなければならないのか。このままでは「アイヌ民族の種が尽きる」とまで書いた武四郎は、何としても救わなければならないと訴えた。だが京都周辺の人々は、蝦夷地に住む人間など獣同様という認識しかない。武四郎が怒りをこめて詠んだ和歌が残っている。

おのづからをしへにかなふ蝦夷人《えみしら》が
こころにはぢよ　みやこかた人

一八五五（安政二）年、幕府は松前藩から蝦夷地支配を取り上げて直轄支配とした。翌五六年、士分に取り立てられた武四郎は、松前藩から支配地を請け取る幕府代表の蝦夷地請取渡差図役組頭向山源太夫に従って蝦夷地を歩く。この時、武四郎は「請取渡差図役頭取」ともう一つ、「土人撫育産業取集方等御用」を命じられた。土人撫育とはアイヌ民族の生活状態を調べる仕事だった。

松浦武四郎（1818-88）

以後、武四郎は三年間にわたり蝦夷地の内陸までも踏査し、多くの書物を書き、〝蝦夷狂い〟といわれるほどになる。その中の『西蝦夷日誌』の一文を掲げる。アイヌ民族への想像を絶する虐待の様子が見て取れる。

戌午（安政五年）六月十八日、雇馬《うまをやといて》出立（石狩タケアニ、支笏イタクレイ）。此《この》イタクレイは勇払より出稼に参り居て、四ケ年が間石狩に遣はれ、其間妻子の面《かお》を見ざりしが、今日の人足に当りて妻の面を見る事よと。如此《このごとく》夫妻の間も纔《わずか》三十里（約百二十キロ）を隔《へだて》る計《ばかり》にて逢さず置（く）。その請負人遣方可憎《やりかたにくむべし》。其訳《そのわけ》をタケアニより聞《きく》に、此《この》土人の妻は勇払の万人の妾に成居《なりおる》、其故《それゆえ》夫を石狩に遣し置て常々番屋へ連行置と語る。是はさもあるべし。シャリの土人をクナシリへ遣す。必ず其《その》留守に妻は番人の妾に致置《いたしおく》有なり。実に是等の事可憎《にくむべき》の極《きわみ》ならずや。

「北加伊道」のカイの意味

一八六八（明治元）年、明治維新により蝦夷地の呼び名は、武四郎が提出した六つの候補の中の「北加伊道」から採って「北海道」に改められたのはよく知られる。実は武四郎に命じられたのは「道名（国名郡名）選定之儀」であり、最初から「道」をつけた地名でなければならなかった。なぜか。律令制下の日本国の地方行政区画は「五畿七道」と呼ばれた。五畿とは山城、大和、摂津、河内、和泉。七道とは東海、東山、北陸、山陰、山陽、南海、西海。この七道に倣って、まだ日本国でなかった蝦夷地全体を「道」のついた地名にしようとした、ということである。

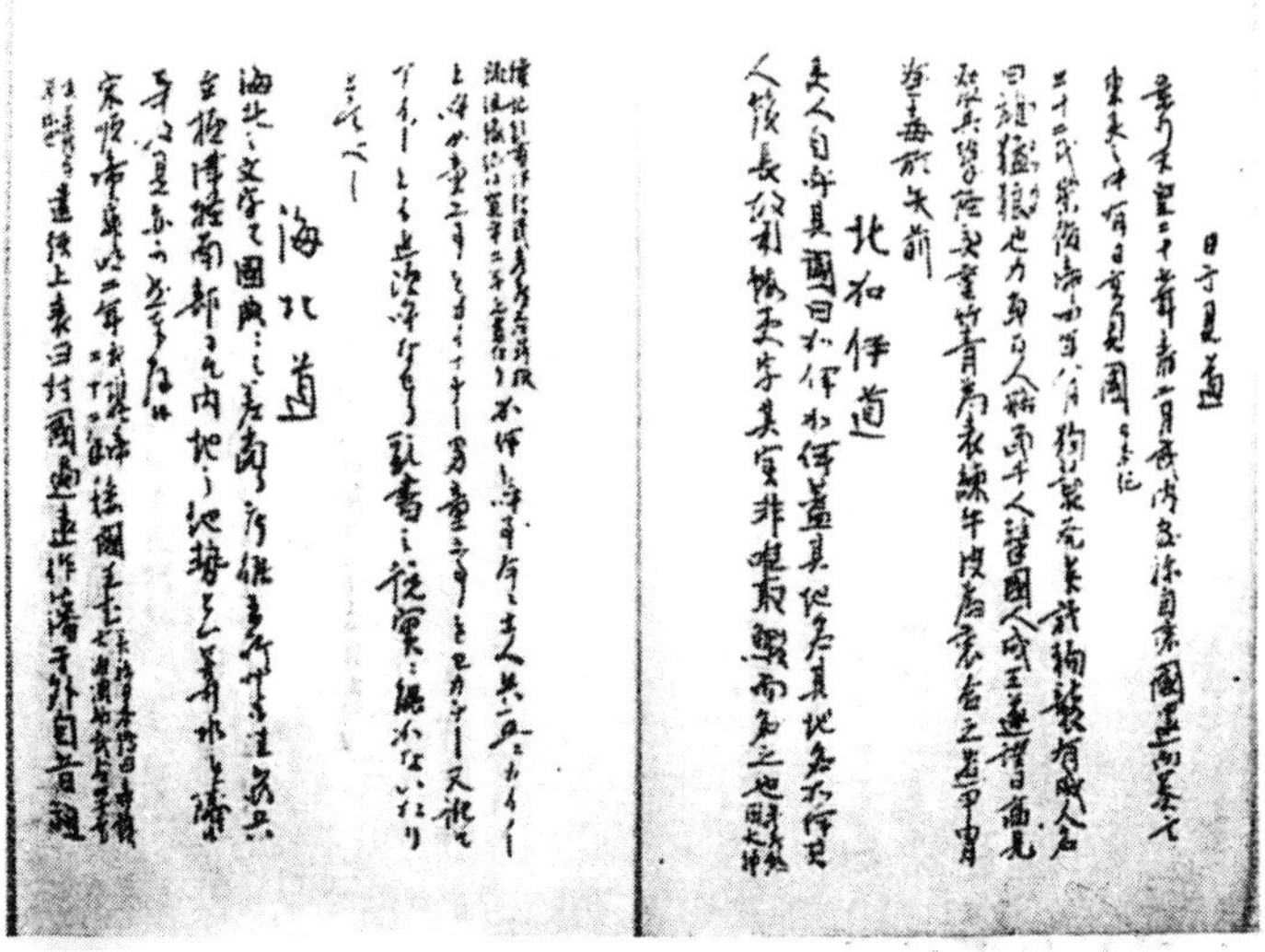

松浦武四郎の「道名選定之儀取調候書付」（松浦武四郎記念館蔵、三重県松阪市）

だから新しい地名は「北海道」しかなかった。

だが武四郎は考えた。アイヌ民族はお互いに「カイノー」と呼び会う。カイの意味は「この国に生まれし者」、ノーは尊称である。しかも蝦夷の文字は、きちんと読むと、カイ、ではないか。

武四郎の「北加伊道」は、決していい加減につけたものではなかった。ただ、どうせ北海道に直されるだろうと読んでいた——。

太政官が「北海道」と命名を発したのは同年八月一五日である。その古文書が北海道立文書館にある。

> 蝦夷地自今北海道ト被称《となえられ》十一箇国分割国名
> 郡名等別紙之通被仰出《おおせいだされ》候事
> 八月　太政官

蝦夷地は以後、北海道と称え、一一国にわけ、郡名などを別紙の通りに決めたというものである。

　武四郎は新しい政治が始まると、開拓判官の立場で北海道開拓を進めるに当たり三つの提案をした。その一つがアイヌの救済だった。だがアイヌ政策は実行に至らず、失望して辞職する。

　開拓使は一八七八（明治一一）年一一月四日、「アイヌ人の取り扱い上、呼称の区別をする時は『旧土人』とすることを定める」と布達した。これによりアイヌ民族は旧土人と呼ばれ、その後に公布された「北海道旧土人保護法」により、保護法という名のもとに、差別と貧困に苛まれるという苦渋の道を歩むことになるのは、歴史が示す通りである。

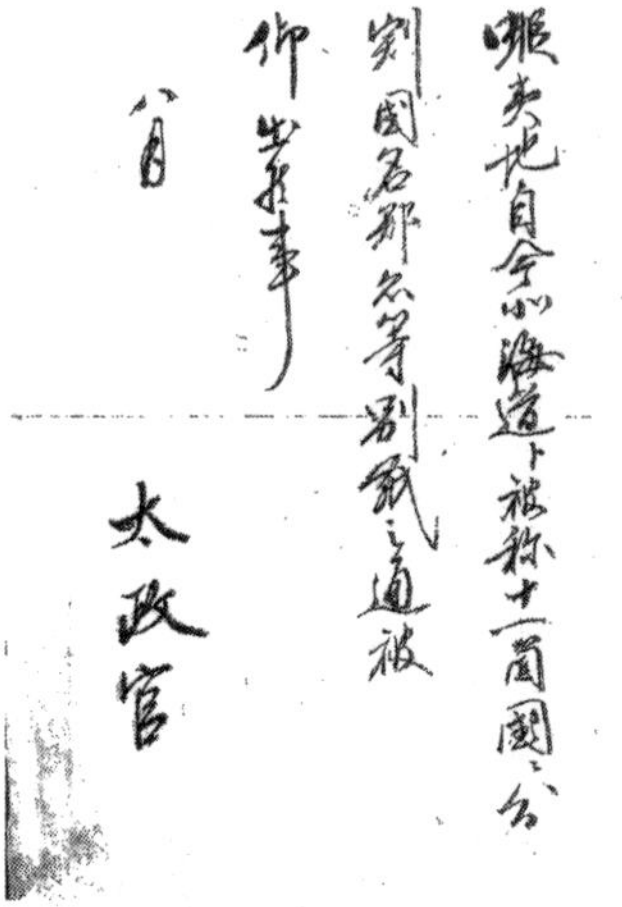
蝦夷地自今北海道ト被称十一箇國ニ分
割國名郡名等別紙之通被
仰出候事
八月
太政官

「北海道」とする太政官の布達
（北海道立文書館）

北海道開拓の推移

　明治政府により北海道開拓が始まったが、最初は開拓使のほか兵部省、諸藩、東京府、寺院などの分領支配に基づくものだった。

開拓使は石狩（札幌）本府建設と周辺地域の開拓をほぼ同時に開始し、その一方で奥羽戦争の敗北士族の救済を目的に、士族団体を入植させた。仙台藩亘理領主従が伊達に入植したのをきっかけに、同藩角田領、同藩白石城、同藩岩出山領、そして斗南藩（旧会津藩）、会津藩降伏人など。さらにお家騒動により追われた阿波藩淡路洲本城の武士とその家族を北海道に入植させた。

廃藩置県になり、北海道開拓が開拓使に一本化されると、移民扶助規則を改正して移民の募集を継続し、さらに「北海道土地売買規則」と「地所規則」を制定して、移民を呼び込んだ。屯田兵による開拓が始まったのは一八七五（明治八）年の琴似屯田兵村からで、以後、山鼻、発寒《はっさむ》、江別、篠津、野幌《のっぽろ》、和田――と兵村が築かれていく。

一八八一（明治一四）年、開拓使官有物払い下げ事件が起こり、それが「明治十四年の政変」に繋がり、開拓使は崩壊する。三県一局制度になり、移住者は相次ぐが、一八八六（明治一九）年に北海道庁に一本化されると、「人民ノ移住ヲ求メズシテ、資本ノ移住ヲ求メント欲ス」（岩村通俊長官施政方針演説）として、すかさず「北海道土地払下規則」を公布し、以後は北海道庁が自ら未開の原野を調査し農耕適地を確保するという「殖民地選定事業」を始めた。

これにより大土地所有の道が開かれ、華族、政商、豪商、官僚らが競って北海道開拓に着目した。もっとも有名なのが内大臣三条実美、旧徳島藩主蜂須賀茂韶、菊亭脩季（鷹司輔熙の子、今出川実順の養子）の三人が共同で雨竜《うりゅう》郡に約五万町歩（約一億五千万坪）の原野の貸付を出願し、許可されたケース。三人は「華族組合雨竜農場」を設立し、アメリカ式の大農場経営を計画するが、三条の死去により解散した。蜂須賀茂韶は新たに六千町歩の貸し付けを受け、蜂須賀農場を設置した。

資本の導入をより強く後押ししたのが、一八九七（明治三〇）年に制定された「北海道国有未開地処分法」である。未開地を無償で貸し付け、開墾が成功した後は給付するというもので、開墾の場合は五〇〇町歩（一五〇万坪）、牧畜の場合は八三三町歩（二五〇万坪）、植樹の場合は六六六町歩（二〇〇万坪）とされた。

北海道で起業を始めようとする華族、政商、豪商、官僚らが会社名を掲げて殺到した。『新北海道史』は「明治四十一年（一九〇八年）までに貸し付けられた面積は一四二万五千町歩を数え、農耕適地の大部分が処分された」と書く。それは凄まじいまでの勢いといえた。

貸付地の対象となったのは十勝管内が最も多かった。そのうち「十勝開墾会社」を例に取ると、未開地貸付を受け、そこを開墾する小作人を募集するのに、希望者に対して五町歩（一万五千坪）を貸与し、移住初年は草小屋一棟代として八円、種子代五円、農具代五円を支給し、渡航費のほか向こう七カ月間は食料、雑品を貸与する、四年間で開墾に成功したら一戸分の地所を割り当てるとした。内地の農村は疲弊していた。次三男を中心に小作人の希望者が大勢集まったのはいうまでもない。

真が、和人は厚遇されていると指摘したのは、こうしたさまざまな政治的な恩恵である。しかも未開地というのは、もとを正せばアイヌ民族の土地だったのに、われら民族を遠い不便な、農耕に適さない地域に追いやったうえでのことで、これではあまりに酷すぎるではないか、という訴えなのである。

第6章　見果てぬ夢を抱いて――1962-76

『朝日新聞』記者や金田一宅を訪問

一九六二（昭和三七）年頃の夏、真は帯広を発ち、苫小牧の『朝日新聞』苫小牧通信局の菅原幸助記者宅を突然、訪ねた。『朝日新聞』の紙面に「アイヌ」をテーマに連載する菅原記者の存在を知って、親近感を抱いての訪問だった。

差し出した名刺に「アイヌ問題研究所長　高橋真」とあるのを見た菅原記者は、「背広をきちんと着て、ヒゲのソリあとが青く、きりりとした顔立。頭の閃きの鋭い立派な紳士」に初体面から打ち解ける。その夜は菅原宅に泊まってもらい、アイヌにまつわる話を交わしたのである。

真の話は尽きることはなかった。この中で、真が決意を込めて述べた言葉が菅原記者の胸を突いた。

「ペンの力でアイヌに対する偏見や差別、そして貧しさから救いたい」

菅原記者は、真が、新聞社でニュースを追うだけでは満足できず、同族の故知里真志保教授らとともに差別のない社会の実現に力を注いできたこと、そのうえ「アイヌの更生運動は、やはりウタリの手で進めなければならない」として『北海タイムス』を辞めてアイヌ問題研究所を設立したことを知り、感激する。

二人は夜の更けるまでこもごも語り合った。話の中心になったのは「北海道旧土人保護法」によりアイヌ民族に与えられた給与地のことだった。菅原記者の著書『現代のアイヌ――民族移動のロマン』にはこう書かれている。

農地は給与地と呼び、他人には売買、小作、抵当権など一切認めない、つまりアイヌのひとたちからシャモ（本州人）の手に移動できないようになっていた。ところが、法律ができて五年、十年と年月がたつうちに給与地はずるずるとシャモの手に渡っていった。北海道ウタリ協会（アイヌ協会）の調査によると、大正十年ごろまで約二千農家が約一万ヘクタールの給与地を持っていたのに、昭和三十九年にはその九割の農地がシャモの所有者に変わっていた。

他人には小作させてもいけないし、借金の抵当にもできない給与地が、どうしてシャモにとられてしまったのだろうか。

菅原記者は、実態を知るために日高管内浦河町の野深コタンを訪ねて、アイヌ民族が所有していた給与地が買われてサラブレッド牧場にされ、アイヌの人たちがここで牧場作業員として働いているのを知ることになる。

真の訪問は菅原記者の胸の炎に油を注ぐ形になり、真もまた心強い和人のジャーナリストの支持を受けることになる。ともに有意義な一夜であったのはいうまでもない。

ほとばしるジャーナリスト魂

苫小牧から釧路に戻った真は、また猛然と書きだす。一九六三(昭和三八)年には「釧路アイヌの教化功労者永久保翁」をまとめて釧路市立郷土博物館に寄稿し、一九六四(昭和三九)年には『アイヌの恩人と先覚者　阿寒・釧路編』(「アイヌ研究第五号」)をアイヌ問題研究所から発刊した。真の発刊する書物はいずれも謄写版刷りである。

この年、真は思い立って、東京の金田一京助宅を訪問した。どんな用件があったのか、どこにも記載がないが、金田一の勧めで『アイヌ神謡集』を出した先人の知里幸恵に関する話を聞いたものと思われる。

真はさらに『アイヌ七話』(「アイヌ問題研究第六集」)をアイヌ問題研究所から出版した。最初に「アイヌ教育功労者　吉田巌先生の足跡」、続いて「金田一博士の大恩人　栗林五朔翁の話」、「八重子の悲恋――ユーカラのかげに」、「北海道独立を夢見た　アイヌの英雄佐茂菊蔵」、「アイヌ研究に精魂を打ち込む　人間愛の斉藤米太郎先生」、「アイヌ平等を叫んだ国士　前田正名翁――前田光子女史のこども」、「千島・樺太解放論――観光と産業を中心に」を書いた。

真はまた『郷土研究』第三号に「アイヌ研究家の功罪(上)」(札幌・郷土研究社)を寄稿した。この翌年に出す第四号の「アイヌ研究家の功罪(中)」と合わせて紹介する(全文は本書「附」に所収)。

冒頭に、北海道における郷土史研究、民族（俗）学、考古学の研究が盛んになるのを喜び、東京の金田一京助、北大の高倉新一郎教授を筆頭に研究を続ける同学内の研究者を書き、次に在野の札幌の更科源蔵ら、続いて帯広、釧路、室蘭、網走、伊達らの研究者の名を挙げて、その功績を讃えた。またアイヌ民族による研究として知里真志保の兄、知里高央にも触れた。そのうえでこう続けた。

世界一の少数民族アイヌ、文字のない、そして毛深いこと世界一のアイヌ、滅亡寸前の民族、何人種に属するか全くナゾの原始人アイヌ、無知もうまい（蒙昧）な民族アイヌ……等々。学者たちの研究対象としては全く貴重な存在のアイヌではあろうが、同族のインテリーの中から「もういいかげんにアイヌ研究はやめてくれ、学者たちは面白いかも知れんが、われわれには屈辱でしかない。アイヌ研究はアイヌの人権を無視し、差別を高めている」という声すら台頭している。

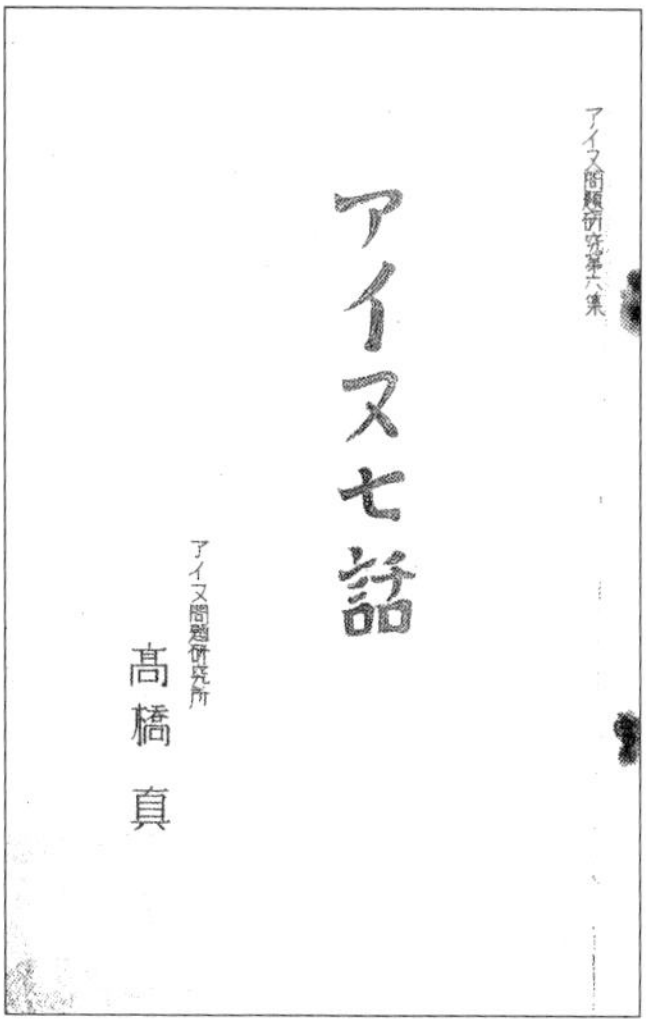
『アイヌ七話』の表紙
（北海道大学図書館蔵）

戦前、北海道庁でアイヌ保護係官をして現在帯広市に住む喜多章明は「アイヌ研究の学者たちは、アイヌにわずか一杯の焼酎を与えて、研究材料として利用して、その結果、学者は有名になり、財を成しているが、アイヌはボロ着てその日食うのにも困っている。アイヌ学者は反省し、アイヌも目ざめろ…」としばしば叫び、彼の発行した『蝦夷の光』の中にも執筆している。けだし名言、当を得た大警句ともいえる。

この後、知里真志保が恩人である金田一京助を毅然とした態度で批判したことに敬意を払いつつ、北大名誉教授の児玉作左衛門の「アイヌ研究家はむしろ、功より罪の方が多いだろう」という言葉を、まさしく真実とする、とした。

戦前、北大をはじめ国内の数多くの大学が、研究の名目で持ち去ったアイヌの遺骨問題が表面化するのは、これから三〇年後のことだ。真のジャーナリストとしての面目躍如たる観がある。

著者名に「アイヌ」をつける

釧路で過ごしていた真が、帯広に移って従妹の上野サダ所有の北一八条北にある借家に移り、書きものをすることが多くなった。サダにだけは甘えることができたのであろう。町に出る時はたいてい自転車を用いた。穏やかな表情でペダルを踏む。だが内心はやり場のない怒りと不満で溢れていたはずである。

一九六六（昭和四一）年四月、真は活版印刷で出版した『アイヌ伝説集　阿寒地方篇』（コタン屋刊）の著者名を「アイヌ高橋真」として、人々を驚かせた。氏名に「アイヌ」とつけたところに、強い意志を感じる。

このあたり真の動きは、ジャーナリストとしての活動と合わせて、アイヌ民族を鼓舞する伝記作家さえ彷彿させる。これは真が歩いた道の到達点と位置づけると、頷けるものがある。

同書の「はしがき」の前半部分を掲げる。

上野サダ（1921-2007）

太古からの神秘さ、自然美を持つ阿寒国立公園は、また一面アイヌ民族のふるさとでもあって、多くの伝説があの山、この湖にと秘められている。

阿寒地方を訪れる観光客を少しでも楽しますことができれば……と、かずかずの伝説を語ってきかせ、アイヌの正装をしてカメラの前に立って、観光事業の振興にも役立った舌辛音作（阿寒湖畔）、山中西三（屈斜路湖畔）両エカシ（古老）、弟子屈アイヌ大酋長の家系に生まれた弟子イソデフチ（老婆）が亡くなって数年。このフチやエカシたちがポツリ、ポツリと話してくれた伝説の中から数篇を筆録して

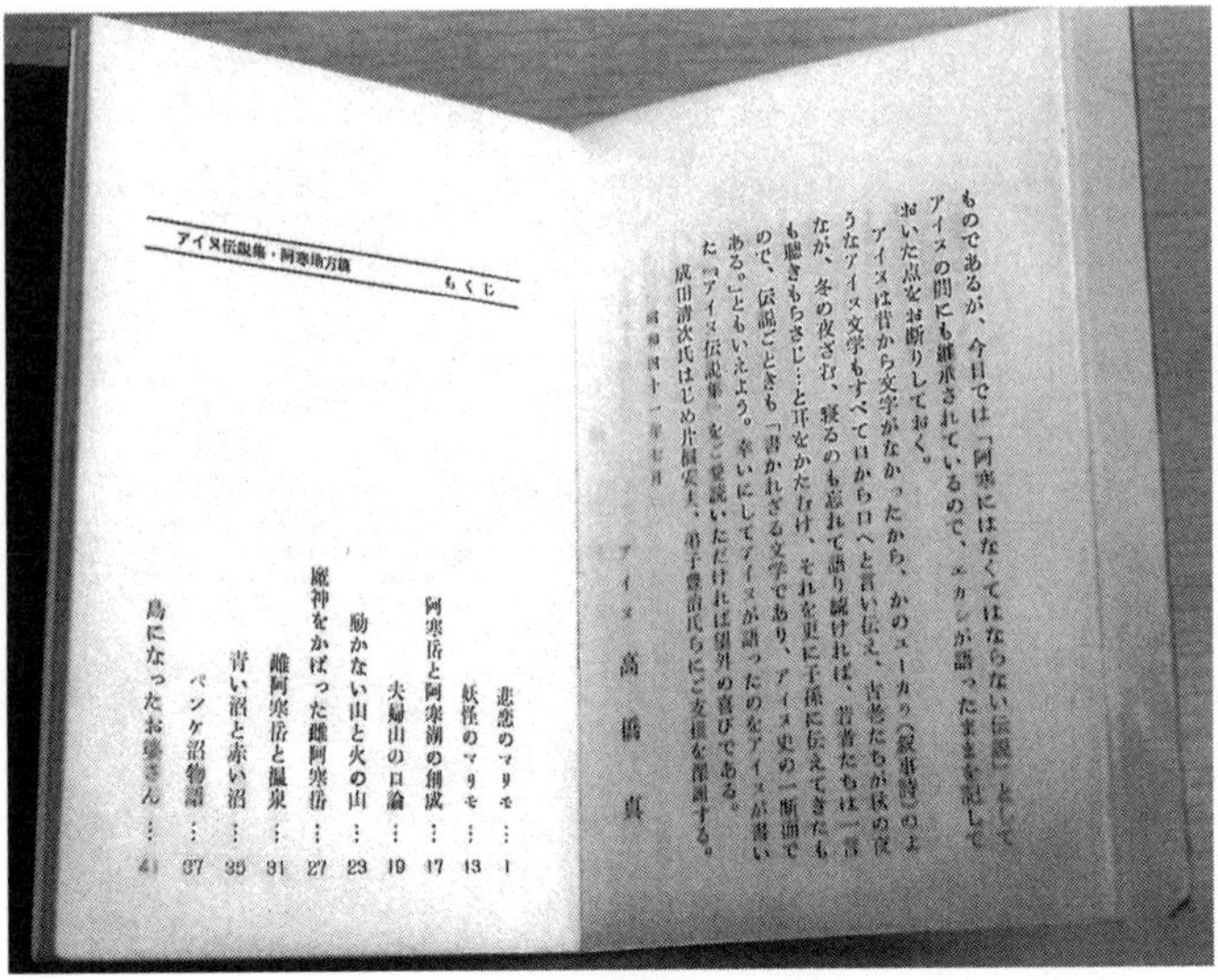

ものであるが、今日では「阿寒にはなくてはならない伝説」として
アイヌの間にも継承されているので、エカシが語ったままを記して
おいた点をお断りしておく。
　アイヌは昔から文字がなかったから、かのユーカラ（叙事詩）のよ
うなアイヌ文学もすべて口から口へと言い伝え、古老たちが秋の夜
なが、冬の夜さむ、寝るのも忘れて語り続ければ、若者たちは一語
も聴きもらさじ…と耳をかたむけ、それを更に子孫に伝えてきたも
ので、伝説ごときも「書かれざる文学」であり、アイヌ史の一断面で
ある。」ともいえよう。幸いにしてアイヌが語ったのをアイヌが書い
た『アイヌ伝説集』をご愛読いただければ望外の喜びである。
成田清次氏はじめ片桐安士、若子豊治氏らにご支援を深謝する。

昭和四十一年七月

アイヌ　高橋　真

アイヌ伝説集・阿寒地方篇

もくじ

「アイヌ高橋真」の著者名で出版した『アイヌ伝説集　阿寒地方篇』の目次
（札幌市中央図書館蔵）

『アイヌ伝説集　阿寒地方篇』のグラビア写真

まとめたのがこの小誌で（ある）

取り上げたテーマは「悲恋のマリモ」「妖怪のマリモ」「阿寒岳と阿寒湖の創成」「夫婦山の口論」「動かない山と火の山」「魔神をかばった雌阿寒岳」「雌阿寒岳と温泉」「青い沼と赤い沼」「ペンケ沼物語」「島になったお婆さん」など。いずれもこの地方に語り継がれた話ばかりだが、マリモだけは後年の創作としている。

だがどうしたことか。真はこの文章を最後に、しばらく筆を絶ってしまう。理由は定かでないが、書けなくなったのか、書きたくなくなったのか。いすれにせよ「アイヌ高橋真」と表記した作品は、これが唯一のものとなった。

『熊・クマ・羆』に短文を執筆

眠っていた真が目覚めたとでも言うべきか。一九七一（昭和四六）年、真は突然、『熊・クマ・羆』（時事通信社）という本に、アイヌ問題研究所長の肩書で短文を一六本も掲載したのである。編著者は十勝毎日新聞社社長の林克巳で、五章立てにして、一〇〇項目余りを林本人も含めて三〇人ほどに執筆させてまとめたものである。

表題からもわかる通り、クマの話である。クマはアイヌ民族にとっては神。仕留めたあと霊を天

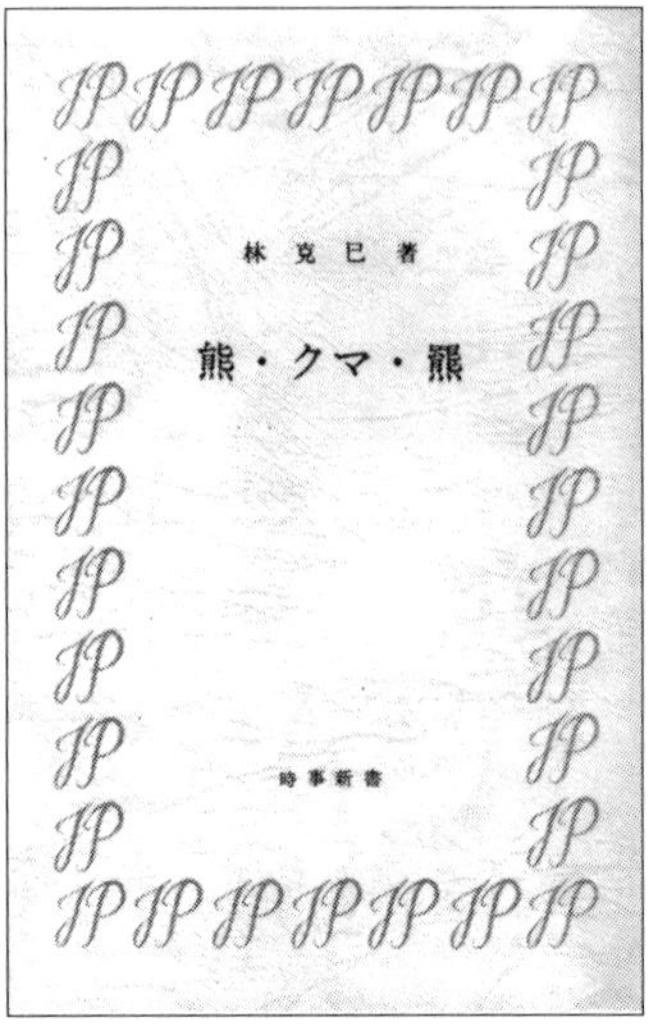

『熊・クマ・羆』の表紙（筆者蔵）

国へ戻す儀式がイヨマンテ、熊祭りである。その話を書いたのは、真に変化が起きたことによるものと思ったが、実はそうではなさそうだ。真の筆力を評価していた林が、いささかしょげ込んでいるのを見て、書く場を与えた、これに応えて真は、アイヌ民族の英雄たちを数多く登場させようと筆を執った——と考えると、なるほどと頷けるのだ。

ちなみに執筆者を見渡すと、当時の記者仲間の名前が散見される。驚くべきは山岳画家の坂本直行の名。坂本龍馬の本家筋の末裔で、北海道開拓に挑んだ坂本直寛の孫に当たる人物である。

話を真の文章に戻して、第三章の「クマ退治にかけた人生」の中で、「アイヌの勇者たち」として、松浦武四郎の蝦夷地探検の道案内をしたクマ狩りの名人、ブヤットキをはじめ、昭和初期に十勝岳から大雪山にかけてざっと二〇〇頭のクマを捕まえ、子グマ二頭を皇室に献上した赤梁三九郎エカシの話や、バチェラー博士とともに山奥深く入り、博士の見ている前で仁王立ちになった巨グマの胸に飛び込み、マキリ（小刀）で刺し殺した平取のペンリウク……、といった具合に、克明に書き綴っている。

帯広伏古の西村芳次郎（カスプコラチヤ）の話は、意外も意外、そんなことがあろうかというものだ。芳次郎がクマを捕ろうと山中に入って野宿し、焚き火を焚いていると、突然、大グマが現れた。西村はとっさに得意のユーカラを歌うと、クマは黙って聞いてから、姿を消した。夜が明けてまたクマが現れ、一声吠えて、さぁ、撃てというように両手を広げたので、そのまま一発、撃って仕留めた。

浜益の天川恵三郎は「北海道の発展には、内地からきた移住民と仲良くすることだ」といい、そのため郵便配達人を襲うクマを全滅させると意気込み、ついに百頭のクマを退治した。また軍馬を育てる馬牧場をしばしば襲うクマを討ち果たした屈斜路コタンの山中酉三の勇猛な話などが続く。

面白いのは十勝毎日新聞社の初代社長、林豊州のクマの皮をめぐる話。ある日、アイヌの長老がヒグマの皮を背負い、林社長を訪ねてきた。これを売って東京に行く汽車賃にしたいという。林は会計担当に八〇円を持ってこさせ、「この毛皮は七〇円で買ってやる。一〇円は餞別だ」と言って手渡した。長老は感謝感激したという内容である。

林はアイヌ民族のことをいつも気にかけ、アイヌ女性を二人も女中に採用していた。アイヌの古老二人とともに道庁長官に会った時は、「僕の友人だよ」と紹介したので、長官が「林君は四海皆兄弟の実行者だね」と言われた話も載せている。

この最後の話などは、二代目社長の林克巳から聞いたものであろう。林の存在はこの時期、真の心の支えになっていたはずである。

市長会が「旧土人保護法」は人権侵害

世の中は大きく変わり豊かになったが、アイヌ民族だけは置き去りにされたままの状態が続いた。真は過ぎ去った日々を思うたびに、やり場のない怒りと虚しさがこみ上げたと思われる。

弱い酒を飲み過ぎて酔いつぶれる。そんな姿を見て従妹のサダが「もういいじゃないの」となだめると、止める。だがそうでない時は、自棄気味になって飲めない酒を飲みまくった。

サダが見かねて、

「どうしたの、何か話さない?」

と持ちかけても、返す言葉が少なくなった。以前なら、まくし立てるように話したのに、まるで人が変わったようになった。

真の胸中を察するに、何もかもすべてに裏切られた、という思いに苛まれて、絶望的な日々を過ごしていたのではないか、と想像する。

政府のアイヌ政策に期待が持てないまま、政治不信に陥った真の前に、敗戦により変貌した自由主義国家が現れ、北海道にやってきた占領軍司令官に会い、アイヌ民族の本当の意味の解放が約束されたと思ったのに、対日講和条約の調印により、占領政策が終了すると、頼みの司令官は立ち去った。『アイヌ新聞』こそおのれの基盤と信じつつも、真の依って立つものが消えた——。

いままで自分がやってきたアイヌを救う行動が、どれほどの意味を持っていたのか。反芻すればするほど頭が混乱して、思わず叫びたくなる衝動にかられた。

一九六八（昭和四三）年六月、北海道旧土人保護法が改正された。五回目になる。七条ノ一、二項が全文削除、同条の三項と八条の一部字句が改正された。だがアイヌ民族が望む部分はそのままにされた。

一九七〇（昭和四五）年六月、胸のすくような朗報が飛び込んできた。全道市長会が論議の末に、「北海道旧土人保護法は人種を差別し、人権を侵害するものである」

として、全会一致で廃止を決議したのである。

真がこれを聞いたのは、帯広のサダの借家だったはずだが、どんな感想を抱いたであろうか。よくぞやってくれたと感謝したか、それとも、なぜもっと早く気づかなかったかと嘆いたか。

いずれにしろこの決議をきっかけに、国会や北海道議会でも論議が始まり、世論が大きく動き出す。ところがこの廃止論議が思わぬ波紋を呼ぶ。かんじんの北海道ウタリ協会が、総会で廃止に反対する決議をしたのだ。

なぜ反対したのかと、理由を知らない人たちは不思議がった。アイヌ協会の野村義一会長の述懐によると、実は旭川アイヌ協会の人たちは賛成だったという。しかし北海道アイヌ協会の人たちと話し合い、この保護法を残すことで、死文化されて、なにもしてくれなかったという生き証人として、私たちがこの法律を背負ってウタリ対策を国に訴えるからもう少し時間をくれないか、ということで反対したのだという。以上は『野村義一と北海道ウタリ協会』（竹内渉著）による。

一九七二（昭和四七）年、世論が高まる中、北海道はこれ以上、放っておけないと判断して、道ウタリ協会の動向を見ながら、第一回ウタリ生活実態調査を行った。

『アヌタリアイヌ』が発刊

この年六月、「アヌタリアイヌ（われら人間）」と題する新しい新聞が、アヌタリアイヌ刊行会（札幌市白石区）から創刊された。B４判活字印刷八頁のもので、一面と二面を通して特集「座談会」とし、「有珠の海を汚すな！　伊達火力発電所建設に反対するアイヌの漁民たち」の表題で、五人が出席して開催。司会は編集部の若い女性記者が担当した。

伊達火力反対闘争が始まってすでに四年。目先の金に騙されるなと必死に抵抗する漁民たち。座談会はこんな形で展開する。

司会　伊達火力発電所建設になぜ反対するのですか。
Ａ　北電が建って公害が出たら、我々の漁業が成り立たなくなるということよ。
Ｂ　百害あって一利なしということだな。
Ｃ　温排水というのは、並の海水より八度から一四度の温度差が有る。そうなると海の動植物

ANUTARI AYNU
「道」は信用できん
もう、昔のアイヌではない
アヌタリアイヌ
われら人間
価格100円
1973年6月1日
創刊号
アヌタリアイヌ刊行会発行
特集
座談会
有珠の海を汚すな！
伊達火力発電所建設に反対するアイヌの漁民たち
初めはノンビリと、だが
海が在っては生

『アヌタリアイヌ（われら人間）』の創刊号（北海道立図書館蔵）

は温度差に敏感だから、プランクトン類が死滅してしまう。我々海に生きる者にとって死活問題なんだ。火力発電所はプランクトン殺害兵器だ。

D　大気汚染もすごいようです。重油を燃やすもんだから、亜硫酸ガスが排出される。

B　雨と混じると硫酸になるったか。

D　硫酸ミストになるっちゅう話だ。その煙が二十キロまで届くそうだ。肺気腫、慢性気管支炎、喘息などの病気が増える。喜ぶはずの医者も反対している。

A　そんなものの影響を受けたら、おれらの商売だめになるんだ。

B　漁師ってのは、海在ってはじめて生きてきたんだから、この海なくなったら終わりだっちゅうことだ。

司会　むこうで出している公害防止協定とい

うのは、どうなんですか。

D　うん、協定はしてるというものの、ほれ、カドミュムが検出されたというと、札幌の市場などでは、伊達のモノは売ってませんという看板を出してな。そんな事態になる。被害が出たらいったい誰が後始末をするのだ。伊達市だってそういう機関はないし、結局、道にすべて頼ることになろうが、道自体が今まで誤魔化しをやってきているので、誰も信用しないよ。

B　もうペテン師だよ。

C　電力会社の手先だもんな。

A　昔のアイヌは、シャモに騙されたけど、今のアイヌはそうではない。

E　(遅れて登場)最早ここまできたら公害論争では阻止できない。火力が建って、どれだけ地域住民にとって利益があるのか、という明白なものが必要だ。みすみす公害をまき散らすのを知っていて抗議しないわけにはいかない。ここの闘争が強いのは、漁場をウタリで守るんだという意識と、正しいことを俺たちはやっているんだということが自信になっているんだ。

わたしたちを拘束しているもの

同紙の三面は「エカシ・フチを訪ねて」の初回で、女性記者のインタビュー。四面は編集長の寄稿文「チャランケ」、五面はマンガ「ウンディドニーは占拠された」、六、七面は、衆議院予算委員会に於ける北海道選出議員のアイヌ民族問題に対する質問と、政府側の答弁を議事録から収録したもの。八面は短信。「編集後記」にはこう書かれている。

わたしたちはあくまで縁の下の力持ちでいたいと願っている。マスコミがわたしたちの予想を超える形で一見華々しく報道してくれたため、少なくない人々からの批判もあった。マスコミへどう対すべきか不慣れであったわたしたちは、たとえ「売名行為」という非難でも甘んじて受けようと思う。わたしたちの本意は、この紙面が様々な人々の様々な声で埋まることである。
今わたしたちが直面しているのは、人種としての「アイヌ」でもなく、民族としての「アイヌ」でもなく、ただ、状況としての「アイヌ」——人々がわたしたちを「アイヌ」と呼ぶ、その「アイヌ」という意味が、わたしたちの生き方を拘束するものになっている状況——である。わたしたちが強いられている、この状況としての「アイヌ」こそわたしたちの問題である。

この一連の文面から、高橋真が発行してきた『アイヌ新聞』とは、異なる意識を持つ新聞であることがわかる。つまり「アイヌ」と呼ばれる本質的な問題点を打ち破らない限り、拘束から解き放たれることがないという〝血の叫び〟が籠もっている。
『アヌタリアイヌ』は以後、二年半ほどにわたり、二〇号まで発行され、廃刊になった。最近、同紙の元女性記者と出会う機会を得た。すでに半世紀もの歳月が流れていた。

――新聞を発行する前に、高橋真の『アイヌ新聞』を知っていましたか。

元女性記者 知りませんでした。『アヌタリアイヌ』を出すことになり、『北海道新聞』などの記者などから取材を受けて、初めて知りました。

――どんな思いで新聞作りを始めたのですか。

元女性記者 わたしたちの存在を理解しようとしない社会への、何といったらいいでしょうか、挑戦状のような、そんなつもりでした。編集長が精神的なバックボーン、あとは私一人でやりました。経営は大変でした。新聞を一部百円で売りましたが、制作費が足りずに仲間たちから応援してもらいました。無我夢中でやりました。いま考えると、よくやったなと思います。

「風雪の群像」像が爆破

この年九月二〇日夜、日高管内静内町の公園に建つ「シャクシャイン像」の一部が何者かに損壊された。続いて一〇月二三日夜一一時半頃、旭川市常磐公園の「風雪の群像」が大音響を立てて吹っ飛んだ。『北海道新聞』は翌朝の紙面で、次の見出しで報じた。

「風雪の群像」吹っ飛ぶ／旭川常磐公園

過激派？　マイトで／無残、アイヌ像は粉々／五体中、無キズは２つ

この彫刻はわが国でも著名な彫刻家として知られる本郷新により、二年前に制作、設置されたもので、和人とアイヌ民族の融和を願い、和人の男女像四体とアイヌ民族の男性像の五体からなる大彫刻である。

それが一瞬にして爆破され、五体の像のうち三体は破壊され、そのうちのアイヌ像は地面に崩れ落ちて無残な姿を晒していた。

昭和47年10月24日　（火曜日）

『風雪の群像』吹っ飛ぶ

旭川　常磐公園

過激派？マイトで

無残、アイヌ像は粉々

五体中、無キズは2つ

「風雪の群像」爆破を報じる『北海道新聞』（1972年10月24日）

旭川市はもとより北海道にとっても貴重な文化財とされていただけに、衝撃は大きかった。

また同時刻に、札幌市の北海道大学内のアイヌ民族展示品が爆破される事件が起こった。北海道警察本部は二つの事件の関連性も含めて捜査を開始した。

この事件を聞いた真は憮然となった。もし、これがアイヌ民族による行為

だったなら許せぬ、という思いが募った。いや、和人だって許せない、なぜ、暴力に訴えねばならないのか。アイヌ民族の思いを通したいという気持ちはわからぬではないが、それをやっては、これまでこつこつと積み上げてきたものが崩れてしまうではないか、とぼやきつつ、頭を抱えた。

これは、真と親しかったアイヌ青年が、後に筆者の取材に応じた思い出話による。

だがその後も室蘭市でアイヌ慰霊碑に落書き、登別市で知里真志保碑が汚損されるなどの被害が相次いだ。

白髪の真、眼光鋭く

一九七三（昭和四八）年一月二一日、札幌市で「全国アイヌの語る会」が開催され、大勢のアイヌ民族や和人たちが出席して、盛り上がりをみせた。

道は翌一九七四（昭和四九）年から第一次北海道ウタリ福祉対策計画をスタートさせた。七五（昭和五〇）年、旭川アイヌ協会が一〇年ぶりにマラットオプニカ（クマの霊送り）を催した。

この頃のことと思うが、真の従弟を父に持つ高橋比登美の思い出話が、前出の『戦後アイヌ民族活動史』に見える。要約するとこうだ。

「小さい頃、母や祖母に連れられて町に買い物に行きました。たまに町中で高橋真にばったり出会うことがありました。高橋は見事な白髪で、いつも身なりをきちんとしていました。よく小さな私

全国アイヌの語る会（竹内渉さん提供）

にチョコレートをくれました。子どもごころに『このおじちゃんはパチンコをしてたのかな』と思っていました。チョコレートを丸のまま一枚もらえる事なんてなかったので、とても嬉しかったのを覚えています」

父がよくパチンコ店に出入りしていたので、そう思ったのである。

「母に、何気なくその話をすると、母はこう答えたのです。あんた達だけではない。あの人はアイヌの子どもを見たら、必ず何かをやってたよ、と言ったのです」

少女だった比登美は、後に真の生涯を知るにつけて、なぜわたし達アイヌの子どもに物をくれるのかと、考えてしまうのです、と結んでいる。

「高橋」姓に一瞬、息を呑んだ。これまで探し続けてわからなかった真の家系に繋がる人物、と咄嗟に感じた。インターネットで調べると、現在は札幌市西区に住み、アイヌ文化財団のアドバイザーとして、アイヌの口承文芸の講師を務めているのを知った。

豊岡喜一郎と語り合う真（左。『キイチのユーカラ』より）

急ぎ連絡を取り、話を聞いた。それによると比登美さんの祖父は田邉姓、祖母は鎌田姓を名乗り、父（田邉姓）と真の父（鎌田姓から妻の姓の高橋姓に）は兄弟だった。娘の比登美さんは田邉姓だったが、結婚して高橋姓になった。

「偶然、高橋姓になっただけで、高橋真さんのことはそれ以上知らないのです」

と申し訳なさそうに話した。

取材をしていて迷路に迷い込むことはしばしばあるが、こんな偶然に直面して内心舌を巻くほど驚いた。

もう一つ、真の髪が白髪だったとする文面に初めて出会い、驚いた。あんなに真っ黒い髪だったのに。だが『戦後アイヌ民族活動史』の著者、竹内渉さんから、「豊岡喜一郎著『キイチのユーカラ』（私家版）に真の晩年の写真が掲載されている」と教えられ、そのコピーを受け取った。真と喜一郎が向かい合っている背広、ネクタイ姿の写真で、「昭和五一年三月、高橋氏と共

ペカンペ祭り（標茶町の塘路湖畔。1975年、著者撮影）

に札幌で」と説明書きがついている。

真の白髪は短く刈り込まれていて、黒髪だった時代しか知らない筆者は、思わず声を上げた。しかもその表情は新聞記者の頃の穏やかさは見られず、むしろ同族の後輩を見守るような雰囲気が感じられた。

この頃、真は何をしていたのか。アイヌ高橋真の名で『アイヌ伝説集　阿寒地方篇』を出してすでに一〇年。『熊・クマ・羆』に短文を寄稿して五年。五六歳になっている。文筆を断ったままの時期になる。暇さえあれば酒に浸っていたとされるが、そんな印象は微塵もない。

思うに真は、後輩の同族が文化や芸術などの場で行動するたびに、現地へ赴いて、激励していたのであろう。いまを生

カムイコタン祭りで川村カ子トさんと話す筆者（1975年）

きる若いウタリを励まし、期待を寄せることこそ、真の残されていた道だったと考えると、何かすとんと落ちる気がする。

筆者が、著書『北海道祭りの旅』の取材を始めたのはこの時期である。道内に伝わる祭りを二年がかりでまとめるもので、第二章の「アイヌ祭り」に「ペカンペ祭り」「マリモ祭り」「カムイコタン祭り」「クマ祭り」「シャクシャイン祭り」の五つを取り上げようと取材して回った。

どの祭りにも味わい深い思い出があるが、もっとも心に響いたのは標茶町の塘路《とうろ》湖湖畔で催された「ペカンペ祭り」。食物となるペカンペ、すなわちヒシの実を祭壇に供え、敬虔な祈りを捧げる。この祭りが済むまでペカンペを採ってはいけないという約束があるのだ。しかし、セチカペカンペというところだけは、子どもがいつ採ってもいい場所なのを知り、自然を神とする民族の優しさを思い知らされた。

「カムイコタン祭り」は旭川市神居古譚の石狩川が舞台。この流域には神が棲み、舟を使うのはご法度とされる。祭主の川村カ子《ね》ト・エカシが岩山に登り、川に向かって木幣を投げる。神を鎮めるこの神事が終わると、アイヌ女性たちの踊りが行われ、心を熱くしたものだ。
この本が北海道新聞社から出版されたのは一九七七（昭和五二）年春である。

真、死す

この期間、真は、アイヌ協会からも、誰からも、何の誘いもないまま、時々、後輩の同族の展覧会などに顔を出すほかは、部屋に閉じこもってわずかな酒を飲んでいた。真の心の中に沈んだまま動かないもの、それはやはり、虚しさだけだったに違いない。

アイヌ解放運動の先陣に立っていると自負しても、それはたった一人で新聞を作るという、小さな闘いに過ぎず、支持者の広がらないものだった。だがアイヌ先覚者の一人である荒井源次郎は真の行動を讃え、『月刊　豊談』（三四五号、一九八六年）に次の文章を寄せている。

・文筆口舌の雄として知られる高橋真

荒井源次郎（元旭川市職員）

高橋真氏は北海タイムスの記者として永きにわたり文筆を揮っていたが、終戦後いち早く札幌においてアイヌ問題研究所開設、機関紙アイヌ新聞を発行した。「アイヌ言論機関」として、ウタリ（同属）の心の糧ともなり、民主化への警鐘たらんとして、その使命遂行実現のため特異的新聞として、ウタリはもちろん一般社会的にも好評を博したものだった。

このように真を高く評価する同族の者もいたが、反面、期待しながらもいつしか離れていき、結局、見捨てられた——という結果になった。それは真の行動に対する嫌悪感のようなものだった、と思えてならない。

真を知る人はもう少なくなったが、その中の一人である元北海道アイヌ協会副理事長はこう語る。

「高橋さんは私らより一回り上なのでよく知らないが、終戦直後、アイヌ解放を叫んで妙なシャモのお先棒を担いで行動していたと聞いています。アイヌ民族の代表のような顔をしていたが、民族の代表でも何でもない。正義ぶって正論を吐いているけれど、誰もついていかない。結局、最後まで一人だった。侘しい生涯だったと思います」

いま、真がこの言葉を聞いたら、何と答えるだろうか。

「いいんだよ。それで。やるだけやったんだから、悔いはない」

真なら、そう答えるだろうと、筆者は思う。

真が亡くなったのは一九七六(昭和五一)年七月一三日。筆者が祭りの取材に没頭していた最中《さなか》に当たる。何をするでもなく酒も飲めなくなり、その挙げ句、病に臥して亡くなった、との説もあるが、実際は帯広市内で自転車に乗っているうちに何かのはずみでよろけて転倒して頭を打ち、そのまま亡くなった、というのが真相らしい。これは従妹の上野サダの話による。

通夜、葬儀が行われたが、どんなものだったか判然としない。ただ、真に目をかけていた十勝毎日新聞社社長の林克巳が通夜にも葬儀にも顔を出したといわれる。いずれにしろ寂しい最期であったろうと推測するばかりである。

思わぬ話が伝わっている。真が亡くなったので、大家であるサダは、整理して「空き室」にしなければならず、部屋の家財道具のいっさいを処分した。

「真の机の上に並んでいた何十冊ものノートも、全部焼いてしまいました」

これを聞いた林はあわてて、激怒した。そうして力なくぼやいたという。

「ノートだけでも残して置いてくれたらよかったのに」

この嘆きは、現在の筆者にも通じる。そこに真の生きてきた証が残されていたはず。一番欲しいのは本人の戸籍簿。いまとなっては除籍簿になろうが、父親の名だけは確認できたものの、亡き母の名も、二番目の母の名も、そして実弟妹の名も異母弟妹の名も、まったくわからないままなのである。もし何かメモでも残っていたら――、返すがえすも残念でならない。

慰霊碑に刻まれた母の名？

真が亡くなって一カ月後の八月一一日、真の故郷、幕別墓地で「ヤムワッカウタリ慰霊碑」の除幕式が催され、地元のアイヌの人たちが大勢集まり、祈りを捧げた。

実は一九六七（昭和四二）年、幕別墓地の横を通る国道二四二号の修復作業中、現場から二〇体の遺骨が発見された。その遺骨は開拓に入った和人のものではなく、このあたりに住んでいたヤムワッカのアイヌ民族の先祖のものとされた。

遺骨は墓地の一角に仮埋葬され、この地域のアイヌ民族たちが一〇年も前から慰霊碑を建てる活動を続けてきた。それがやっと完成にこぎつけたのだった。

なぜこんな話を長々とするのかというと、この碑が意外な展開をみせることになる。

小助川勝義著『マクンベツウンクル――幕別におけるアイヌ文化の記録』（幕別町教育委員会）によると、碑の正面中央に「慰霊碑」、その左側に堂垣内尚弘（道知事）書とあり、右側面に「ヤムワッカウタリ」、左側面に一一家の家名が書かれている。裏面には建立の経過などが記され、その下段に三〇家の家名が並んでいる。その家名の九番目に次のように刻まれていたのだ。

高橋真家

高橋みさ子家

思わず、声を上げた。夢中で頁をめくると、慰霊碑建立出資者御芳名として次の通り書かれていた。

一金　一万円也　高橋真

同　　　　　　　高橋功

高橋みさ子、高橋功……、初めて聞く名である。この名は一体、誰なのか。真のそばに記されているのだから、近親者であることに相違はないはず。すぐに幕別町教育委員会に質し、調べてもらったが、わからないという。

こんがらかった頭を整理しながら考えた。真は亡くなる前から慰霊碑建立に協力していたのは明らかだが、真家のそばに記した高橋みさ子家こそ、真の母を指すのではないかと考えた。この段階にきても、実母の名も、継母の名も、不明のままだった。父の高橋勝次郎は一九七三（昭和四八）年に亡くなり、以後、真と実家は無縁状態になっていた。

父勝次郎は帯広の伏古村の鎌田家の次男に生まれ、幕別の白人《ちろっと》村のアイヌ女性と結婚して、妻の姓（高橋姓）を名乗ったのはすでに述べた通り。この夫妻の間に生まれたのが真だが、母は真が小学生時代に亡くなり、新しい母を迎えた。幼い真にとって、亡き母のいないわが家は〝針の筵〟であったに違いない。

ここからは筆者の推測だが、亡き母に安寧の地がないことに気づいた真は、慰霊碑の建立の話が出た段階で、ここに自らの家名と母の家名を並べて刻もうと考え、碑建立の出資者になった。いまを生きる長男として、母の名を刻むことこそ残された道と思った。高橋功という人物は母の兄弟（姉妹）かその肉親とすると、真がよくよく頼み込んでのことだろうと推察したい。

この話を竹内渉さんにすると、

「みさ子はお母さんでしょう。かなり濃厚ですね」

と同意してくれた。胸のもやもやが消えていくのを感じた。

真の死後に新たな『アイヌ新聞』

真が亡くなった翌一九七七（昭和五二）年の六月一五日、新たな『アイヌ新聞』が創刊された。「アイヌ解放同盟　編集発行人　結城庄司　発行所　アイヌ新聞社」によるもので、A3判四頁の活字印刷という本格的な仕様。

題字の上に「アイヌ民族解放！　ウタリよ団結せよ！　万国の労働者・被抑圧民族団結せよ！」と書かれており、一面トップに「新『アイヌ新聞』の発刊によせて」として「ウタリ高橋真先輩の遺志をついで前進しよう！」の見出しで、真の『アイヌ新聞』発刊の辞を掲載し、アイヌ差別廃止を強く訴えているほか、左側に苫小牧の差別裁判に打ち勝ち、無実の青年を奪還しようと主張している。

二面は参議院選挙に立候補した同族候補のインタビュー、『北大医学部新聞』の内容を「差別記事とシャモの実態」の見出しで批判したもので、その記事を全文掲載したうえで、逐一その表現を指摘している。

注目すべきは三面で、「ソ連の横暴糾弾し／シサムの人民と連帯して／北方領土返還のために闘おう！」の見出しで、アイヌを〝民族〟として認めることを起点にして、協力して運動を展開しようと呼びかけている。

アイヌ民族解放！ウタリよ団結せよ！万国の労働者・被抑圧民族団結せよ！
創刊号
1977.6.15.
（月1回発行）
購価 100円
アイヌ新聞
アイヌ解放同盟
編集発行人 結城庄司
発行所
アイヌ新聞社
札幌市白石区中央2条6丁目5
電宮荘 TEL 86)-3703
新「アイヌ新聞」の発刊によせて
ウタリ高橋真先輩の
遺志をついで前進しよう！
苫小牧差別裁判うちくだき
無実の山本青年を奪還しよう！
デッチあげに私は負けない
差別されて苦しかった生いたち
私は闘うアイヌになる！
支援に応え勝利するまで闘う
アイヌ解放
アイヌ解放同盟
代表・結城庄司
創刊号
三五〇円
発行・労農通信社
発売・濁江紅
●この雑誌は最寄りの書店に「濁江紅」発売と銘記して申し込めば入手できます。

『アイヌ新聞』創刊号

もう一つ、中国の『人民日報』が報じた「北方領土の土着民、アイヌ人」として紹介した記事。「アイヌ民族は昔、日本の東北部（主に北海道の日高地方および旭川、釧路など）と千島列島一帯に分布し、また本州の若干の地方にわずかに散在していた」として、「七世紀の後半には『エゾ』（蝦夷）と呼ばれた。これは日本の支配的地位を占める大和民族による蔑称であった」と書いた。

そのうえで、千島列島に住むアイヌ人は主に北海道から渡ってきたもので、「豊かな文化遺産を持ち、刺しゅうや彫刻がうまく、舞踏を好み、多くの詩歌等の文学作品を創造し、記憶によって代々伝えた」などと紹介している

四面は文芸欄で、江口カナメ（故人）の「歌集　アウタリ　より」として、短歌三五首を本人の写真入りで紹介している。「われはアイヌ」から数首を掲げる。（三行首になっているので、改行を空白で示した）

真実を追求せむと　アイヌてふ活字を見れば　スクラップとす
支配され　され乍ら支配せむ心決めたる今日　沈黙守る
声あげて叫ひみたし　胸の中限りなきにし　民族愛を
朝刊にアイヌてふ文字目を射たり　息をひそめて　心して見る
われアイヌ　遠き歴史におよばねど　執念の如くその歌創る
死ぬまでに生きておられぬ　人生に　歌いて生きて何を求めむ

同紙は以後、八月二〇日、九月二〇日、そして翌一九七八年六月二〇日の第四号まで発行され、終刊となった。

旧土人保護法を廃止し、新たな法律を

一九七八（昭和五三）年四月、道ウタリ協会は総会を開き、旧北海道土人保護法の存廃論議の継続と、北方領土問題に関わる特別委員会の設置を決議した。これを機に同会の動きが活発化していく。

七九（昭和五四）年、北海道は第二回道ウタリ生活実態調査を実施した。続いて二年後の八一（昭和五六）年、第二次ウタリ福祉対策計画をスタートさせた。

こうした経過を辿って八二（昭和五七）年五月、道ウタリ協会の総会で、北方領土の先住権の留保を正式に発表し、北海道旧土人保護法の廃止と新しい法律制定を決議した。その一方で文部省に対して高等学校社会科教科書検定問題について抗議書を提出。北海道大学に保管しているアイヌ遺骨の返還を求めた。

八三（昭和五八）年はもっとも激しい運動が展開された。五月の総会で、北方領土問題に関する基本方針として「全千島における先住民族アイヌの地位の再確認」と「北海道についても先住者が

アイヌであったことの明確化」を決議した。「アイヌ史編集委員会」が設置され、編集事業が始まったのに続いて、北海道アイヌ古式舞踊連合保存会が設立された。

八四（昭和五九）年一月、アイヌ古式舞踊が国の重要無形文化財の指定を受けた。各地でアイヌの古式舞踊を継承してきた人たちは、歓喜の声を挙げた。

五月には協会の総会が開かれ、「アイヌ民族に関する法律（案）」を採択。知事、道議会議長に対して、アイヌ新法を要請。同時に各政党、市長会、町村会らに要請文が届けられた。

そして八月、北海道大学医学部のアイヌ納骨堂でウタリ協会主催の第一回イチャルパが催されたのである。アイヌ民族や理解を示す和人たちも多数が参加して、厳かに行われ、先人たちの霊に祈りを捧げた。

この間に二つの大きな動きが注目を集めた。一つは「二風谷ダム訴訟」、もう一つは「アイヌ遺骨返還問題」である。

二風谷ダム訴訟の始まりは、国が一九七一（昭和四六）年苫小牧東部大規模工業基地（現在の苫東地域）へ工業用水を供給するため、平取町二風谷地区に大規模ダムを建設する計画を明らかにしたことから。ダムは八六（昭和六二）年に完成するが、八九（平成元）年、平取町に住む貝沢正、萱野茂らが地権者となって北海道収用委員会を相手取り、土地収用採決の取り消しを求める行政訴訟を起こしたのである。

もう一つのアイヌ遺骨返還問題は、研究目的で発掘された遺骨が国内一一大学に一六七六体、博物館など一一施設に七〇体が保管されており、これを返還すべきとして立ち上がった。まず北海道大学医学部に対して遺骨の返還を要求し、交渉の結果、後に平取町、新ひだか町などへ返還された。だが返還のすべては終わらず、なおも交渉は続いた。

以下、アイヌ民族に関わるその後の動きを『アイヌ民族の概要――北海道アイヌ協会活動を含め』及び「先駆者の集い」(一四〇号~一四九号)などを参照にまとめた。

西暦(元号)	アイヌ民族を巡る動き
一九八五(昭和六〇)年	国連作業部会「先住民族の権利に関する国連宣言」の起草作業開始。
一九八六(昭和六一)年	道、第三回北海道ウタリ生活実施調査。 九月、中曾根総理大臣が「日本は単一民族国家である」と発言、抗議の声上がる。
一九八七(昭和六二)年	真、一三回忌。 八月、アイヌ民族代表が初めてスイス・ジュネーブで開かれた第五回国連先住民作業部会に参加し、アイヌ民族問題について発言。以後アイヌ民族代表は、国連関連会議に継続参加。
一九八八(昭和六三)年	三月、北海道知事の私的諮問機関「ウタリ問題懇話会」は、北海道ウタリ協会の陳情に対して、アイヌに関する新しい立法措置の必要性を報告。

一九八九（平成元）年　四月、道は第三次北海道ウタリ福祉対策計画をスタート。

五月、総会で道ウタリ問題懇話会の報告趣旨に沿った新法を制定すべきと決議。

知事・道議会が北海道旧土人保護法の廃止とアイヌ新法の制定について要請。

三月、第一回アイヌ民族文化祭を開催（以後毎年開催）。

九月、スイス・ジュネーブでのＩＬＯ総会は、過去の同化政策を否定し、先住民族の固有性、社会的、経済的、文化的発展のためＩＬＯの一〇七号条約から一六九号条約を改正。

一一月、アイヌ民族の新法制定促進総決起集会及びデモ行進を札幌市内で実施。

一二月、政府は内閣内政審議室を中心に一〇省からなる「アイヌ新法問題検討委員会」を設置。


一九九〇（平成二）年　二月、国連総会で一九九三年を「世界の先住民のための国際年（略称、国際先住民年）」とすることを採択。

真、一七回忌。


一九九一（平成三）年　四月、参議院内閣委員会内政審議室長が「政府は初めてアイヌが少数民族に該当する旨」答弁。

一九九二（平成四）年　一二月、ニューヨーク国連本部総会会議室で行われた国際先住民年の開会式に世界先住民族から一八人、二団体が招待され、北海道ウタリ協会理事長野村義一がアイヌ民族を代表して記念講演。

一九九三（平成五）年　道、第四回北海道ウタリ生活実態調査を実施。

一九九四(平成六)年

九月、「国際先住年」を記念して市民団体と合同してグアテマラ先住民のリゴベルタ・メンチュウ・トゥム(一九九二年ノーベル平和賞受賞者、国際先住年国連親善大使)を北海道に招待。アイヌ民族と交流した。国際年の行事が各地で開催。

一〇月、メキシコで開かれた第二回先住民族サミットに北海道ウタリ協会・笹村副理事長が出席しメッセージを披露。

一一月、内閣総理大臣宛のアイヌ新法制定を求める二六万五四一五人の署名簿を内閣官房長官に提出。

八月、萱野茂氏が参議院比例代表に繰り上げ当選。アイヌ民族初の国会議員が誕生。

九月、「世界の先住民の国際十年」記念事業として特別展「ピㇼカノカ」(アイヌ文様から見た民族の心)を札幌で開催。

一二月、「世界の先住民の国際十年」開幕。国連はこの一〇年の間、八月九日を「国際先住民の日」として祝うことを決議。

一九九五(平成七)年

政府にアイヌ新法検討プロジェクトが設置され、審議会(懇談会)の設置申し入れ。

三月、「ウタリ対策のあり方に関する有識者懇談会」(内閣官房長官の私的諮問機関)設置。

四月、道、第四次北海道ウタリ福祉対策計画スタート。

一九九六(平成八)年　四月、「ウタリ対策のあり方に関する有識者懇談会」が新たな立法措置を含む報告書を内閣官房長官に提出。

五月、ウタリ協会総会で懇談会報告書の受け入れを決定。


一九九七(平成九)年　三月、札幌地裁は「二風谷ダム裁判」結審。国際人権規約B規約第二七条に規定される先住民族であるとしてその「文化享有権」を認定。

七月、「アイヌ文化の振興並びにアイヌの伝統等に関する知識の普及及び啓発に関する法律」の施行（同時に北海道旧土人保護法は廃止に）。

アイヌ文化振興・研究推進機構が設立。法務省人権擁護推進審議会がアイヌ民族の人権状況に関する意見聴取。


一九九九(平成一一)年　七月、道、国の要請を受け、伝統的生活空間（イオル）の再生に関し、基本構想を策定。

一〇月、道、第五回北海道ウタリ生活実態調査。

一二月、法務省人権擁護推進審議会の第二回アイヌ民族人権調査。


二〇〇〇(平成一二)年　真、二三回忌。

六月、国はアイヌ文化振興等施策推進会議を設置し、伝統的生活空間（イオル）再生を含めた検討を開始。並行して道はアイヌ文化振興等施策推進北海道会議を設置。


二〇〇二(平成一四)年　四月、道、第一次アイヌ生活向上推進方策スタート。

一一月、国連人権委員会先住民族の人権に関する特別報告官ロドルフォ・スタベーンハーゲンを北海道に招聘し、アイヌ民族に関する人権状況の視察、情報を提供。

二〇〇三（平成一五）年
三月、参議院憲法調査会で、アイヌ協会代表が法制度の強化とアイヌの人権状況の改善について意見を陳述。

二〇〇四（平成一六）年
七月、国、「イオル再生等アイヌ文化伝承方策検討委員会」を設置。国が検討主体に。

二〇〇五（平成一七）年
五月、日本人類学会会長に対し、アイヌ民族の古人骨等の調査について文書照会。遺骨収集の実態ほか。
七月、国、「アイヌの伝統的生活空間の再生に関する基本構想」を決定。
一〇月、道、第六回北海道アイヌ生活実態調査。

二〇〇七（平成一九）年
四月、北海道大学がアイヌ・先住民研究センターを開設。
九月、国連総会で「先住民族の権利に関する国際連合宣言」を採択（賛成一四四、反対四、棄権一一、欠席三三。日本政府は賛成票を投じる）。

二〇〇八（平成二〇）年
三月、超党派国会議員連盟「アイヌ民族の権利確立を考える議員の会」設立。会長に今津寛衆議。
五月、国連経済社会理事会に設置の先住民問題常設フォーラムに道アイヌ協会の正副理事長参加。
六月、衆参両議院において「アイヌ民族を先住民族とすることを求める決議」

が全会一致で採択。

二〇〇九（平成二一）年
八月、国、内閣官房長官の下に「アイヌ政策のあり方に関する有識者懇談会」を設置。加藤忠・道ウタリ協会理事長が委員として参画。

一〇月、北海道大学が初めて「北海道アイヌ民族生活実態調査」を実施。

四月、北海道アイヌ協会に名称変更。五月、総会。

七月、「アイヌ民族の権利確立を考える議員の会」開催。「アイヌ政策のあり方に関する有識者懇談会」が内閣官房長官に報告書を提出。

八月、内閣官房にアイヌ総合政策室を設置。

二〇一〇（平成二二）年
八月、「アイヌ民族の権利確立を考える議員の会」開催。

真、三三回忌。

二〇一一（平成二三）年
八月、アイヌ政策推進会議の下に「政策推進作業部会」を設置。道アイヌ協会・加藤理事長、阿部副理事長らが委員として参画。

二〇一二（平成二四）年
一二月、「アイヌ政策推進北海道議会議員連盟」設立。会長に神戸典臣道議。

二〇一三（平成二五）年
八月、民学官の連携の下、アイヌ語の挨拶、「イランカラプテ」（こんにちは）を北海道のおもてなしのキーワードに決定。キャンペーンを開始。

一〇月、内閣府が「国民のアイヌに対する理解度に関する世論調査」を実施。認知度は「知っている」九五・三％、「知らない」三・八％。差別や偏見の有無は「平等だと思う」五〇・四％、「平等でないと思う」三三・五％。

二〇一四（平成二六）年
六月、政府はアイヌ文化の復興等を促進するため「民族共生の象徴となる空間」

の整備及び管理運営に関する基本方針を閣議決定。

二〇一五（平成二七）年
夏、シュネーブ国連欧州本部で開催された人種差別撤廃国際会議に阿部副理事長出席。ニューヨークの国連本部で開催された世界先住民族会議に阿部副理事長と菊地理事が政府代表団として出席。
四月、道立アイヌ民族文化研究センターと道開拓記念館が統合され、北海道博物館アイヌ民族文化研究センターが開設。
一〇月、知事と加藤理事長、内閣官房長官に立法措置を要請。

二〇一六（平成二八）年
三月、文部科学省に対し、アイヌ民族の歴史記述の在り方につき、学習指導要領の改定に反映されるよう要請。

五月、アイヌ政策推進会議で、白老町に建設する施設の名称を「民族共生象徴空間」「国立アイヌ民族博物館」「国立民族共生公園」と正式決定。官房長官の意向に基づき「これまでの固定観念や先入観を取り払い、アイヌに寄り添った観点で行う」との基本的考え方を明記。

六月、アイヌ政策推進北海道議会議員連盟が開催。ほか動き活発。

九月、北海道大学、札幌医科大学は身元が判明したアイヌ民族の遺骨等の返還の手続きを開始。

一二月、アイヌ弁論大会、千歳市で開催。二〇回に。

二〇一七（平成二九）年
一月、アイヌ民族文化祭、旭川市で開催。三〇回に。
二月、北海道旭川伝統工芸展、札幌市で開催。五〇回に。在ドイツ日本大使館でドイツのベルリン大学に保管されていたアイヌ民族の遺骨の返還式。

二〇一八(平成三〇)年　一〇月、北海道一五〇年を期して北海道アイヌ協会加藤忠理事長が「北海道一五〇年特別功労賞」を受賞。

二〇一九(平成三一/令和元)年　第一条に「先住民族アイヌ」と明記された「アイヌ施策推進法(略称)」を国会で議決。

五月一日、改元、令和に。五月二四日、同法施行。

一二月、アイヌ遺骨及び副葬品が集約され、鎮魂式並びにカムイノミ・イチャルパを実施。大学関係者やアイヌ協会役員や地区協会長のほか道内外から多数列席。

二〇二〇(令和二)年　白老町に建設中の民族共生象徴空間、愛称ウポポイが完成。新型コロナウイルス禍に遭遇し、開館が七月にずれ込む。

一〇月一四日、民族共生象徴空間ウポポイの慰霊施設で、イチャルパを実施。アイヌ協会員のほか、遺骨を収めた大学関係者が出席。

浦幌町のラポロアイヌネイションがサケ漁を規制する国、道を相手取り、サケ漁を行う権利を求めて札幌地裁に提訴。

真、生誕一〇〇年。

ウポポイを巡る

「アイヌ民族を巡る動き」を長々と掲げたが、こうした経過を辿って終盤の二〇一九（平成三一）年に、アイヌ民族を先住民族とする「アイヌ施策推進法」が国会で議決された。翌月の五月一日に令和元年と改元されてほどなく同法が施行された。

そして翌二〇二〇（令和二）年春、北海道白老町ポロト湖畔に民族共生象徴空間、愛称「ウポポイ」が完成したのである。偶然だが真の誕生日は一九二〇年の二月二日で、ちょうど生誕百年に当たると知り、不思議な感想を抱いた。

アイヌ施策推進法の施行とウポポイの実現により、アイヌ民族を見る目が、日々、変化しているのを実感するようになった。それは北海道だけに留まっていた〝内なる問題〟が全国的に流布され、日本人は単一民族（大和民族）ではないことを認めた若い人たちを中心に、具体的な動きが活発化しだしたことである。

アイヌ文様やアイヌの楽器、アイヌ舞踊などを身近に目にし耳にすることが多くなったのが一番の変化だが、もっとも驚かされたのは、若い女性が口元に墨をあしらった化粧をしてテレビ画面に登場した時である。昔、アイヌ女性は結婚すると唇の周りに入れ墨をする習慣があったが、それが〝おしゃれ〟の化粧になったとは。思わず、唸った。

ウポポイとはアイヌ語で「(おおぜいで)歌うこと」の意で、ここは国立アイヌ民族博物館をはじめ、国立民族共生公園、慰霊施設から成り、国立民族共生公園には伝統的コタン、体験交流ホール、体験学習館、工房などの施設が設けられた。アイヌ文化を世界へ、未来へと発信する拠点である。

しかしこの年初めに新型コロナウイルス感染症が発生し、わが国はおろか世界中に蔓延した。このため開業が遅れ、厳しい防疫体制を敷いて七月一二日、ようやくオープンにこぎつけた。だがコロナ禍は収まるどころかますます猛威を振るい続けた。

冬陽こぼれる日、無理を承知でJR札幌駅から特急電車に乗り込んだ。

札幌から一時間余り。普段なら気軽な旅行コースなのに、神経をぴりぴりさせての旅立ちだった。やはり車内は乗客の姿が少ない。三〇分走ると南千歳駅。何人かの乗客が乗り込んだ。もしこの中に、東京・羽田からウポポイに向かうという人がいるなら、ここから僅か三〇分の距離である。

車窓に広がる冬陽の田園風景を眺めているうちに、目的地の白老に着いた。白老はアイヌ語で、シラ・オ・イ。「潮汐・多き・ところ」の意。別説でシラウ・オ・イ。「虻・多き・ところ」の意。

駅構内の誘導標識に従って駅裏側に出て、一〇分も歩くとウポポイに着く。正面ゲートで入場券を買い求め、誘導路に従い進んでいくと、湖畔にチキサニ広場がある。夏期はここで歓迎の舞踊が見られるのだが、この季節は行われていない。

眼前にはポロト湖が広がっている。ポロは「大きい」、ト、はトーで「沼」で、「大きい沼」の意。それが地名になったという。ちなみに小さい沼を示す「ポント」という沼も現存するという。

ウポポイの全景（(公財)アイヌ民族文化財団 提供。画像はイメージ）

国立アイヌ民族博物館に入ると右手にシアターがあり、アイヌ文化を二〇分で紹介してくれる。二階には基本展示室があり、アイヌ民族に関わる「私たちのことば」をはじめ「世界」「くらし」「歴史」「しごと」「交流」の六つのテーマを、民族の視点で紹介している。それぞれの分野ごとに口承文芸や地名の由来、交易と交流、儀礼や死生観、自然観、伝統的な生業などを展示、紹介している。おっ、と思うのが樺太アイヌの熊の霊送り儀礼の模型。着飾った子熊に添えられた高い木が目を引く。大事に飼育した子熊の霊をカムイ（神）の世界へかえすというアイヌ民族の信仰の原点を示すものだ。

二階パノラミックロビーからポロト湖が一望できる。この日は雪が舞っていて、白一色だったが、

「季節ごとに色彩が変化するのです。その美しいこと、言葉にできないほどです」

案内の女性が自然の変幻ぶりをこう語ってくれた。

一階のシアターでアイヌ民族の精神性に触れた後、国立民族共生公園の施設の一つ、工房へ。ここでは伝統工芸の木彫や刺繍が実演されており、その見事な手作業に感嘆させられた。実際に体験もできて、人気を集めている。

管理運営施設の建物の先に、復元したアイヌの伝統家屋「チセ」が五棟見えた。チセの中では内部の見学やアイヌ民族の暮らしが解説される。折しもアイヌ衣装をまとった若者が暖炉を囲み、「ネウサㇻアンロ」(口承文芸)の実演中だった。日々の暮らしの中で語り継がれてきた物語や叙事詩の語りで、見物客は興味深そうに聞き入っていた。また「アイヌ語紙しばい」も、子供たちの人気のひとつだという。

この湖畔のあたりは早くからアイヌ民族が住みつき、集落を形成していた。本文にも書いた通り、アイヌ新聞記者の高橋真が一九四六年、占領軍のスイング司令官とその家族を案内し、森竹竹市代表と会い、ウポポやユーカラを鑑賞した土地でもある。

ここから逆戻りして、体験交流ホールに入ると、アイヌ古式舞踊やムックリ演奏などが上演されていた。華麗な動画を背景にした若い男女の集団による舞踊は迫力があり、見学者たちの盛んな拍手を浴びていた。

外に出ると、一転、吹雪になっていた。北国特有の気象の変幻ぶりである。吹きっさらしの湖畔に立って、真を思った。真がひたすら願っていたこと、それはアイヌ民族を、人間らしく扱ってくれ、平等に扱ってくれ、ということだった。それがいま民族共生象徴空間という名の施設の誕生に

体験交流ホールでのアイヌ舞踊（(公財)アイヌ民族文化財団 提供）

イヨマンテの小熊の模型
（国立アイヌ民族博物館基本展示室「仔グマつなぎ杭」）

より、大勢の人たちが足を運び、少しずつだが理解されるようになった。

ウポポイの東はずれに建つ慰霊施設には、各大学から返還されたアイヌ民族の遺骨や副葬品が安置されている。その険しかった経過を振り返り、思わず頭を垂れた。吹雪がまた激しく、音を立てて過ぎた。

あとがき

私が高橋真の存在を知ったのは、本文でも述べた通り一九五八（昭和三三）年春、『北海道新聞』記者として帯広から釧路に転勤した直後である。市政記者クラブに配属されて、『北海タイムス』にアイヌ民族の記者がいるのを知り、正直、驚いたものである。

記者室は市役所の正面玄関に近い二階への階段を上ったすぐのところにあった。三〇平方メートルほどの部屋で、各社の記者一〇数人が雑居していた。壁に添って長机がカギ型に延びており、記者たちは庁内などで取材して戻ると、長机で原稿を書き、壁に備えつけの原稿ポストに入れる。定期的に「少年さん」と呼ばれる雇員（定時制高校生）がやってきて、その原稿を回収していく仕組みになっていた。

普段の記者クラブは和気あいあい。世間話をしたり、部屋の隅にある囲碁盤を前に、好きな者同士が勝負を競い合ったり。それを見ながら口を出す仲間たちもいた。

真記者は「マコちゃん」の愛称で呼ばれ、いつも室内にいて、皆の話の輪に入ることもなく、机に向かうか、電話で取材をしているのが多かった。部屋には電話器が二台あったが、うち一台は真記者の専用と思えるほどだった。

新聞記者は人と会い、話を聞くのが一番大事、と先輩からつねづね教えられていたので、真記者がなぜ電話で取材するのか、いささか不快にさえ感じていた。

ある日〝事件〟が起こった。教育委員会の社会教育課で取材をして記者室に戻り、原稿を書く。その日は記者室にはほかに誰もおらず、真記者が一人、机に向かって原稿を書いていた。いつもの風景である。

私は書き上げた短い原稿をポストに入れると、次の取材に向かうため記者室を出た。階段を降りだしてふと用事を思い出し、再び記者室に戻った時、異様な光景を目にした。真記者が私のいた場所に移動して何かを見ている。一瞬、頭が熱くなった。見ていたのはたったいま私が書いたばかりの原稿だった。

「何やってんだっ」

怒りに震えて叫んだ。すると真記者は平然とした態度で、原稿をポストに戻した。「なぜ、見たんだ」と問いただしたが答えない。そのうち、小声で絞り出すようにこう言ったのである。

「後からきたものに、負けられない」

冗談じゃない、と言い返した。だが彼は泰然としている。こんなことで時間をロスするのは無駄だと判断し、原稿を自分の服のポケットに入れて部屋を出た。

それから一週間後、記者クラブの総会（実際は宴会）が市内の料飲店の座敷で開かれ、遅れてついた座席が真記者と隣り合わせになった。酒になり、当然のようにその話になった。真記者は、

「お前なんかに、話したってわかるか」

吐き捨てるように言った。話したってわからない？　むっとなった。互いに立ち上がり、宴席を離れて廊下に出た。いきなり相手の胸ぐらをつかんだら、よろよろとよろけそうになった。馬鹿馬

鹿しくなり、それで止めた。

この職場に二年間いて、警察担当に異動したので、真記者との付き合いはこれで切れたが、町中などで出会うと、挨拶し合った。だが二人だけしか知らないこの小さな事件は、長く私の心の底に〝しこり〟となって残された。

道内各地を転勤して回るうち、真記者が敗戦直後の占領下に、『アイヌ新聞』を出し、マッカーサーに書簡を送ったという経歴を初めて知り、不思議な思いにとらわれた。

その後、転勤で札幌本社勤務になり、市内の書店で『アイヌ伝説集　阿寒地方篇』という本に「アイヌ高橋真」の著者名を見て、意外な感に打たれた。出会いからすでに一〇数年が経過していた。

私自身、この時期、北海道の歴史に興味を抱き、民話や伝説の資料を集めていただけに、急に真記者の動向が気になりだした。忙しさにまぎれて時が流れ、ぜひ会おうと手だてを尽くした時は遅かった。不意に訃報が飛び込んできたのだ。

一九七六（昭和五一）年七月一三日、逝く。享年五六。

心の中で合掌しつつ、改めてその生涯を思った。真記者は、敗戦直後、札幌に出て『アイヌ新聞』を出した後、一九四七（昭和二二）年に『十勝農民新聞』の記者になり、二年後に『東北海道新聞』帯広支社に入社し、一九五二（昭和二七）年に釧路の同社本社に転勤した。私は、真記者が釧路へ移った後に、新人記者として帯広に着任し、数年を経て釧路へ異動していたわけだが、帯広ではその存在すら知らぬまま過ごした。

記者の転勤は激しいが、真記者は、一四歳も若い私の似たような異動に、興味を抱いていたとしたら、「後から来た者に負けられない」という言葉も頷けぬではない。

だがそれは、私のはなはだしい思い違いだった。真記者の言う「後からきた者」とは「本州から来た和人」という解釈である。和人記者すべてが、いや和人のすべてが真記者にとっては「後からきた者」だったのだ、といまになって、わかる。

それにしても真記者には謎が多すぎた。『東北海道新聞』が『北海タイムス』に吸収合併され、『北海タイムス』記者になったのに、私と〝小さな事件〟を起こしてほどなく退社した。辞めて、かつてのアイヌ問題研究所を再び帯広と釧路に復活させた。なぜ新聞社を辞めなくてはならなかったのか。

もっと意外なのは「アイヌ人物伝」や「アイヌ伝説」を書きだしたことだ。しかも著者名に「アイヌ高橋真」としたのはなぜか。アイヌを強調しようとした意味は何か。まだある。一度も結婚せずに独身を通したことだ。

真記者の謎に迫ることにより浮かび上がってくるもの、それを明らかにしたいと思い、真自身が書いた文章をすべて手元に集めた。

結局、真はアイヌの家に生まれ、貧しい暮らしの中で幼くして母を亡くし、母親が変わり、父と異母との間にできた異弟妹と過ごすうち、異母との折り合いが悪く、家を飛び出すなどする。

そのうち民族が置かれている立場を子ども心に刻みつけ、自分の目に映った一番の権力者である警察署の給仕になり、そこで新聞記者の姿を見て憧れを抱き、新聞社の給仕になる。そのうち認められて新聞記者になり、敗戦後は札幌に出てアイヌ新聞社を立ち上げて、占領軍をはじめ政界の大物、道庁幹部などに会い、民族の解放を訴える。

占領軍司令官は対応してくれたが、政界はもとより道庁も首長も――、あらゆるものがアイヌというだけで相手にしてくれなかった。肝心の同族までも、意識が低すぎてわが主張を理解しようとしなかった。

期待と絶望を何度も繰り返し、最後の最後になって、やはりウタリ、同胞の素晴らしさを記録に残すことこそ重要と考え、アイヌ民族の人物伝や、民族が口伝てに伝えてきたアイヌ民話を書きだした。だが最後は――、以上が筆者の推論である。

敗戦を機に民族の解放と援助を叫び続けた若きアイヌ。そして新聞記者時代の「シャモには負けられない」という横柄なまでの生き方。その反面、叫べども届かぬ政治への絶望。同族への期待と反発。執筆を進めながら、激しく燃え立つ真の心情が、時代の荒波の中で混じり合って迫ってくるのを感じた。

アイヌ民族を先住民族と位置づけた「アイヌ新法」が国会を通過したのは二〇一九（平成三一）年四月一九日。これに基づき、平成から令和に変わった翌二〇二〇（令和二）年に、北海道白老町ポロト湖畔に民族共生象徴空間（ウポポイ）が完成した。新型コロナウイルス禍の影響で開館日が遅れたが、アイヌ民族のはるかなる悲願が成就したと言っても過言ではなかろう。

最後にどうしても書いておきたいことがある。

高橋真について書いた作品は短文が何点かあるが、資料はないに等しく、執筆段階から苦労した。私の手元にあるのは真が卒業したことを示す幕別町白人《ちろっと》小学校の学籍簿だけ。

生誕地一つを調べるにも、書物によっては幕別町イカンベツ、幕別町チロット、幕別町相川、幕別町千住――という具合に書かれていて、明確さを欠く。

正確を期するため、本人の除籍簿を得ようとしたが、血縁者が見つからず手の打ちようもない。関係機関に当たったが、個人情報の秘匿を理由にすべて断られた。

個人情報を秘匿する重要性は理解しているつもりだが、せめて伝記の執筆者や研究者らには、条件付きで開示する方法はないのだろうか。そうでなければ今後、伝記類の書物は世に出づらくなるし、出ても不確かな内容になる恐れがある、と心配する。

取材に当たっては多くの方々のご協力を戴いた。深謝して別頁にご芳名を掲げたい。ことに竹内渉さんには細部にわたりご指導を戴いたことを記しておきたい。

出版は藤原書店社長との会食の席で決まった。編集担当には今回も刈屋琢さんを煩わすことになった。深く感謝申し上げたい。

二〇二〇年晩秋

合田一道

高橋真 年譜(1920–1976)

年	年齢	事跡	本書関連歴史事項
一九二〇 大正9年	0歳	2月2日、北海道十勝国イカンベツコタン(現在の中川郡幕別町相川)で、父勝次郎の長男として誕生。幼くして母を亡くし、二番目の母に育てられる。小柄だが身軽な子どもだった。	ニコライエフスキ(尼港)で日本守備隊員ら一二二人がパルチザンに惨殺。
一九二七 昭和2年	7歳	4月、この頃、幕別尋常高等小学校に入学したと思われる。二番目の母と折り合い悪く、家を出て帯広の従妹、上野サダ宅で過ごすことが多くなる。	十勝のアイヌ民族が旭明社を設立、初会合開く。
一九三一 昭和6年	11歳	8月、札幌で全道アイヌ青年大会開催。	バチラー八重子、歌集『若きウタリに』出版。
一九三三 昭和8年	13歳	11月10日、幕別村白人尋常小学校五年生として転入学。	
一九三五 昭和10年	15歳	3月22日、同校を卒業。	
一九三六 昭和11年	16歳	この頃、帯広警察署の給仕に採用される。警察官になりたくて、署長に思いを伝えたが、「アイヌは警察官にはなれない」と言われ断念。	二・二六事件起こる。 天皇、陸軍大演習のためご来道。
一九三七 昭和12年	17歳		盧溝橋事件起こる(日中戦争始まる)。

年	年齢	事跡	本書関連歴史事項
一九三八 昭和13年	18歳	十勝新聞社が給仕を募集しているのを知り、応募して採用される。	
一九三九 昭和14年	19歳	働きぶりが上司に認められ、記者として採用される。数え年20歳。初のアイヌ記者の誕生。	ドイツ軍、ポーランド進撃（第二次世界大戦始まる）。 ジョン・バチェラー、戦争切迫し日本を去る。
一九四〇 昭和15年	20歳	十勝新聞社が経営不振により閉鎖。やむなく十勝農民新聞社に入社する。	
一九四一 昭和16年	21歳	『北海タイムス』に「外人研究者排撃」として登場。 太平洋戦争起こる。	米英に対して宣戦布告。閣議が支那事件を含めて大東亜戦争と決める。
一九四二 昭和17年	22歳	徴用令を受け群馬県内の中島飛行機宝泉寮西第十中隊に入隊。飛行機製作に励む。	新聞一県一紙へ。道内一一社が統合して北海道新聞社発足。
一九四五 昭和20年	25歳	太平洋戦争終結。札幌市へ移住。 GHQ第七七歩兵師団長アンドリュー・ブルース少将と面談し、アイヌ民族救済を訴え、協力の回答を得る。 GHQ司令官マッカーサー元帥に便りを出す。	室蘭、釧路、根室、函館、帯広など米軍機の空襲、艦砲射撃相次ぐ。 広島、長崎に原爆投下。敗戦。 GHQ（連合国軍）総司令部設置。 衆議院議員選挙法改正。総選挙。
一九四六 昭和21年	26歳	3月1日、『アイヌ新聞』を創刊して主宰者になる。 同紙にペンネーム北海熊男を用い小説「コタンの人々」を連載。 雑誌『北海評論』六月号に「アイヌ問題管見」、『北の光』第一号に「アイヌ問題を中心に」を寄稿。 この時期、『北海タイムス』など道内に新聞社が多数復刊。	天皇、神格化否定の詔書。 新憲法施行。 北海道アイヌ協会設立。

一九四七 昭和22年	27歳	1月30日、米軍第一一空挺師団長ジョセフ・M・スイング少将と面談。5月に『アイヌ新聞』第一四号を出す。道議会議員立候補を模索するが断念。	極東国際軍事裁判始まる。
一九四八 昭和23年	28歳	『アイヌ新聞』廃刊。『十勝農民新聞』入社。	極東国際軍事裁判、東條英機ら戦犯七人に死刑宣告。処刑。
一九四九 昭和24年	29歳	『東北海道新聞』に入社、帯広支社勤務に。	湯川秀樹にノーベル賞。
一九五〇 昭和25年	30歳		朝鮮戦争始まる。
一九五一 昭和26年	31歳		対日講和条約、日米安保条約調印。
一九五二 昭和27年	32歳	東北海道新聞社本社（釧路）に転勤。	講和条約発効、GHQ撤退。
一九五三 昭和28年	33歳		朝鮮戦争終わる。
一九五四 昭和29年	34歳	『東北海道新聞』が『北海タイムス』と合併。真は『北海タイムス』記者となり、市政担当記者として勤務（一九六〇年まで）。	洞爺丸台風、青函連絡船洞爺丸など五隻沈没。死者行方不明一四四〇人。天皇、皇后両陛下ご来道。
一九五五 昭和30年	35歳		北海道がクマ祭り禁止を通達。
一九五六 昭和31年	36歳		経済白書を発表「もはや戦後ではない」。

年	年齢	事跡	本書関連歴史事項
一九五七 昭和32年	37歳		原田康子の小説『挽歌』ブームに。
一九五八 昭和33年	38歳		一万円札発行。
一九五九 昭和34年	39歳	故郷幕別に吉田菊太郎建設の幕別町蝦夷文化考古館が開館。記念式典で祝辞を述べる。	皇太子ご成婚。
一九六〇 昭和35年	40歳	『北海タイムス』社を退社。釧路から帯広へ移住。上野サダ経営の借家に住む。 『アイヌの先覚者　伏根弘三小伝』（アイヌ人物刊行資料1）を刊行。	安保闘争デモの東大女子大生、警官隊と衝突、死亡。
一九六一 昭和36年	41歳	『アイヌの恩人と傑物略伝』（アイヌ研究資料二）と『アイヌ残酷物語』（研究所紀要三）を刊行。	北海道アイヌ協会を北海道ウタリ協会に変更（二〇〇九年にアイヌ協会に戻す）。
一九六二 昭和37年	42歳	『天皇とアイヌ』（研究所紀要 四）、『知里真志保小伝』を出版。	
一九六三 昭和38年	43歳	『釧路市立郷土博物館々報』に「釧路アイヌの教化功労者永久保翁」寄稿。	
一九六四 昭和39年	44歳	『アイヌの恩人と先覚者　阿寒・釧路篇』(アイヌ研究所)刊行。	北海道に冷害襲う。被害額五七〇億円。
一九六五 昭和40年	45歳	『アイヌ七話』（アイヌ問題研究 六）（アイヌ問題研究所）を出版。 「アイヌ研究の功罪（上）」を『郷土研究』第三号（郷土研究社）に寄稿。	ソ連の宇宙飛行士、初の宇宙遊泳。

一九六六 昭和41年	46歳	「アイヌ研究の功罪（中）」を『郷土研究』第四号（郷土研究社）に寄稿。 「アイヌ高橋真」の著者名で『アイヌ伝説集　阿寒地方篇』を出版。	戦後初の国後島墓参が実現。
一九七〇 昭和45年	50歳		全道市長会、「北海道旧土人保護法」廃止を決議。 ウタリ協会が廃止に反対を決議。
一九七一 昭和46年	51歳	林克巳『熊・クマ・羆』に短編一六本を寄稿。	
一九七三 昭和48年	53歳	6月、『アヌタリアイヌ（われら人間）』創刊号発行。	アイヌ民族問題、初めて国会に登場。 「風雪の群像」爆破事件など起こる。
一九七六 昭和51年	56歳	7月13日、帯広市で死去。	北海道庁爆破事件起こり、二人死亡、九五人が重軽傷。

取材協力者及び参考文献

■取材協力者

笹村二朗（帯広市）、藤田淳（帯広市）、加藤主夫（帯広市）、千葉智子（帯広市）、遠山美季男（帯広市）、山田知史（幕別町）、豊田実（幕別町）、松野晃也（幕別町）、森田茂生（幕別町）、甲谷英司（幕別町）、小川正人（札幌市）、貝沢和明（札幌市）、竹内渉（札幌市）、高橋比登美（札幌市）、土橋芳美（札幌市）、須貝光夫（札幌市）、伴野昭人（札幌市）、大窪進（札幌市）、内田祐一（白老町）、須田茂（神奈川県川崎市）

帯広百年記念館（帯広市）、帯広市図書館（帯広市）、幕別町教育委員会（幕別町）、幕別町教育委員会（幕別町）、蝦夷文化考古館（幕別町）、白人小学校（幕別町）、札幌市中央図書館（札幌市）、札幌図書・情報館（札幌市）、北海道博物館・アイヌ民族文化研究センター（札幌市）、北海道アイヌ協会（札幌市）、北海道大学アイヌ・先住民研究センター（札幌市）、北海道教育庁（札幌市）、北海道立図書館（江別市）、國學院大學北海道短期大学部（滝川市）、民族共生象徴空間（ウポポイ）（白老町）、国立国会図書館（東京都）、国立公文書館（東京都）。

■参考文献

『アイヌ新聞』第一～一四号、アイヌ新聞社、一九四六～四七年

『北の光』第一号、北海道アイヌ協会、一九四八年

『けーし風』第八九号、沖縄フォーラム刊行会議、二〇一六年

『月刊 豊談』二三五号、旭川出版社、一九八六年

荒井源次郎遺稿、加藤好男編『アイヌ人物伝』加藤好男発行、一九九二年

小川正人・山田伸一『アイヌ民族近代の記録』草風館、一九九八年

菅原幸助『現代のアイヌ――民族移動のロマン』現文社、一九六六年

新谷行『増補　アイヌ民族抵抗史』三一書房、一九七七年

竹内渉『戦後アイヌ民族活動史』解放出版社、二〇二〇年

高橋真『知里真志保小伝』アイヌ問題研究所（非売品）、一九六二年

林克巳『熊・クマ・羆』時事通信社、一九七一年

『シンポジウム　アイヌ　その起源と文化形成』北海道大

学図書刊行会、一九七二年
竹内渉編著『野村義一と北海道ウタリ協会』草風館、二〇〇四年
『コブタン』第四四号、コブタン文学会、二〇一七年
河野本道編『アイヌ史新聞年表』全五巻、国学院大学北海道短期大学部コミュニティカレッジセンター、二〇〇八〜一六年
太田市編『太田市史』太田市、一九九四年
高橋泰隆『中島飛行機の研究』日本経済評論社、一九八八年
北海道編『新北海道史』第一巻、北海道、一九八一年
北海道編『新北海道史年表』北海道出版企画センター、一九八九年
宮夫靖夫編著『アイヌ民族の歴史と文化の復興』永山翟世（非売品）、二〇一八年
小助川勝義『マクンベツウンクㇽ——幕別町におけるアイヌ文化の記録』（幕別町教育委員会、二〇一九年）
『アイヌ民族の概要——北海道アイヌ協会活動を含め』二刷、北海道アイヌ協会、二〇二〇年
北海道『アイヌ民族の歴史・文化・くらし』北海道、二〇一九年
藤本英夫『銀のしずく降る降るまわりに——知里幸恵の生涯』草風館、一九九一年
北国諒星『歴史探訪　北海道移民史を知る！』北海道出版企画センター、二〇一六年
合田一道『北海道祭りの旅』北海道新聞社、一九七七年
北海道新聞社『十勝大百科事典』北海道新聞社、一九九三年
北海道新聞社『北海道大百科事典』上下、北海道新聞社、一九八一年

ほかに『北海道新聞』『朝日新聞』『毎日新聞』『読売新聞』など戦前のものも含めて参照しました。

〈附〉高橋真の仕事

高橋真　著作一覧

「アイヌ問題管見」『北海評論』六月号　北海評論社　一九四六年六月一日
「アイヌ問題を中心に」『北の光』第一号　北海道アイヌ協会　一九四八年一二月一〇日
『アイヌの先覚者　伏根弘三小伝』（アイヌ人物刊行資料　第一号）　高橋真　一九六〇年一二月五日
『アイヌの恩人と傑物略伝』（アイヌ研究資料　二）　アイヌ問題研究所　一九六一年七月八日
『アイヌ残酷物語』（研究所紀要第三輯）　アイヌ問題研究所　一九六一年九月二五日
『天皇とアイヌ』（アイヌ問題研究所紀要　第四刊〈資料集〉）　アイヌ問題研究所　一九六二年四月一〇日
『アイヌの文学博士　知里真志保小伝』　アイヌ問題研究所　一九六二年一二月三日
「釧路アイヌの教化功労者永久保翁――吉田巌先生の古潭点描から」『釧路市立郷土博物館々報』第一三七号　釧路市立郷土博物館　一九六三年五月二〇日
『アイヌの恩人と先覚者　阿寒・釧路篇』（アイヌ研究第五号）　アイヌ問題研究所　一九六四年九月一〇日
『アイヌ七話』（アイヌ問題研究第六集）　アイヌ問題研究所　一九六五年九月
「アイヌ研究家の功罪（上）」『郷土研究』第三号　郷土研究社　一九六六年一月二五日
『アイヌ伝説集　阿寒地方篇』　コタン屋　一九六六年九月五日（著者名＝アイヌ高橋真）
「アイヌ研究家の功罪（中）」『郷土研究』第四号　郷土研究社　一九六七年一月二五日
「人食いグマの習性」ほか計一六編　林克巳『熊・クマ・羆』　時事通信社（時事新書）　一九七一年八月一日所収

『アイヌ新聞』

創刊号（一九四六年三月一日）
第2号（一九四六年三月一一日）
第3号（一九四六年四月一日）
第4号（一九四六年四月二一日）
第5号（一九四六年五月一五日）――以上、アイヌ問題研究所発行
第壱号（第6号）（一九四六年六月一一日）
第7号（一九四六年七月一日）
第8号（一九四六年八月一日）
第9号（一九四六年九月一日）
号外（一九四六年一〇月一五日）
第10号（一九四六年一二月七日）
第11号（一九四七年一月三一日）
第12号（一九四七年二月一五日）
第13号（一九四七年三月二一日）
第14号（一九四七年五月二五日）――以上、アイヌ新聞社発行

＊書籍・冊子・新聞・雑誌は『　』、それらの一部分である論考は「　」で示した。
＊アイヌ問題研究所の発行物は号数表記が一貫しないが、現物に従った。
＊奥付に発行日がない場合、まえがきの日付などを採った。

『アイヌ新聞』社説集

一九四六年三月一日〜一九四七年五月二五日

創刊号

一九四六年三月一日

創刊の辞

日本の敗戦は逆に日本人の幸福を招く結果となつて、今やアイヌ同族にも真の自由が訪れ、我々アイヌは解放されたのである。全道ウタリーが一致団結し総進撃を行つたならば必らずやアイヌの理想が実現するものである事を確信し、そのウタリーの鉄の団結の為の機関紙たらんとして本紙は生れたのである。資材、資金等一切高橋個人の捻出なので思う様に行かないのは残念だが今後の刊行は石にかじりついても継続したい。全ウタリー及アイヌに理解ある方々の声援を希ひその多幸を祈り以て本紙創刊の辞とするものである。

一九四六年三月一日

アイヌ新聞発行人
高橋　真

（第2号　一九四六年三月一一日発行　社説無し）
（第3号　一九四六年四月一日発行　社説無し）
（第4号　一九四六年四月二一日発行　社説無し）
（第5号　一九四六年五月一五日発行　社説無し）

第壱号（第6号）　一九四六年六月一一日

アイヌ協会への期待

吾々北海道一万七千アイヌの福利向上を目指して社団法人アイヌ協会は注目に価する活発な動きを示してゐる。協会組織の中心となつた小川佐助、森竹竹市等の功は大いに賞揚すべきで、日高、胆振《いぶり》、十勝、釧路に支部の生れた事は一応アイヌの団結を物語るものなりと称して過言でない。然し乍ら事実は決して然らずして樺太アイヌ川村三郎が「アイヌ平和連盟」の設立に拍車を加へる一方、名寄生《なよろ》れと称する川本某なる青年は、アイヌ青年同盟の組織化を企てつつあるのは、というのはアイヌの鉄の団結と称するには尚早なりといふ感が深いのである。またアイヌ協会の役員は、例え其の一部分とは云へ、過去に於て同族を喰物にした所謂民主主義化への害となるべき、強ひて論ずるなら遠慮すべき人物のゐる事は誠に遺憾であると会員自体から警戒と非難の声を注がれつつあるのは遺憾事と云はねばならぬ。アイヌ協会の発足は、アイヌが和人への反抗態度を表現化させる為で、御料牧場解放を叫ぶ事も、アイヌが天皇制への反感を示すものであり、顧問に手代木、坂東等を選んでゐるのは一方的に論ずるならば協会役員が之等の者と結託し巨利を得んとする、所謂利権屋の手先なりと称する者もあるが、之は何れもあたらず、大なる誤評以外の何物でもない筈である。協会発足頭初の一般の声は「御用協会」なりといふ声が昂《たか》かった。亦《また》選挙母体とも称された。また役員の個人的生活への非難をも協会に向けられた。がアイヌが真に民主化するために役員も反省しなければならぬが、協会を中心としてアイヌが力づよく進む事を期待し得る。

第7号

一九四六年七月一日

空文の保護法

現行の北海道旧土人保護法は明治三十二年より施行され、昭和十二年改正となり今日に至つてゐるのである。斯くの如き特殊法があるのだからアイヌは之に依つて相当の恩恵に浴してゐる筈だが現在は決して然らずである。第一に給与地問題であるが、同法第二条を以てすれば現在のアイヌ対和人の永小作権等は一切無効となり、此の為に未だ闘争の中心となつてゐる「給与地問題」も直ちに解決するであらう事も考へられるが、然し此の観点は保護法に重きを置いての話であつて、永小作権問題は何れも民法を悪用されて登記されるのであるから実際は保護法第二条の如きは空文であり、死文であると称し得る。また第四条から第七条迄の給与或ひは補助の規定にしても昭和十年頃の物価を基準としてゐるのだから、その経費は今日に於ては全く雀の泪程のものであり、医療費や住宅改善費にしても医師や大工が見向きもせず、此の結果は「アイヌを差別」の問題が発生するといふのも当然ではあるが、アイヌも余り保護法に依頼し過ぎてはならぬとは云へ、保護法の費用は旧土人共有財産（現在は現金十万三千円しかない）を使ひ不足の時は国費から支出すとあるのだから、予算面をぐんと一律に引上げる事が要望されて居り、之と共に保護法の適正な改正と、運営に万全を期する事が一万七千人三千五百戸のアイヌを真に保護するの結果を示し得るものである。

第8号

一九四六年八月一日

北海道死守論

厚生次官に栄転の報を受けた北海道庁長官増田甲子七氏は、自己の□□よりも、三百五十万道民に忠実である事が必要だ、と断りの為に上京した。就任当時から珍しくも新聞記者から「民主長官」と記された増田長官こそは、近来にない名長官であると称して過言でない。終戦後の本道の社会情勢は、混迷そのもので、インフレと共に食糧の不足は、啻《ただ》に本道民の正しき民主化へ幾多の害となつてをり□□□□□山積し、未だ解決を見ざるの時、三月や四月で長官が代らされたとしたら、政府は北海道を無視し、宝庫としての役割を認めてゐないものなり、と称し得るものであるのみならず、当局の責任を問はねばならぬのであるが、幸に増田長官は「公選長官」的使命を果してゐる。八月十五日、敗戦一周年紀念《ママ》を目前に、吾等アイヌ民族の叫ぶのは「死んでも北海道を正しく民主させる」といふ事以外何ものもない。

三百五十万道民、融和と団結とを以て、自重それ奮起せよ!!と提唱する所以。

第9号

一九四六年九月一日

道庁長官公〔選〕論

今秋は市町村長及び各議員や道議の改選と共に初の道庁長官の公選制が決定し早くも候補者の噂は昂《たかま》り各党に於ても準備おさおさ怠りない。然し茲《ここ》に厳戒を要するのは追放組の元代議士達の暗躍で、彼等は自己の息のかゝつた者を長官にさせ様と蔭で糸をひいてゐるといふ。追放者の政治活動はマ司令部の警告に依つて禁止されてゐるが、本春の代議士選挙に彼等の身代りが出て、愈《いよいよ》保守的非民主的政治に拍車を加へたるが如きは選挙民の一大失態で、吾等アイヌは本道進駐軍スイング少将以下の保障占領政策の正しさに感激すると共に、一般の敗戦観念が余りにも稀薄になつている点を遺憾に思ふもので、ポツダム宣言の忠実なる履行をこそ一刻も忘れる事なく、特に長官の如きは選挙民の方でこそ運動して立つて貰ふ程の人物でなければならず現在噂に上る人物は現増田長官に太刀打の出来ぬ者のみたるを指摘するものである。選挙民の自覚と真の民主化をこそ望むや切である。

（号外　一九四六年一〇月一五日発行　社説無し）

第10号

一九四六年一二月七日

アイヌと新日本

マックアーサー元帥の温情で今や新日本建設は拍車の一途を辿り新憲法も発布を見たが平和の民族なる吾々アイヌは連合国に対し衷心から感謝を捧げるものである。北海道の民主化に就ても米軍第十一空挺師団長スウイング少将を始め部下将兵の占領政策の正しい事と、増田道庁長官の民主政治によつて、着々その見るべきものを示してゐる。顧みてアイヌ民族の民主化振りを視る時、吾等は民族の弱さに同情の涙を流さずには居られない。同族解放の為に北海道アイヌ協会が生れ、最近では十勝アイヌ協会が生れたが、幾多山程あるアイヌ諸問題、特に叫ばれるアイヌ温泉療養所設置、日高、十勝、旭川、釧路地方に於けるアイヌ土地問題、住宅の改善、教育の高度化等生活文化の向上と相まつて、速かなる解決を自治的方策によつて進められねばアイヌは依然として滅亡しゆく民族の代名詞を冠されねばならぬ。故にアイヌ同族は真に覚醒し団結せねばならぬのである。一万七千人三千五百戸のアイヌが奮起出来る時こそ民族の理想が実現するのである。北海道旧土人保護法が未だに改正されぬのみか、内務省から厚生省に移管されたのは戦時中であつたとは云へ厚生省は旧土人保護法の何たるやを解してゐないといふのは如何なる訳か。北海道庁アイヌ係は、アイヌ有志の御機嫌取りを以て民主的なりと心得ず、全アイヌが生くべき途を講ぜねば、結局は新憲法の精神に反し、マ元帥の占領政策に反対し、天皇陛下に不忠を示してゐるものと称して過言でない。道庁当局よ、増田長官よ、アイヌの為猛省せよ。

第11号

一九四七年一月三一日

"同化"かそれとも滅亡か　アイヌ同族の奮起要望!!

一部アイヌ学者の間には依然として「アイヌは滅亡しゆく民族」だという。然しこれは誤りである。アイヌの純粋な者は約一万七千名だが和人との混血した者を合すれば約五万を算する事が出来ると称し得る。斯くの如く和人に同化しゆくアイヌの多い事は一面アイヌの一大発展を示すものといわねばならぬが保守的なアイヌ老人等には「シャモ（和人）化したアイヌ達はアイヌプリ（風習）を忘れ体が弱くなり精神も良くなくなつた」と歎いている。和人と混血した者は頭が発達し、きりようよく社会的にも相当の人材が輩出している際にわれわれは「アイヌが同化する事がよいか」それとも滅亡をいかに防止すべきを考究し、アイヌ娘が和人との結婚を好んでいる傾向とを思ひ合せ、以て新日本の建設に挺身せねばならぬ。

第12号

一九四七年二月一五日

アイヌ解放戦線を死守する者は誰？

終戦後自由解放を求めて社団法人北海道アイヌ協会、アイヌ問題研究所、十勝アイヌ協会等がつくられてそれ〴〵目下活躍を示してあるが力強き限りといはねばならない。

然しながらアイヌ解放の為のこれらの団体或いは研究所では経費がなくて思ふ様な活動の出来ぬことが最大の悩みとなつてゐる事は遺憾至極だがこれにも増して我等の最も残念とするのはアイヌ協会が（特に北海道アイヌ協会）発展しない理由の一つには各役員が団結しないという事が本紙はしばしば此の点に就いて反省を促して来たものであるが、各役員間には依然として覚醒の色がうすい。アイヌの為の北海道アイヌ協会といつても役員（理事や幹事）を出してその実そこにいるアイヌ部落民は無関心だといふ実情の所もあるとは結局期待されぬアイヌ協会といふ事になる。道庁では十勝アイヌ協会が出来て、然も北海道アイヌ協会副理事長吉田菊太郎氏が会長となつてゐるから、十勝アイヌ協会は北海道アイヌ協会と対抗するのではないかと気をもんでいる。

アイヌ指導の責任にある社会課はかゝる心配を持つ前に、アイヌ解放運動を大いに情熱を持つて理解しなければならない。それと共にアイヌ諸氏もやれ山を解放しろ、御料牧場や河をどうのという前に、日高も北見も釧路も十勝も旭川も胆振《いぶり》のアイヌも本当に団結しなければ駄目なのである。

第13号

一九四七年三月二一日

アイヌ問題解決促進　関係当局の善処要望

終戦後自由平等に解放されたアイヌ一万七千人は土地問題、厚生問題の解決を当局に陳情して民族更生の為に活発な動きを示している。然しアイヌのみの我儘を叫ぶものに非ずして、和人、土人を問はず弱き者の福祉を訴えているものである事を当局は考えねばならぬであらう。北海道旧土人保護法があつてもそれは死文化しているから改正せよと叫ばれて既に久しいのに「考慮する」との当局の決り文句では連合国にアイヌが訴えていかぬとも限らぬ。日本官憲はマッカーサー司令部に忠実でポッダム宣言を守るならばアイヌ政策をうまく遂行して貰いたい。僅《わず》かなアイヌを導き得ぬ様では何の民主日本ぞと称したくなる。生死の岐路にあり乍らもアイヌは「平和日本」を想うのである。

第14号　　一九四七年五月二五日

アイヌ政策遂行の為　田中知事の善処要望

わが北海道の民主化を示す公選知事田中敏文氏の活躍振りは感激の外なく、われ等アイヌ民族も田中知事の健勝を祈ると共に、アイヌ政策の万全を期する措置の速かに断行される様切望する所以である。

道政がいかに良くなつていつたとしても、アイヌ諸問題が未解決であるといふ事は、結局、真のデモクラシーが確立されぬ事となり、アイヌを救え！　と同族が当局に迫るものであり、此の際、田中知事のアイヌえの温情と政策の万全をこそわれ等は期待する。台わん、朝鮮なき今日の日本の特殊民族はアイヌのみとなり、その政策の悪いといふ事は連合国に対し、日本の信用が失つてしまう事を恐れるものである。

アイヌの文学博士　知里《ちり》真志保《ましほ》小伝

一九六二年十二月三日　アイヌ問題研究所発行（非売品）

はしがき

知里真志保先生は「アイヌ魂」の強い人であった。アイヌ語や、ユーカラを研究すればするほど「同族愛の情熱」に燃えていた。

ああ、このアイヌの太陽ともいうべき先生が、あの世に久遠の旅にのぼってもう足かけ二年になる。知里先生よ、なぜ死んだのだ……と嘆き、その逝去を惜しみては涙にくれるのは私のみではない。

知里先生が、北大病院のベッドに闘病の日日を送っていた昭和三十五年の早春、お見舞いに訪ねた私に「僕はもうながいことはないよ、アイヌ学問のためにまだまだ生きたいけれどもねえ――」と力なくいわれたものだった。その時に、私は「先生が亡くなったら私が先生の伝記を書きたい」と申し上げると、知里先生はニッコリうなずかれた。

その翌年の夏、先生は亡くなったのである。大悟徹底、自己の死期をさとり、アイヌ学の振興のために生涯を悔いないものにしようと真摯敢闘されたアイヌの大学者、知里真志保先生の名は、地球の存する限り、いよいよさんとして輝くであろうけれども、その業跡を偲び、あの温容をおもう時、もっともっとながいきしてほしい「アイヌの偉人、傑物」であった。

先生とのお約束を果すため、このささやかな「知里真志保小伝」をとりあえず刊行したが、いずれ稿を改め、遺族の方や、知里先生最後の親友、北大の湊教授その他のお話しを聞き、少しでも立派な伝記をと思っているが、本文中関係者の敬称をすべて略したことと、拙い文章をお詫びし、この小伝刊行に色々とお世話になった阿寒《あかん》一歩園社長前田光子女史、釧路《くしろ》市三ッ輪運輸社長栗林定四郎氏、作家中山正男先生、アイヌ教育家吉田巌先生その他に深く感謝の意を表する。

昭和三十七年文化の日

著者

アイヌを導く人に

知里真志保は、明治四十二年二月二十四日、温泉で名高い登別に生まれた。

父知里高吉《たかきち》は、南部藩の侍の血を引くチリパ翁の子で、登別アイヌ酋長の家柄、母ナミは幌別アイヌ酋長の家の出で、真志保には高央《たかなか》という兄と、幸恵《ゆきえ》という姉がおった。

父高吉はシャモ（日本人）の血を引いているだけに、これからのアイヌは「シャモに負けない学問が大切だ」ということを早くから考え、子供たちをうんと教育しようと決意した。

母ナミも、若い時に姉の金成《かんなり》マツとともに、函館へ出て英人ネトルシップの伝道学校に七年も学び、卒業後は姉と力をあわせ、アイヌの都日高国平取町《ひだかのくにびらとりちょう》の教会にブライアント女史の許に働らき、アイヌの生活向上に情熱を燃やしたこともあるだけに夫にもまして「子供達の教育」に一層の力を入れた。

高吉は体が弱く、心臓病のため寝たっきりの日が多いので、ナミは夫と二人分の働きをして登別の山手の所の畠をせっせと拓き、次次と和人なみに新しい土地を払い下げてもらい、手に豆をつくるほど朝はくらいうち、夜は星の出るころまで頑張った。

長女の幸恵はやがて姉マツの養女としてやり、旭川の女学校に、長男高央は室蘭商業から小樽高商に、次男の真志保は室蘭中字へと通わせた。

「お前達、うんと勉強して少しでも世の中の役に立て、そして学問がないためシャモから馬鹿にされるアイヌを導くために努力してくれよ……」

同族愛に燃える、目ざめた父母は、常に三人の子供らに説ききかせるのだった。

あこがれの帝大へ

真志保は、小学校時代も、中学校時代も、なるべく中以上の成績に進まぬようにつとめた。その理由は、あまりよい成績だと、和人の子供たちからねたまれ、その上に「アイヌ、アイヌ」「やーい、アイヌの子」といじめられるのを警戒したからだ。特にその頃のアイヌは、家が貧しいために小学校どまりという中に、知里きょうだいが上級校に進学しているために和人の中には「アイヌのクセに生意気だ」というのがいたり、アイヌの中にも『うらやましい』といってねたみを持つのもあった。

多感な中学生の真志保は、数学と英語だけはクラスで常にトップを保った。しかし、歴史の時間に「蝦夷」のことにふれると、その時間はかならず欠席した。教師がその理由をたずねると、

「われわれの先祖が征服されたということ、それもかならず蝦夷が悪者にされているということに納得できないから……」

と答えたという。

体が丈夫な方でないのに、登別《のぼりべつ》から室蘭《むろらん》までの汽車通いがたたったのであろう、病気のために一年間中学を休学したが、やがて卒業とともに「アイヌ初の中学出、数学もできるし、字もうまい」とほめてくれる人のすすめで村役場の雇になった。はじめてのサラリーを母に渡したとき、両親のうれしそうな顔に彼もニッコリとした。この役場のつとめも半年足らずで辞めなければならなかった。

和人の吏員たちの中には「アイヌでも字がうまいなあ」と感嘆するのがあるかと思うと、やはり差別的に「おいアイヌ」といじわるするものもある。それればかりではない。役場につとめるようになると、今まで仲のよかったアイヌ少年の間からも「真志保は俺たちとちがうんだものなあ……」と敬遠されがちになったのを耐えられなかったのだ。

つとめを辞めて、家計が苦しいので遊んでいる訳にもいかない。そのうちに白老《しらおい》の飛生《とびう》という所に仲間のアイヌ青年たちと竹切りの人夫として働くようになった。ようやくアイヌの若人仲間たちも、うち融けてきた。呪われたようなアイヌ民族の悲哀、亡び行く民族の将来などについて、竹切りの合

間合間に語り合った。

ちょうどその頃、英国人でアイヌ研究の第一人者といわれる神学博士ジョン・バチェラーが真志保のことを聞き、高吉に、「お前の子供を俺にあずけろ、大学に入れてやる」としきりにすすめた。

けれども高吉は、

「真志保も大学へ行きたがっている。私もぜひあげたい。だからといって、私は、バチェラー先生の許に真志保をやりたくはありません。その理由は、今のアイヌたちは、口を開けば、西洋は偉い、西洋人は立派だという。もっともこういう考えはシャモにも多いのだが、だから私は、自分の力で、真志保を勉強させたいのです。私はバチェラー先生を尊敬はしますけれども、どうか真志保のことはかまわないで下さい」

ときっぱり断った。

真志保の伯母マツ、姉幸恵は、アイヌ文学のユーカラを研究している文学博士で東京帝国大学の先生をしている金田一京助の許に出入りしていたが、幸恵は、心臓病が悪化して、大正十一年九月十九日に急逝した。亡くなる前に常に口ぐせのように『かわいい弟の真志保を何とかして将来は東京の大学にあげたい……』ともらしているのをしっている金田一は知人たちに訴えて、アイヌの天才少年をいかすために奔走して昭和四年二月真志保を東京に呼んだ。真志保は心からよろこび、三月に一高を受験、何の準備もせずに三時間の英語を三十分で、三時間の数学を一時間で答案を出した。歴史はたまたま「蝦夷の征服と同化の顚末を記せ」というのがあり、ああ、またか……と嘆息、先祖の屈辱史を書くに忍びないというわけで、この問題だけはだまって白紙で提出したが、それでも全国からの秀才ぞろいの志願者三千八百名のうち十八番で合格。

文科甲類を優秀な成績で卒業、そして昭和八年四月あこがれの東京帝国大学国文学英文学科にも美事にパスした。

差別なき世界を

天下の秀才揃いの一高、東大、ここでも「アイヌ」に対する差別、区別が続いた。昭和三十六年七月三日の『北海道新聞』学芸欄に、評論家杉浦明平は『知里博士とわたし』と執筆している中に、真志保が、一高に入った時に、Lという男から「知里君、北海道ならアイヌを見たかい」といわれ、「アイヌが見たかったらこのおれがアイヌだよ」とやり返したことや、アイヌをいじめる者への復しゅうに真志保が頭を痛めていたことを紹介しているが、これを読んでも、彼の苦脳がよくわかるだろう。

東大時代にも彼の得意の英語はやはり一番となっているのをねたんだある学生は「アイヌ語と英語は似ているから君はうまいのかい……」とからかうのもおった。

決してアイヌ語と英語とは似ているわけでもないのに……と憤慨したこともしばしばだという。

東京の空から故郷の父母を偲び、そしてしいたげられ、差別されながらも、日本人にはおとなしく服従することだとあきらめているコタン（部落）のウタリ（同族）たちの上に想いをはしらせ、ほほを涙でぬらすこともあった。

可哀そうなフチ（老婆）よ、エカシ（老爺）よ。シャモ（日本人）の来なかった昔はどんなにか幸福だったろう。今は漁場も山林も、花咲く野原もみんなシャモのもの。そして亡び行く者、無智な者よと馬鹿にされる。アイヌはどうなるのだ……差別への怒りで、大学を休んで下宿の一室で世をはかなむこともたびたびであった。

弱少民族への圧迫、差別、それは日本人にのみではない、自由平等を叫ぶ米英にも「白人が黒人をいじめている現実」があるということにまで大きな義憤を感じたり、本州各地でやはりしいたげられる「部落民」に同情を持つこともあった。

それでも、時折り父母からの「体を大切に、うんと勉強してくれ」という便りに励まされ、「俺はやっぱりアイヌ語もウンと勉強しよう」と、二年の時に言語科に転科、ユーカラの研究にも精出し、アイヌ文学については金田一に代って講義するほどになった。

学資の方も、旧土人保護法の奨学資金、徳川侯、渋沢子爵、中島賢明海軍中将などからの援助もあってどうやらすごすことができたという。

世界から「弱少民族への差別」を追放するには、まず言語学の研究が第一、とさとった真志保は日本語、アイヌ語はもちろん英、仏、独、支、ラテン、ギリシャ、ヘブライ、エスペラントの十カ国語からロシア語も堪能者となった。

昭和十二年三月四日夜七時、時の北海道庁長官池田清は、栄えの東京帝大卒業間近の知里真志保を激励してやろうと、公用で多忙の中を、日本橋一流の料亭「末広」に、知里とその恩師金田一京助を招いて歓談した。

この時の模様を同月七日付の『北海タイムス』(今の『北海道新聞』の前身)の記事は、「長官と知

里君　アイヌ交歓の夕　歓談四時間に及ぶ」と報じ、折柄、北海道旧土人保護法の改正法案が国会を通過した時でもあり、この法案に真剣に取りくんだ道庁社会課所属の喜多章明も同席、金田一は「アイヌ民族が和人より劣って居ると見るのは間違って居る。僕はアイヌ民族の能力試験を行なうため知里兄弟のめんどうを見て来たのですが、決して劣っていない。真志保君の如きは、室蘭中学から一高、東大と順調に進み、殊に一高では独逸語、英語が一番であった程です」という談話を発表し、記事はさらに「知里君の話」と題し「私はアイヌに農業を奨励している当局の方針が間違っていると思います。寧ろ工芸奨励に向う方が民族の先天能力を生かす途であるし、経済的にも向上するのではないかと思います。」

「学生生活中不愉快だったことは、矢張り戸籍に対する差別待遇のことでした」と述べている。

池田の人情長官ぶりも偲ばれるが、知里の得意やまた思うべしで、この時に、知里は、文学博士になり、そして母校東京帝国大学の教授となって、アイヌ画目を高めたいという決心を持ったという。

いばらの道克服

昭和十二年三月、知里は、東京帝大を卒業した。

病気のため卒業を一年遅れたが、しかし、一年ぐらいの遅れにくじける男ではなかった。アイヌ初の東京帝大卒の学士様として彼は故郷に錦をかざった。

新聞は「アイヌの文学士様」と書きたてる。ウタリ（同族）たちも、アイヌの誇りだといってよろこんだ。四月に北海道庁の嘱託という辞令をもらい、アイヌ民俗研究を続けたが、わずかな手当のため生計は苦しく、研究費もことかくありさま。生活が思うようでないと研究も進まないとさとり、再び上京、恩師の金田一とその息子の春彦の働く三省堂に職を求め、辞典の編さんに従事した。

折柄、日本は支那事変から太平洋戦争に突入しようという「軍国主義」の華やかな時代であったが、知里は、戦時であれ、平和であれ、民俗研究、特にアイヌの研究はアイヌの学者である自分が達成する責務があると痛感、昭和十五年五月、金田一の許しを得て三省堂を辞め、北海道と樺太アイヌの関連などを研究する便法上からもと、六月に樺太庁立豊原高等女学校の教諭として海を渡った。

学校では、女学生たちからも「アイヌだが、さすがに東大出の人だけにすぐれた先生……」と人気も高まったが、反面に一部の教師の中には彼の名声を快よく思わないものもあった。

日曜日や、休暇を利用して、彼は樺太アイヌのコタン（部落）採訪を続け、北海道と樺太アイヌのプリ（風俗）やイタク（言語）のちがい、似ているところなどの研究にノートは山のようになった。

たまたまコタンのボスの中に、ウタリ（同族）をだまし、財産と地位を築いている者が酋長として権威を高めているのを目撃して、これを遠慮なく非難した。こういう同族を喰物にするボスは、北海道のそちこちのコタンにもあり、土地ブローカーに協力して給与地を九十九カ年もの長期契約をしたり、博覧会などに仲間を多数連れて行き、興行的にアイヌ踊りをさせて、人権を無視したり、ピンハネをくり返すアイヌボスには、正義心に燃える知里のもっともにくむ所であったから、樺太アイヌのボス退治を叫ばずにはおれなかったのだ。こうした彼の動きに反感を持つアイヌボスは色々と妨害をした。

故郷を思い出したのだろうか、樺太での初の教師生活とアイヌ研究も二年近くで辞め、十八年の六月、彼は家族とともに登別の父母の許に帰って来た。時に太平洋戦争も、頭初の戦勝の意気込みもどこへやら、敗戦すら予想され、家郷の登別の温泉も火の消えたような淋しさ、ヤミ物資を扱う者と、軍官の持つ特権階級が肩で風切るという冷たい世相に、安閑としてアイヌ研究ばかりを続けることもできず、生活苦は重なった。

せっかくの知里のアイヌ研究を遊ばしておくのは惜しいという訳で、十八年の六月、北海道帝国大学の嘱託となり、同学の北方文化研究室に勤務するようになった。そして十九年には樺太時代の成果をまとめた「樺太アイヌ説話」を出版。

昭和二十年八月、終戦、ヤミとインフレの交さくする中に、生活はますます苦しくなり、母や妻文子とともに畑地を耕し、食糧づくりに精出しながら研究を続けた。

昭和二十一年、日本の民主化、デモクラシーの嵐は、マッカーサー司令部の号令と相挨ってあらゆるものが解放の声を大にした。

永い間「半島人」として日本人から侮辱されていた朝鮮人たちは、逆に「われわれは一等国民、日本人は十八等国民」と威張り、札幌をはじめ道内いたる処、彼等のウップンばらしの暴力などがあった。労働組合、左翼政党の台頭もまた目ざましかった。

こうした「解放」の声に刺激されて同年二月二十四日、日高静内町《ひだかしずないちょう》で、向井山雄《むかいやまお》、小川佐助《おがわさすけ》、森竹《もりたけ》竹市《たけいち》、淵瀬惣太郎《ふちせそうたろう》、文字常太郎《もんじつねたろう》、森久吉《もりきゅうきち》、鹿戸才斗《しかとさいと》、佐々木太郎、宇南山斉《うなやまひとし》、江賀寅蔵《えがとらぞう》、辺泥和郎《べてわろう》の他アイヌ有志の発起の下に社団法人北海道アイヌ協会が創立され、まず第一に日高の御料牧場解放、登別にアイヌ共同温泉建設の運動が展開された。

一部アイヌ研究家の間には、此の協会の出現と運動方法は、アイヌの赤化のきざしと批判する声もあったが、知里は、アイヌ厚生のための動きで、決して朝鮮人や共産党のそれとは異ると力説して、苦しい生活の中から自費で、日高、胆振《いぶり》、あるいは遠く旭川《あさひかわ》、北見《きたみ》、十勝《とかち》、釧路《くしろ》のコタンを回り、同族の覚醒と団結を説き、十勝のアイヌ代表吉田菊太郎《きくたろう》、旭川の代表川村カネト、砂沢《すなざわ》ペラモンコロ、荒井源次郎《あらいげんじろう》、その娘の和子《かずこ》、釧路アイヌの貫塩喜蔵《ぬきしおきぞう》、弟子豊治《てしとよじ》、山本多助《たすけ》らにも「道東、旭川のアイヌも、日高、胆振のアイヌと仲よくするように」と説き、八雲《やくも》地方切ってのアイヌの豪族、椎久賢市《しいくけんいち》にも同族のリーダーとして頑張るよう激励を続けた。

ついに博士と教授と

昭和二十四年十月三日、知里にとって記念すべき日だった。それは、第三回北海道新聞文化賞（社会文化賞）受賞者となったからだ。これより先、二十二年八月、北大に法文学部が開設され、彼は講師として就任していたが、道新の文化賞は「アイヌ語研究と辞書編纂」の功績によるもので、賞牌と副賞として五万円を贈られているが、知里は「賞もありがたいが、金五万円は研究費として役立つので特にうれしい」といった。

なお、この時の受賞者には「北海道史の研究」で北大教授の高倉新一郎も受賞しているが、高倉は『アイヌ政策史』の著者としても有名だ。

昭和二十九年九月十七日。永い間の螢雪の功成り、血涙の苦闘報いられ、北海道大学に提出した博士論文「アイヌ語法研究」副論文「アイヌ語の母音調和の問題」「アイヌ語の助詞について」「アイヌ語の植物語彙」の四編が教授会を通過。栄えある文学博士号の学位を与えられた。これまで、ジョン・バチェラー、金田一京助両博士のアイヌ語研究にいろいろな点で誤りや不備が多かったのを、知里の研究によってそのあやまりを補正したのみか、樺太アイヌの方言をもまとめ、アイヌの学者自身の手によって、実際的に独自のアイヌ語体系を立てたほか、樺太最北部のタライカ方言と北海道南部のアイヌ方言との一致を発見、さらにはウラル・アルタイ語族の最大特徴である「母音調和」をアイヌ語のなかにも見出した新学説は世界の学界にも大いに注目されたのである。

昭和三十年一月十六日、朝日新聞社より、アイヌ文学、アイヌ語研究の努力が認められ、朝日賞を贈られた。この時の受賞者仲間には鈴木大拙もおり、アイヌ学者知里真志保の名を一層全国に高めた。翌三十一年四月、東京大学文学部の講師（非常勤）の併任の発令を見た。母校の講師、教授――彼がこの東大を卒える時からの大きな夢であった。恐らく、博士論文も母校でとりたいという希望であったが、やむなく北大に出した。それでも、せめて母校東大の講師になったことだけでも、「少しは満足したのだろう。「東大というところは難しいところだからなあ……」と、彼が言業すくなに語っていた。

時々上京し、東大でアイヌ語などを講義しながら、北大の研究室、札幌市北二十六条東三丁目の自宅でも、夜遅くまでアイヌ語研究のペンを執り、三十一年六月には『アイヌ語入門』を、そして九月には『地名アイヌ語小辞典』を出版した。この二著書こそは、ある意味で知里の真価を遺憾なく発揮した名著というべきで、それだけに「アイヌ学界」に与えた役割は、一つの台風的大騒ぎでもあった。

昭和三十三年三月、北海道大学文学部教授に昇任。学生時代からの決心通り、文字通りに「文学博士と教授」の夢を実現した。

新聞には、「アイヌの栄誉　これに過ぐるはない」と報じた。事実、彼より先にアイヌで博士にも教授にもなった者はいない。彼こそアイヌの偉人であり、現代アイヌの英雄、そして象徴でもあったが、しかし、余りにも病弱であった。

「もっとアイヌのユーカラも、アイヌ語も研究したい」という意欲を燃やしながらも、病いには勝てず、学生時代からずっと医薬の世話になることが多かった。彼の多くの著書論文の中には、北大やその他のベッドの中で、医師が「絶対安静」と注告しても、アイヌ研究のためには、たとえ命が短くなっても……と、コツコツとペンを執っての労作が多く、闘病生活の苦しい中にも「正しいアイヌ学」の研究に、真剣にとっ組んだ過労が、いよいよ心臓病を悪化させたのである。

著書から見た知里

昭和二十九年九月十六日付の『北海道新聞』「今日の話題」という欄に、「悲しき玩具」と題して、「かつて啄木は「悲しき玩具」を歌ったが、言語学者の知里真志保氏も「学問は悲しき玩具さ」といったことがある。アイヌ語については、北大知里講師は深さにおいては第一人者である。英人ジョン・バチェラーさんの「アイヌ語辞典」の間違いを指摘すると非人格者とどなりつけられ、恩師金田一博士の間違いを発見したためエチケットを弁えぬときめつけられ、アイヌ語の誤りを植物学の宮部金吾博士の原稿の中にみつけて進言したため、おのれの分際をわきまえぬ無礼者と学界から叱られたり、正確なアイヌ語を研究したばっかりに、こずきまわされ通しできた知里氏も（中略）近く博士号を授与されるという。」

という文章のくだりがある。知里は、もともとアイヌ語、アイヌユーカラ研究に専念しようとしたわけではない。それが、一高、東大と、東京の空の下に、勉学の日日をおくり、金田一に接し、多くのアイヌ文献を読み、アイヌという悲しみの中に、アイヌをより研究し、今までのアイヌ研究家の誤れる研究を補正し、民族の文化を護ろうという情熱の結果は、北海道から樺太のコタン採訪ともなったのだ。だから、自分の研究成果にもとづき、たとえバチェラーだろうと、恩師の金田一であろうと、間違っている点には、学問的良心に於て「徹底的に、勇敢に指摘して、正しいアイヌ研究」を推進したのであろう。けれども「そういうことには風あたりは強い。僕に向って「忘恩の徒」とはっきりいったアイヌ研究の大家もいる。しかし、僕は死んでもおぢけないがね」と知里は語ったものだ。

知里が心血を注いだ著書の中でも『アイヌ語入門』は、アイヌ学界に大きなセンセーションを与えた。此の本を紹介した『北海道新聞』は「研究者への挑戦状？　知里真志保著「アイヌ語入門」今までの語りを批判」という標題で、著者は、いままでのアイヌ研究家たちのメイ（？）著に一矢を報い、デタラメな研究発表の出現を食い止めることには役立とうが、逆に新しく研究に入ろうとする人々をおじけさせるきらいがないでもない。――という批評をした。

この『アイヌ語入門』の中には、多くの学者が批判の対象になっており、高倉新一郎、河野広道その他北海道在住のアイヌ研究家たちもマユをひそめたという話もあるが、その反面、『アイヌ語入門』、

『地名アイヌ語小辞典』へは「アイヌ研究の指針である」（アイヌ研究の権威、斉藤米太郎）という意見もあった。

『アイヌ語入門』の第十章「バチェラー博士の辞書」のくだりでは「この辞書くらい、欠陥の多い辞書を私は見たことがない」と述べ、バチェラー辞書が世に出るや金田一博士は、この一冊の本でアイヌ語がわかる重宝なものと推奨しておるけれども「見かけ倒しのウドの大木」ときめつけている。

知里の刊行したものの中に、いつどこで刷ったのか、発行所も不明なパンフレットに「ジョン・バチェラー博士のアイヌ語研究」がある。わずか七頁の活版刷りだが、文章の中に「結局は彼もアングロサクソン」という個所も見えるし、文体からして旧かなづかいだから、きっと太平洋戦争中の印刷物であろうが、『アイヌ語入門』の中にかなり同じ文句が出ているのを見ると、戦前も、戦後も一貫して、バチェラー辞典に対する不備を痛感していたことが一目瞭然としているといえよう。

結局、知里真志保は、アイヌ研究という学問の前には、いかに先輩、恩師であろうと、間違いは間違いとして補正を促す学究の徒であり、いかに「忘恩の徒」といわれても、「妥協」は一切しないという点に彼の真面目さがあったのであり、彼の著書、論文どれにもその点を遺憾なく発揮しているのである。

知里のアイヌ問題考

知里真志保は、ユーカラやアイヌ語を研究すればするほど、同族愛の情熱を一層燃やしていた。私はしばしば彼とあい、アイヌの将来、アイスの問題解決についてその意見を求めたのに対して、彼は、アイヌ保護政策についても実に明快に示してくれた。

北海道旧土人保護法問題――明治三十二年に制定されてから昭和十一年ころまでは、その運用よろしきを得て大体において成果をあげているが、昭和十二年に同法の一部改正は、むしろ改悪となり、続いて支那事変、太平洋戦争の影響で、同法はあってなきが如く、死文化した。終戦後、アイヌ有志の間から、同法の改善・活用を叫ばれたが、日本社会党の田中敏文民選知事は、三期にわたる長期道政担当にもかかわらず、アイヌ保護法の熱意を示さなかった。社会主義者を看板とする以上大いに心すべきであった。このことこそ、田中道政の失政の大なるものといわねばならぬ、というのが知里の主張であった。けれどもアイヌは、同法や生活保護法に依頼心を持つことを厳に戒めていた。そして保守党の町村金五知事の就任で、ようやくアイヌ政策に日があたり温情味を示されたことに対してよろこぶ反面、それが選挙めあての人気取り政策でないように望んでいた。

アイヌ研究家とその問題――終戦後は特に大学、その他でアイヌ研究が活発となり、アイヌコタンの近くに住むアイヌ研究家の中にも、「自分こそは、アイヌ研究の権威」と、天狗になっているのが多いのは遺憾だ。

著名なアイヌ研究家の中には、ローカルアイヌ研究家の研究成果を早速盗用して、あたかも自己の研究の如くに発表する不心得者も、若干にもせよある点を指摘、吉田巌、斉藤米太郎、村上久吉、白井柳治郎《りゅうじろう》らアイヌ研究家や、釧路郷土博物館の片岡新助、同図書館の佐藤直太郎、網走同米村喜男衛らアイヌ遺物をしゅう集した労苦、高倉新一郎、河野広道、名取武光、金田一京助、更科源蔵《さらしなげんぞう》、児玉作左衛門、大場利夫、穂坂徹、犬飼哲夫、松好貞夫、野口定稔、久保寺逸彦らアイヌ学者の一層の活躍に期待し、特にユーカラは伯母金成マツ、姉幸恵とともに、神代の昔から今のアイヌまでの神典として研究に身命を賭したせいもあって、これからますます研究を、といっていた。

また、アイヌは、北方系か、南方系、一部にいわれる白人系か、も究明しようと努力を続けた。

アイヌの職業対策――保護法は勧農政策に重点をおいて来たのは間違っていると、既に彼は大学を卒えるときに述べた。しかし、アイヌに対する差別観念が社会になお強い以上、色々な職業の選択にも困難が伴うだろうが、要は各自、そのアイヌの克己、努力が大切だ。

白老《しらおい》、近文《ちかぶみ》、阿寒など、観光アイヌのプリ（風習）や熊彫りは、見世物的だと心ある人や同族の一部の批判を買うが、生計維持のためには攻撃のみが加えられない。けれども博覧会などで、人権を無視したような踊り、アイヌを売り物の人集め、熊祭りのショー化は、反対しなければならないという強い意見だった。

和人との結婚問題――アイヌ研究家の中には、「アイヌメノコ（女）はシャモ（和人）との結婚を望むのが多くなった。優秀民族へのあこがれの証拠である」というものもある。それはそうかも知れないが、一概にそうとのみかたづけられぬ。さりながら、和人との雑婚は、アイヌ男女の若い者の間に熱望する者の増加している実情と、雑婚の結果をみるに、混血アイヌは、男女ともに美しいというよりも、知能がまさっているといえる。したがって、やがては純すいのアイヌは姿を消すことになろう。

これは一面、「こうした雑婚などによって、アイヌは亡び行く民族だ」と悲しむことにもなろうが、しかし、日本人に同化し、文化的にも進歩していく訳でもある。だからといって、みながみな、雑婚をすすめるべきではない、純粋アイヌ同士、たとえば日高、胆振、上川《かみかわ》、空知《そらち》、十勝《とかち》、北見《きたみ》アイヌの交流によって、アイヌ同士の結婚により、純血の保存も心すべきだと述べていた。

巨星ついに還らず

昭和三十六年六月九日午後三時四十五分、札幌市北一条西六丁目の斗南病院に入院していた知里真志保は、ついに死んだ。心臓弁膜症のためにアイヌの巨星はこの世を去ったのである。時に五十二歳。北大の教授となって足かけ四年、学者としてはこれからが働き盛り、母校東大の教授となるのも夢ではなかったはずなのに、アイヌ一代の英雄、雄図半ばにして永遠に還らず、アイヌ学界の損失これ以上はなく、アイヌの悲しみ、またこれよりはない。

学究の鬼も病いには勝てなかったのだ。全道のコタンに「知里先生死去」の報伝わるや、天もなけ、地も泣け！と、涙、滝の如くに、泣くアイヌの数も少なくなかった。

金田一京助をユーカラで世界に有名にしたその協力者である知里幸恵、その弟の真志保も、ともども「心臓病」で、惜しまれつつ世を去ったのも何かの奇縁か。語学の天才、アイヌ同族を愛する熱血漢、亡びゆく民族に生くる光明を捧げた文学者。彼を惜しみ、その死を嘆き、若くして逝ったその足跡を偲ぶ時、偉人知里真志保を讃える言葉をどう見つけてよいのか、拙い文章では表現し得ようもない。

真志保とその姉幸恵に、「正しいユーカラを力の限り教えた」彼らきょうだいの伯母、金成マツが、アイヌ初の「生きた民族責料、無形文化財」に指定され、紫綬褒章を受けたというよろこびも束の間、三十六年四月六日、登別の家屋に苦しい生活と老哀のため八十六歳で死去した悲しみも手伝って、北大病院、斗南病院にと、闘病生活を続けた負けずぎらいの知里特有な「アイヌ魂」も、病いには勝てなかったのだ。

多くのアイヌ学者から、「忘恩の徒」とののしられても、頑として信念を曲げず、正しいアイヌ学問を護り通した彼こそは、たった一人の「アイヌの博士」の名にふさわしい男だったのである。

知里真志保の肉体は、この世にもうない。けれども、その遺稿、著書、論文の中に、魂は永遠に脈々として生き、世界に「知里博士ののこしたアイヌ文学」は、さんとして輝き続けていることを誰もが否足できまい。彼の魂は生きているのだ。

人間知里の一断面

正義心が強く、人間愛に燃え、学究心の旺盛な知里真志保は、また情熱の人でもあった。だから、エピソードも多い。そして女性にももてた。何ともいわれない「人間的魅力」があったのであろう。彼が、豊原《とよはら》高女時代、帯広《おびひろ》大谷女子短大の講師時代の教え子たちの数人から、「知里先生はとても優しくて、そして教え方が上手でしたから、みんな知里先生の講義の時間をとても楽しみにして勉強したものです」ということを聞いたことがある。

彼知里には、一番最初の妻文子との間に、長女ゆかり、次女まゆみ、長男昭彦、次男保彦、三女いずみの五人の子供があるのに、やがて、文子と離婚。アイヌ研究で知り合った、あさ子と結婚。さらにやはりアイヌ文学の研究で知り合った美枝と親しくなり、あさ子と離婚。人妻であった美枝は、その夫との間に子まであるのに別れて正式に知里と結ばれ、知里の最後を見守った。この三人の女性はいずれもシャモのインテリーであり、知里にはもちろん、アイヌ民族に深い同情と理解を持っている才女たちである。

知里に反感を持つ一部アイヌ研究家の中には、「知里という男は女性にだらしがなかった」、と非難するものもいるが、古いのよりも新しいという意味でなく、アイヌ研究を通じて接しているうちに、アイヌ研究により理解を持つ新しい女性を好きになったのだということと、情熱家の真剣な恋愛の結果ということに善意に解してやるべきではないか。故人を偲んで、文子、あさ子、美枝の三人の「妻」だった女性たちは「知里は本当によい人でした」といっており、彼の葬儀の時に、この三人が仲よく参列して泣いている姿に、参会者たちは「知里という人は何という幸福な男だろう」と語っていたが、これこそ人間知里が死して示した人間の一断面でもあろう。

知里が亡くなった年の秋、十月三十一日、父高吉は八十一歳を一期に老衰で逝去。母ナミはその悲しみを一層深めている。いまは、長男で江差《えさし》高等の教諭をしている高央の許や、札幌の真志保の遺した家をたずねたり、さびしそうに登別の家を護っている。そして、「真志保の死後、最初のヨメだった文子がまた子供たちの所に戻って、かわいい孫たちを大切にしてくれているのが何よりもうれしい」と涙を流している。

英霊よ安らかに

人間の死後、果して霊というものが存在するや否や、いや、むずかしいことはいわず、あると信ずるべきだろう。

だとしたら、きっと知里真志保の霊は、あの世で、父高吉、姉幸恵、そして伯母マツとあって、この世のアイヌの幸福を祈り、ユーカラを語り、「白人よ、黒人をいじめるな」と叫び、差別なき世界の実現を叫んでいることだろう。

彼、知里がいつも感心していた余市《よいち》アイヌで、アイヌの啄木とうたわれた、違星北斗の詠んだ歌「世の中は何が何だかわからねど、死ぬことだけは、たしかなり」というその文句の通り、知里の死はたしかだが、本当に世の中は、何が何やらわからぬことだらけ、ナゾも多い。「アイヌは何種族なるや、白系、南方系、純日本人なりや」というナゾは、いつ解明されるやも不明である。

こうしたナゾの究明も、知里が長寿を保っていれば、ユーカラの研究とともにきっと成しとげたとも考えられるのに、かえすがえすも惜しみて余りある。

ああ、アイヌのために生まれ、同族のために死んだアイヌ一代の英雄、知里真志保の霊よ、とこしえに安らかに眠れ。

知里真志保年譜

明治四十二（1909）年　二月二十四日、北海道胆振国幌別郡幌別《ほろべつ》村大字登別村番外地に父高吉、母ナミの次男として生まれる。

大正四（1915）年　六歳の時の四月、登別尋常高等小学校に入学。

大正十（1921）年　（12歳）三月、登別小学校尋常科卒業。四月、旭川市北門《ほくもん》小学校高等科に入学。伯母金成マツの許より通学。

大正十一（1922）年　（13歳）九月、登別小学校に転校。

大正十二（1923）年　（14歳）登別小学校高等科卒業。四月、北海道庁立室蘭中学校に入学。登別と室蘭の間汽車通学。四年生の時病気一年間休学。

昭和三（1928）年　（19歳）三月、室蘭中学校卒業。四月―七月、村役場雇。八月―十一月、白老郡白老村大字敷生《しきう》村字飛生《とびう》に於て竹切。

昭和四（1929）年　（20歳）四月、第一高等学校文科甲類に入学。

昭和八（1933）年　（24歳）三月、第一高等学校卒業。四月、東京帝国大学英文学科に入学。

昭和十一（1935）年　（27歳）四月、言語学科に転科。病気の為卒業断念。『アイヌ語法概説』（金田一京助博士と共著、岩波書店）。

昭和十二（1937）年　（28歳）三月、東京帝大卒。帰郷。四月、北海道庁嘱託。一月『アイヌ民譚集』(郷土研究社刊)、四月『アイヌ民俗研究資料第2』(アチックミューゼアム)等出版。

昭和十三(1938)年 (29歳)六月、株式会社三省堂入社(編集部勤務、国語辞典の編集に参加)。

昭和十五(1940)年 (31歳)五月、三省堂退社。六月、樺太庁立豊原高女教諭。

昭和十七(1942)年 (33歳)『アイヌ語法研究』。

昭和十八(1943)年 (34歳)五月、豊原高女退職、六月、北海道帝国大学嘱託(北方文化研究室勤務)。

昭和十九(1944)年 (35歳)『樺太アイヌの説話』。

昭和二十二(1947)年 (38歳)八月、北大講師(法文学部)。『りくんべつの翁』を金田一京助博士と彰考書院より出版。

昭和二十三(1948)年 (39歳)社団法人北海道アイヌ協会の育成に努力。

昭和二十四(1949)年 (40歳)十一月、北海道新聞文化賞を受ける。

昭和二十八(1953)年 (44歳)四月、『分類アイヌ語辞典』第一巻を日本常民文化研究所より刊行。

昭和二十九(1954)年 (45歳)文学博士の学位を受ける。『分類アイヌ語辞典』第二巻を出す。

昭和三十(1955)年 (46歳)三月、『アイヌ文学』を元元社より出版。一月、朝日新聞社より朝日賞を授けられる。

昭和三十一(1956)年 (47歳)四月、東京大学講師(文学部)を併任。六月『アイヌ語入門』を出し、九月には『地名アイヌ語小辞典』を出版。

昭和三十三（1958）年　（49歳）三月、北大教授（文学部）

（この年譜は知里氏が生前自からしたためたのを写したものだが、北大の助教授になった年、[*1]それに南山大学、帯広大谷短大の各講師をしたことが記されていないのでそのままにした）

昭和三十六（1961）年　（52歳）六月九日午後三時四十五分、札幌市北一条西六丁目斗南病院で心臓弁膜症のため死去。

（知里氏の死去が伝わるや政府は六月九日付で生前の功に報い正五位勲六等単行旭日章を贈り、六月二十日付で特旨を以て位一級を追じょうしたほか、天皇陛下よりも供物料を贈った）

〈翻刻者注〉

＊1　知里真志保は、助教授を経ることなく講師から教授に就任している。

知里真志保著作目録

『アイヌ民俗研究第一』(昭和十一年五月一日　東京　アチックミューゼアム　四十四頁)
『アイヌ語法概説』(金田一京助共著　昭和十一年七月五日　東京　岩波書店　二百三十頁)
『アイヌ民譚集』(昭和十二年一月二十五日　東京　郷土研究社　百六十七頁)
『アイヌ民俗研究資料第二』(昭和十二年四月二十五日　東京　アチックミューゼアム　百三十五頁)
『りくんべつの翁』(金田一京助共著　昭和二十三年四月二十五日　東京　彰考書院　二百三十九頁)
『アイヌ語地形語彙』(昭和二十六年五月三十一日　北海道郷土研究会　四十三頁)
『分類アイヌ語辞典　第三巻人間篇』(一九五四年十二月二十四日　日本常民文化研究所　百三十九頁)
『アイヌ文学』(昭和三十年三月二十日　東京　元元社　二百二十六頁)
『ユーカラ鑑賞』(小田邦雄共著　昭和三十一年二月十九日　東京　元元社　二百四十五頁)
『アイヌ語入門——とくに地名研究のために』(1956年6月15日　東京　楡書房　二百七十六頁)
『地名アイヌ語小辞典』(1956年9月30日　東京　楡書房　百六十九頁)
『アイヌの文学——岩波講座』(昭和三十四年一月十日　東京　岩波書店　二十八頁)
『アイヌ民話と唄——えびまめほん』(昭和三十五年二月　小樽　北海道豆本の会　八十七頁)
『アイヌに伝承される歌舞曲に関する調査研究』(昭和三十五年十月　文化財保護委員会　九十八頁)
『えぞおばけ列伝』(昭和三十六年四月三十日　札幌　ぷやら新書刊行会　六十四頁)

以上十七〔一五〕冊が主なる単行本である。このほか論文として発表しているのは大体次の二十三冊である。

「アイヌ語」（国文学　七月特集号　昭和十四年七月一日　東京　至文堂）

「アイヌの疱瘡神「パコロ・カムイ」に就いて」（人類学雑誌　第五十五巻三・四号　昭和十五年三月）

「アイヌ住居に関する若干の考察」（民族学研究　第十四巻第四号　1940年5月　東京　民族学協会）

「アイヌ語の連体調」（言語研究　第七、第八号　昭和十六年四月　東京　三省堂）

「アイヌ語法研究」（樺太庁博物館報告　第四巻第四号　昭和十七年三月　樺太庁博物館）

「アイヌ語の植物名について」（民族学研究　新第一巻第十号　昭和十八年十月五日　東京　民族学協会）

「樺太アイヌの説話」（樺太庁博物館彙報　第三巻第一号　昭和十九年十月二十日　樺太庁博物館）

「樺太アイヌの説話」（民族学研究　第十二巻第四号　昭和二十三年三月三十一日　彰考書院）

「アイヌ語に於ける母音調和」（北大文学部紀要1　昭和二十七年三月十日　札幌　北文出版社）

「呪師とカワウソ」（北方文化研究報告第七集　昭和二十七年三月　北海道大学）

「樺太アイヌの神謡」（同第八集　昭和二十八年三月）

「アイヌの神謡」（同第九集　昭和二十九年三月）

「アイヌの散文物語」（同第十集　昭和三十年三月）
「あの世の人口」（山田秀三共著　同第十一集　昭和三十一年三月）
「アイヌ語の特殊語について」（同第十二集　昭和三十二年三月）
「幌別町のアイヌ地名」（山田秀三共著　同第十三集　昭和三十三年三月）
「アイヌの鮭漁」（同第十四集　昭和三十四年三月）
「室蘭市のアイヌ語地名」（山田秀三共著　同第十五集　昭和三十五年三月）
「アイヌ語獣名集」（北大文学部紀要　1959年3月　札幌北方出版社）
「アイヌ語諸方言の基礎語彙統計学研究」（民族学研究　第二十四巻第四号　昭和三十五年十一月三十日　東京　誠文堂新光社）
「アイヌの神謡（二）」（北方文化研究報告第十六集　昭和三十六年三月）
「ジョン・バチラー博士のアイヌ語研究」（発行所、年月日も不詳。昭和二十二年秋、私（高橋）に知里氏から贈られた一冊をいまなを大切に保存しているが、文体から判断するに恐らく太平洋戦争中に刊行したものであろう）
「アイヌ語の助詞」（金田一博士古希記念言語民俗論叢）

アイヌ研究家の功罪

（上）

『郷土研究』第三号　一九六六年一月二五日　郷土研究社

近年、全国的風潮として、郷土研究、民族（俗）学、考古学研究が活発になり、高校生による研究サークルなどの活動も目立っていることは誠に結構なことといわねばならない。

こうした傾向は、わが北海道に於てもますます盛んで、これに伴い、必然的に「アイヌ研究」の分野にも手がのばされて、北大関係では、アイヌ政策研究の面では、戦前から著名な高倉新一郎を筆頭に、児玉作左衛門、犬飼哲夫、名取武光などのベテランの外に、新進のアイヌ研究家の活動が目立つのは、アイヌ研究学界のみならず、わが北海道のため、そしてアイヌの立場からも大いに注目するところである。

北大関係以外でも、札幌在住の更科源蔵は、最近では詩人としてよりも、アイヌ研究家として全国的に知られるようになっており、NHKの「ユーカラのふるさと」の制作に際しては、知里真志保の未亡人美枝と力をあわせて、アイヌ風俗の考証に情熱を注いだ労苦も高く評価されている。

中央に目を転ずれば、いわずもがな、〝アイヌ文学の父〟ともいわれる金田一京助の存在は、余りにも大きい。ユーカラというアイヌの叙事詩を世界的に紹介したのは、実に金田一のひたぶるな「埋れた文学の発掘心」からであった。

道内のアイヌ研究家をざっとながめてみると、札幌財務局に勤務する神成利男は、アイヌ語研究に精魂を打ち込み、バチェラーや知里真志保のアイヌ語辞典以上のものをと、全道アイヌコタン（部落）めぐりを続け、その成果を期待されており、北大児玉名誉教授の令嬢マリ、その友人の三上マリ子は、結婚も忘れて、アイヌの衣類アッシ織りの研究に乙女の真心を注いでいる。江別市の詩人小田邦雄は、かって知里と共著の『ユーカラ鑑賞』を世に出しているだけに、アイヌ文化の保存のために、永い闘病生活の中にも、真剣に努力しておるし、札幌市入江好之は、知里真志保とアイヌ文学について研究、数少ない知里の親友の一人でもあった処から、「知里の伝記を入江の手で」と期待されるほどだ。

帯広市で、今は故人の吉田巌、彼こそは「アイヌ研究の最高の権威」と称されるべきでなかろうか。永年の間、日高、胆振、十勝のアイヌ学校長として、アイヌ子弟教育に「一視同仁」の誠を示し、そのかたわら、アイヌ語、風俗の研究にも精魂を打ち込み、日本民俗学会、考古学会に多くの論文を発表しており、金田一、高倉博士らも「吉田先生に色々と教えられた」といっている程だ。

この吉田の影響を受けた帯広市清川小学校長斎藤米太郎も、アイヌ土俗研究で学界に名をなしており、アイヌに同情の余り、「何とかアイヌのために防貧、保健対策に万全を」と、かって国会に陳情して、今日、町村金五北海道知事が「アイヌ保護政策」に力を入れる原因をつくった人類愛の熱血漢でもある。

釧路市では片岡前博物館長、佐藤元図書館長が職業柄熱心なアイヌ研究家だし、網走市の米村博物館長は、アイヌから、オロッコ、ギリヤーク人の研究からその生活の相談相手になって努力しており、旭川市の郷土史家、村上久吉はその名著『アイヌ人物伝』『アイヌ実話集』などを世に出し、アイヌ研究の好著書と高く評価されている。伊達藩の掛川源一郎は、バチラー八重子の研究から進み、胆振アイヌ風俗研究に、室蘭市の仁多見巌、静内町の藤本英夫らは共に高校の教諭だが、アイヌ研究を通じて、高校サークルに郷土研究の振興をはかっている。

こうしたシャモ（和人）の研究家に刺激されたわけでもなかろうが、アイヌの都日高は、平取のコタンでは萱野（男）貝沢（女）という若きウタリ（同族）がリーダーとなって、アイヌ語の研究、風俗の保存、さては同族の向上策の研究、調査が進められており、旭川市近文でも砂沢ビッキ、荒井和子らアイヌ男女が、観光的とは別な見地から同族研究に力を入れている姿が見受けられる。

また知里真志保の兄、高央（たかなか。小樽高商卒、現江差高校教諭）が、弟の遺したアイヌ語辞典やバチェラー辞典では満足出来ぬとし、余暇を利用してコタン巡りをし、立派なアイヌ語辞典の完成を目ざしており、また、いまは札幌の病床に臥して、はるかに故郷樺太の山河をしのび、せめて樺太アイヌ語辞典を……と、闘病の間に間にペンを握っているという佐々木弘太郎に対しても、知里高央と同様に、「アイヌのため頑張ってくれ」と、励ましの言葉と期待を寄せずにはおれない。

さて、アイヌ研究（勿論樺太アイヌも含む）は、蝦夷の昔から人工衛星の飛ぶ文明の進んだ今日まで、アイヌ学者、人類学者によって真摯に続けられている。世界一の少数民族アイヌ、文字のない、そして毛深いこと世界一のアイヌ、滅亡寸前の民族、何人種に属するか全くナゾの原始人アイヌ、無智もうまいな民族アイヌ……等々。学者たちの研究対象としては全く貴重な存在のアイヌではあろうが、同族のインテリーの中から、「もういいかげんにアイヌ研究はやめてくれ、学者たちは面白いかも知れんが、われわれには屈辱でしかない。アイヌ研究は、アイヌの人権を無視し、差別を高めている」という声すら抬頭している。

かって、戦前、北海道庁でアイヌ保護係官をして、現在帯広市に住む喜多章明は、アイヌ研究の学者たちは、アイヌにわずか一杯の焼酎を与えて、研究材料として利用して、その結果、学者は有名になり、財を成しているが、アイヌはボロ着てその日食うのにも困っている。アイヌ学者は反省し、アイヌも目ざめろ……」と、しばしば叫び、彼の発行した『蝦夷の光』の中にも執筆している。けだし名言、当を得た大警句ともいえる。

アイヌ研究をしている人たちから、「アイヌの父」「アイヌ研究の先駆者」とあがめたてられる英国人ジョン・バチェラー、彼のことは詳述するまでもなく余りにも有名だが、バチェラーのアイヌ語辞典を読んで、知里真志保は「まったくウドの大木、ウソだらけの辞典だ。それを金田一博士は、最高のものだとチョウチンを持っている……」と憤慨して、ついに「ジョン・バチラー博士のアイヌ語研究」なる論文（パンフレット）を発表している。

バチェラー攻撃のみなら、またしても恩師にも矢を向けたとして、知里に対して「忘恩の徒」と白眼視する者も少なからず、学界の孤児とまで知里は冷評されながらも、「たとえ恩師の金田一先生であろうと、間違っている点についてはハッキリ言っておく」という知里の態度には敬服するばかりであった。(筆者は昭和三十九年六月十八日、はじめて東京の金田一邸に博士を訪ねた。金田一博士は、談たまたまバチェラー辞典に間違いの多いという点にふれて、「だから私は、正しいアイヌ研究をしようと今日に至ったのだ」と語っていた。)

前述の北大名誉教授児玉作左衛門にさきごろ筆者は、「いまアイヌ研究家の功罪と、アイヌの恩人について調査をしている」と述べたところ、「アイヌ研究家はむしろ功より罪の方が多いだろう。それからアイヌを研究しているからみんなが恩人とはいえまい」といわれた。児玉名誉教授のこの言葉は、まさしく真実を指摘しているといわねばならぬ。

私は、アイヌ研究家を非難しようと筆を執っている者ではない。勿論、真面目なアイヌ学者、研究家に対しては尊敬もし、その成果について関心を抱いている者だが、然し一部アイヌインテリー仲間から、「アイヌ研究家と観光アイヌをなくせ」と叫ぶ声を耳にする時、これは等閑に附すべき問題ではないと考えている。「アイヌのことは、アイヌがもっと真剣に考えるべきだ」(阿寒湖アイヌ部落会長弟子豊治)という意見をもとに、郷土研究社主幹成田清次氏の好意で本テーマを進める所以である。

(筆者は釧路市在住、アイヌ問題研究所長)

（中）

『郷土研究』第四号　一九六七年一月二五日　郷土研究社

アイヌ研究は、民族（俗）学的に、また考古学的に、あるいは言語学の面と、民族政策的分野などこれからなおその研究を続けなければならない。

したがってアイヌ研究については、日本国内の研究家のみでなく、外国の人類学者の中にも真剣にアイヌ研究に従事しているのも少なくはない。

かのジョン・バチェラーと同じ英国人であったドクトル・マンローは、アイヌの古都日高は平取に住み、アイヌ研究に従事しているうち、不幸な少数民族アイヌを単に研究の対象・材料としてのみ接するわけにはいかない……と悟り、病気で倒れた貧しいアイヌたちのために無料で診療してやったり、生計の相談にも親身になって応じ、ついに自分も病いに倒れた時に、「私の骨は平取のアイヌ墓地に埋めてくれ」と遺言、その墓は現にコタン（部落）の墓地にあるのである。

マンローは、同国人であるバチェラーのアイヌ伝道とアイヌ研究には快よくおもっていなかったといわれる。バチェラーは、大東亜戦争が白熱化するや、養女の八重子（有珠アイヌのメノコ）を置いて本国に帰ってしまい、その後老衰で死んでおり、金田一博士から非難されているが、マンローの場合、本当にアイヌのため、「医は仁術」の誠を示して、コタンの土となっている。

一方はキリスト教の牧師、一方は医師で、どちらもアイヌ研究の権威だが、仲がよくなかったという点も興味あるが、外国人でもマンローのようなアイヌ研究家は、本当の情熱家、人間愛に燃ゆる正義の人と讃えて余りあり、平取は二風谷のコタンには、マンローの住んだ住宅があり、その近くの坂は、「マンロー坂」とアイヌたちが名づけている。

マンローについては、朝日新聞の菅原幸助記者が真剣に研究しており、住宅や遺品の保存、顕彰運動も展開、駐日英国大便館でも「日英親善のためにも有難いことだ」といっており、菅原記者は「本州から北海道に転勤して来て、コタンを歩きアイヌのことをずい分書いたが、本州の水平社対策とはちがった意味で、アイヌ救済、保護対策の強化をはからなければ駄目だ。それからアイヌ研究の学者などの中には、単にアイヌを研究のために利用しっぱなしでいるのや、一部にはただみたいな値段でアイヌのアッシや、日本文化以前のアイヌ文化遺品を集め、財をなしているアイヌ研究家もいるが、もう昔のハジマリ、終り式でアイヌをだましたようなやり方は一切やめるべきだ。アイヌ研究の外人の中で、マンローこそは本当に真面目な学者であることは、コタンの古老たちから聞いた話でもよくわかる」といっている。

アイヌ研究家は、せめてマンローの精神の万分の一でもひき継いで欲しいものである。

アイヌ研究のうち、近頃はますますアイヌ語研究が活発化し、アイヌよりアイヌ語の上手な民間研究家も少なくはない。

アイヌ語といえば、故知里真志保の兄で江差高校教諭の知里高央は、弟の「アイヌ語辞典にも不備なところがある」と、アルファベット順に編集したアイヌ語辞典を完成させるべく、コツコツと原稿をまとめているうち、去る八月二十五日死去した。弟の真志保のように死因はやはり心臓病だという。遺稿は協力者を求めて出版されることになろうが、知里一族の死は、アイヌのためのみならず、学界特に未解決のアイヌ学界のためにかえすがえすも残念で、惜しみて余り、アイヌという宿命の血のために悩み、アイヌであるために苦しみ、アイヌであるから正しいアイヌ語辞典を……と頑張った知里兄弟の生涯こそは、まさに生きたユーカラでもあった。知里兄弟、その両親、そして真志保の姉幸恵、その養母である金成マツ、みんなユーカラの人々であるが、あの世にあって、アイヌ語、ユーカラの研究が未完であったことをくやしがっていることであろう。悲劇の人たちでもある知里一族、だが偉大なる業績、アイヌ文学保存のために努力した足跡は、その名声とともに永久に不滅である。心からめい福を祈る。

ユーカラ研究に、金田一博士は老軀に鞭打ち、今なお必死に続けているが、ここで特に記しておきたいことは、このユーカラ研究をたすけた大恩人、栗林五朔翁のことである。

金田一博士が二十四歳の明治三十九年の夏、アイヌ語採訪のため北海道に来た時、室蘭市の財閥、栗林五朔翁をたずね、アイヌ研究のため適当なアイヌを紹介してほしい……と依頼した際に、栗林翁はさっそくふだん何かと面倒をみている絵鞆コタンの酋長オビシテクルをひきあわせたのが動機で、金田一博士がユーカラ、アイヌ語研究に生涯をかけているわけで、博士自身「私の今日あるは、実に栗林さんのおかげ……」と、その著書の中にも述べている。

栗林翁は北海道実業界の雄としてのみならず、道議会議長、衆議院議員もつとめ、政財界に重きをなしたが、常にアイヌを可愛がり、「北海道とともにアイヌを大切にしよう」と、道庁、中央官庁にもアイヌ保護に奔走した「民族の父」で、胆振、日高のアイヌ古老たちは、「栗林先生はカムイ（神）

以上の立派なありがたいお方であった」とその遺徳を偲んでおり、翁の遺児徳一氏もかって国会議員として活躍、この兄に次いで友二、定四郎氏らも実業家としてのみならず幾多の公職や社会事業にも貢献、先代五朔翁のように「アイヌにも温かい理解をもって」接しており、アイヌたちからも尊敬と感謝を捧げられている。

栗林家は、金田一博士の恩人であるのみか、アイヌの大恩人でもある。

前号でも述べた小田邦雄氏が病気で死去された。この訃報に驚くとともに、悲しみの余りいう言葉もない。真面目な郷土研究家であり、ユーカラ研究家でもあっただけに惜しみて余りある。謹んでめい福を祈る。合掌

ナ　行

ハ　行

人名索引

本文中の人名を採り姓名の五十音順で配列した。

ア　行

カ　行

著者紹介

合田一道（ごうだ・いちどう）

1934年北海道生まれ。ノンフィクション作家。長く北海道新聞社に勤務し編集委員などを歴任し、1994年退社。その間、幕末から維新にかけての数々のノンフィクション作品を執筆し今日に至る。
著書に『大君（タイクン）の刀』（北海道新聞社）『龍馬、蝦夷地を開きたく』（寿郎社）『日本史の現場検証』（扶桑社）『日本人の死に際　幕末維新編』（小学館）『日本人の遺書』『古文書にみる榎本武揚』『評伝 関寛斎 1830-1912――極寒の地に一身を捧げた老医』（ともに藤原書店）等。

「アイヌ新聞《しんぶん》」記者《きしゃ》 高橋真《たかはしまこと》　反骨孤高《はんこつここう》の新聞人《しんぶんじん》

2021年3月30日　初版第1刷発行©

著　者　合田一道
発行者　藤原良雄
発行所　株式会社 藤原書店

〒162-0041　東京都新宿区早稲田鶴巻町523
電　話　03（5272）0301
FAX　03（5272）0450
振　替　00160 - 4 - 17013
info@fujiwara-shoten.co.jp

印刷・製本　中央精版印刷

落丁本・乱丁本はお取替えいたします
定価はカバーに表示してあります

Printed in Japan
ISBN978-4-86578-306-3

⑦⑧ 爛熟する女と男――近世 **福田光子編**

⑦ 288頁 **2000円**（2000年11月刊）◇978-4-89434-206-4
⑧ 328頁 **2000円**（2000年11月刊）◇978-4-89434-207-1
〔解説エッセイ〕⑦**吉原健一郎** ⑧**山本博文**

身分制度の江戸時代。従来の歴史が見落とした女性の顔を女と男の関係の中に発見。（執筆者）**浅野美和子／白戸満喜子／門玲子／高橋昌彦／寿岳章子／福田光子／中野節子／金津日出美／島津良子／柳美代子／立浪澄子／荻迫喜代子／海保洋子**

⑨⑩ 鬩《せめ》ぎ合う女と男――近代 **奥田暁子編**

⑨ 342頁 **2000円**（2000年12月刊）◇978-4-89434-212-5
⑩ 320頁 **2000円**（2000年12月刊）◇978-4-89434-213-2
〔解説エッセイ〕⑨**若桑みどり** ⑩**佐佐木幸綱**

女が束縛された明治期から敗戦まで。だがそこにも、抵抗し自ら生きようとした女の姿がある。（執筆者）**比嘉道子／川崎賢子／能澤壽彦／森崎和江／佐久間りか／松原新一／永井紀代子／ウルリケ・ヴェール／亀山美知子／奥田暁子／奥武則／秋枝蕭子／近藤和子／深江誠子**

⑪⑫⑬ 溶解する女と男・21世紀の時代へ向けて――現代 **山下悦子編**

⑪ 278頁 **2000円**（2001年1月刊）◇978-4-89434-216-3
⑫ 294頁 **2000円**（2001年1月刊）◇978-4-89434-217-0
⑬ 240頁 **2000円**（2001年1月刊）◇978-4-89434-218-7
〔解説エッセイ〕⑪**宮迫千鶴** ⑫**樋口覚** ⑬**岡部伊都子**

戦後50年の「関係史」。（執筆者）**森岡正博／小林亜子／山下悦子／中村桂子／小玉美意子／平野恭子・池田恵美子／明石福子／島津友美子／高橋公子／中村恭子／宮坂靖子／中野知律／菊地京子／赤塚朋子／河野信子**

〈ハードカバー〉版 女と男の時空 （全六巻・別巻一）

A5上製 各平均600頁 図版各約100点

Ⅰ ヒメとヒコの時代――原始・古代 **河野信子編** 520頁 **6200円** ◇978-4-89434-022-0
Ⅱ おんなとおとこの誕生――古代から中世へ **伊東聖子・河野信子編** 560頁 **6800円** **在庫僅少**◇978-4-89434-038-1
Ⅲ 女と男の乱――中世 **岡野治子編** 544頁 **6800円** **在庫僅少**◇978-4-89434-034-3
Ⅳ 爛熟する女と男――近世 **福田光子編** 576頁 **6602円** **品切**◇978-4-89434-026-8
Ⅴ 鬩ぎ合う女と男――近代 **奥田暁子編** 608頁 **6602円** **品切**◇978-4-89434-024-4
Ⅵ 溶解する女と男・21世紀の時代へ向けて――現代 **山下悦子編** 752頁 **8600円** **在庫僅少**◇978-4-89434-043-5

女と男の関係からみた初の日本史年表

別巻 **年表・女と男の日本史** **『女と男の時空』編纂委員会編**

A5上製 448頁 **4800円**（1998年10月刊）**品切**◇978-4-89434-111-1
網野善彦氏評「女と男の関係を考える"壮観"な年表」
原始・古代から1998年夏まで、「女と男の関係」に関わる事項を徹底的にピックアップ、重要な事項はコラムと図版により補足説明を加え、日本史における男女関係の変容の総体を明かすことを試みた初の年表。

古代から未来へ、東アジア世界と連動

古代の日本と東アジアの新研究

上田正昭

古代から中世、近現代へと「天皇制」はいかに成立し変遷してきたか。高句麗・百済・新羅などからの古代日本文化への影響は。「神道」のまことの姿とは何か。"上田古代史"は常に東アジア全体を視野におさめ、日本のありようを提示する。未来像へとつながる古代像を描きだす著者の、最新かつ最高の成果！

四六上製　三二八頁　**三六〇〇円**
（二〇一五年一〇月刊）◇978-4-86578-044-4

"上田史学"の内実。書下ろし遺作

古代史研究七十年の背景

上田正昭

二〇一六年春に逝去した東アジア史学の泰斗が、渾身の力で生前に準備した、最後の書き下ろし。常に朝鮮半島、中国など東アジア全体において日本古代史の実像を捉え、差別に抗する歴史観を構築してきた自らの人生の足どりを、研究生活七十年を経て、つぶさにたどり直す。

B6変上製　一六〇頁　**一八〇〇円**
（二〇一六年五月刊）◇978-4-86578-075-8

大幅増補した決定版

増補新版
新・古代出雲史
（『出雲国風土記』再考）

関 和彦　写真・久田博幸

気鋭の古代史家の緻密な論証と写真家の豊富な映像が新たな「出雲像」を浮き彫りにし、古代史再考に一石を投じた旧版刊行から五年。巨大風力発電建設の危機に直面する出雲楯縫の地をめぐる、古代出雲史の空白を埋める最新の論考を加え、今ふたたび神々の原郷へ、古代びとの魂にふれる旅に発つ。

菊大並製　二五六頁　**二九〇〇円**
（二〇〇一年一月／二〇〇六年三月刊）**品切**◇978-4-89434-506-5

「出雲」発の人びとの移動の歴史を足で辿る

出雲を原郷とする人たち

岡本雅享

神話の地・出雲から遠く離れた列島各地に「出雲」という地名や神社が数多く存在するのはなぜか？　全国の「出雲」を訪ね歩くとともに、神話・伝承・考古学・郷土史を博捜し、「海の道」をメインに各地へ伸びた出雲文化の広がりを解き明かす。

地図・写真多数

四六判　三五二頁　**二八〇〇円**
（二〇一六年一一月刊）**品切**◇978-4-86578-098-7